독서와 토론

독서와 토론

초판 1쇄 발행　2016년 9월　9일
초판 8쇄 발행　2023년 8월 28일

지 은 이 ▮ 최영미·김용경·원흥연·이만식
펴 낸 이 ▮ 박찬익

펴 낸 곳 ▮ 경기도 하남시 조정대로45 미사센텀비즈 8층 F827호
전　　화 ▮ 031) 792-1195
팩　　스 ▮ 02) 928-4683
홈페이지 ▮ www.pijbook.com
이 메 일 ▮ pijbook@naver.com
등　　록 ▮ 2014년 8월 22일 제2020-000029호

ISBN　979-11-5848-248-0　93700

＊책값은 뒤표지에 있습니다.

Reading and Debate

독서와 토론

최영미 | 김용경 | 원흥연 | 이만식 공저

(주)박이정

우리가 살아가는 사회는 산업사회에서 정보화 사회로 이행되었다. 정보화 시대에서 인간의 삶은 정보를 생산하고 이를 소비하는 과정 그 자체가 되고 있다. 따라서 우리가 처리해야 할 정보의 양은 무한대로 늘어나고 있다. 이런 때일수록 유익한 정보와 그렇지 못한 정보를 잘 선별하여 처리할 수 있는 능력과 자신의 삶에 유익을 줄 수 있는 고급 정보를 활용할 수 있는 능력이 필요하다. 이런 면에서 독서는 정보화 시대에도 여전히 유익한 활동이 되고 있으며 체계적이고 효율적인 독서의 필요성은 더욱 절실해지고 있다.

우리는 독서를 통해서 삶에 필요한 정보를 얻을 수 있고, 지적 능력도 개발할 수 있으며, 바람직한 정서와 올바른 가치관을 함양할 수도 있다. 뿐만 아니라, 사회 구성원으로서 주어진 역할을 효과적으로 수행할 수 있으며, 더 나아가서는 문명의 발전과 문화의 창조에 기여할 수 있다.

고도로 복잡하고 다원화된 정보화 사회에서는 자신이 종사하는 분야의 지식만으로는 살아갈 수 없다. 우리 주변에서 일어나는 사소한 문제라 해도 그 내면을 살펴보면, 정치, 경제, 사회, 문화, 종교, 생태환경 등 다양한 요인들이 복잡하게 얽혀 있다. 이러한 문제의 원인을 파악하고 해결하기 위해서는 보다 폭넓은 지식이 필요하다. 독서는 우리가 살아가는 사회의 복잡한 면을 이해할 수 있는 다양한 자료를 제공해 준다.

이와 함께 독서 자체가 주는 즐거움도 무시할 수 없다. 아름다운 음악을 들었을 때, 말할 수 없는 감동을 받는다. 작은 도화지에 그린 그림 하나가 천 년을 이어가며 사람들에게 기쁨을 주기도 한다. 마찬가지로 정제된 언어로 표현된 시나 소설은 가슴 속 깊은 곳까지 채워주는 샘물처럼 새롭다.

다원화된 사회에서는 다양한 생각과 문화를 가진 개인이나 집단이 복잡한 이해관계로 얽혀 있다. 사람들이 처한 환경과 상황이 달라 하나의 문제에 대해 사람마다 견해가 다를 수 있다. 이로 인해 개인이나 집단 사이에 의견이 대립되고 이를 해결하지 못할 때에는 폭력으로 발전하거나, 평생을 함께 하지 못할 원수가 되기도 한다.

그러나 문제라는 것은 해결하기 위해 있는 것이다. 자신의 주장을 논리적으로 제시하며, 진지하게 상대방의 의견을 들을 줄 알아야 한다. 이런 차원에서 현대 사회는 그 구성원에게 토론 능력을 요구하고 있다. 개인 또는 공동체의 문제 해결을 위해 공동체 구성원들은 핵심 문제를 파악하고 다른 사람의 생각을 공유하며 어떤 판단이 궁극적으로 정당성을 지니고 있는지를 비교하여 가장 적절한 문제 해결 방법을 찾아야 한다.

토론 과정에서 참가자들은 현명한 의사 결정을 할 수 있는 비판적 사고력을 기를 수 있다. 또 자기주장을 전개하고 청중을 설득하는 과정에서 의사소통능력을 키울 수 있다. 그리고 주어진 논제에 대한 자기 입장을 밝히고 주장, 논거, 근거 자료를 준비하는 과정에서 지식을 통합할 수 있는 방법을 함양할 수 있다. 뿐만 아니라 합리적인 절차와 정해진 형식에 따라 진행되는 과정을 이해하고 동등한 발언 기회를 갖는 민주적 의사 표현의 원리를 체득하며, 자신의 주장에 대한 주장과 반박을 수용하는 자세를 갖게 한다. 이를 통해 토론에 참가한 사람들은 성숙한 민주 시민의 자질을 기를 수 있다.

이 책은 효과적인 〈독서와 토론〉을 위해 4부로 구성되어 있다. 제1부는 독서에 대한 이해를 돕는 내용으로 구성하였다. 제2부는 토론에 대한 이해를 돕는 내용으로 구성하였다. 제3부는 독서 관련 자료와 실제 토론을 진행할 수 있는 내용으로 구성되어 있는데, 공통 주제를 담고 있다. 제4부는 크게 4개의 계열로 나누어 주제별 독서 관련 자료와 토론 자료를 제시하고 있다. 부록으로는 대학생들이 읽어야 할 도서 100권을 선정하여 제시하였다.

부족한 책이지만 출간되었다. 추후 미흡한 부분은 다시 보완할 것을 다짐한다. 이 책을 출간하기까지 편집을 맡아 도와주신 박이정 출판사의 강지영 님, 황인옥 님, 그리고 이 책의 출간을 즐겁게 승낙해 주신 박찬익 사장께도 감사드린다. 그리고 독자 여러분의 애정 어린 가르침도 기대한다.

저자 일동

제1부

독서

우리가 살아가는 사회는 과학 기술의 발달로 말미암아 산업사회에서 정보화 사회로 이행되었다. 인간은 삶에 필요한 정보를 생산하고 전달하면서 삶을 영위한다. 이에 따라 정보의 양이 증가하고 있으며, 인간의 비인간화 현상도 날로 심각해지고 있다. 이처럼 고도로 발달한 정보화 사회에서 능동적으로 대처하면서 인간적인 삶을 누리기 위해 최근 체계적인 독서의 필요가 대두되고 있다.

더욱이 사람들은 독서를 통해서 삶에 필요한 정보도 얻을 수 있고, 지적 능력을 개발할 수도 있으며, 바람직한 정서와 올바른 가치관을 함양할 수도 있다. 뿐만 아니라, 사회 구성원으로서 주어진 역할을 효과적으로 수행할 수 있으며, 더 나아가서는 문명의 발전과 문화의 창조에 기여할 수 있다. 그리하여 고도로 발달한 정보사회에서 자신이 종사하는 분야에서 지식을 소유만 하고 있는 지식인이 아니라 지식을 활용하여 문제 해결 능력을 갖춘 지식인으로 거듭나게 될 것이다. 따라서 독서 능력은 현대 사회를 살아가는 사람들에게 필수적으로 필요하다.

1. 독서의 개념

1.1. 독서, 읽기, 독해의 의미 관계

(1) 독서, 읽기, 독해

모두 '글을 읽는 행위를 나타내는 말'로 공통 의미를 갖는다. 동시에 '독서, 읽기, 독해'의 행위는 모두 '의미의 이해'를 전제로 한다는 것이다. 이러한 의미의 공통점으로 말미암아 우리는 '독서'와 '읽기'를 구분하지 않고 사용하고 있다. 하지만 '독서, 읽기, 독해'의 의미 관계는 동질적이지 않다. 이들 용어의 관계는 관점에 따라 다섯 가지를 기술할 수 있다(천경록 2008: 241-246).

첫째, '독서'와 '읽기'를 동의어로 사용하는 입장으로, '독서'와 '읽기'의 관계를 '독서=읽기'로 이해한다. '독서'나 '읽기'가 글자를 해독하는 과정, 의미의 구성을 강조하는 독해의 과정, 어휘를 확장하는 과정, 작가가 제시하는 생각 이상을 발견하는 창조적 과정 등으로 이해하고 사용하는 입장이다.

둘째, '독서'와 '읽기'를 서로 별개의 행위로 구별하는 입장으로, '독서'와 '읽기'의 관계를 '독서≠읽기'로 이해한다. '독서'와 '읽기'는 목적, 장소, 내용, 주체, 발달 관계, 관점, 대상 텍스트 등에서 차이가 있으므로 구별이 필요하다는 것이다. 〈그림-1〉을 보면 읽기는 국어과의 하위 영역의 하나로, '교사'의 도움을 받아 초·중등학교 교실에서 국어 교과서를 가지고 지도하는 영역을 지칭한다. 읽기의 내용은 국어과 교과과정에 제시되어 있다. 반면에 독서는 가정, 학교, 사회 등 여러 장소에서 특정한 내용이나 목적의 제한을 가지지 않은 채 자기 주도적 학습으로 다양한 종류의 책을 읽는 행위를 지칭한다.

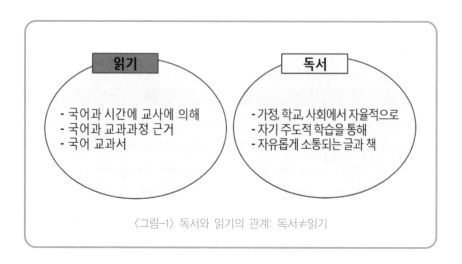

〈그림-1〉 독서와 읽기의 관계: 독서≠읽기

셋째, '독서'와 '읽기'는 의미가 겹치는 부분이 있다는 입장으로, '독서'와 '읽기'의 관계를 '독서∩읽기=독해'로 이해한다. 즉, '독서'와 '읽기'의 의미가 겹치는 부분을 '독해'로 파악한다.

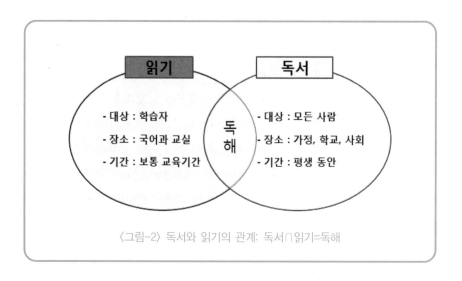

〈그림-2〉 독서와 읽기의 관계: 독서∩읽기=독해

'독해'는 텍스트의 의미를 구성하는 과정이다. 즉, '독해'는 글의 의미 내지는 정보의 정확한 수용에 초점을 두고 글을 읽는 읽기를 말하는 말로, '독서'와 '읽기'의 핵심적인 과제이다. 이에 독해를 할 때, 글의 어느 부분을 반복하거나, 이미 읽은 부분을 다시 읽는 특성을 지닌다. 이러한 까닭은 독해가 되지 않으면 '독서'나 '읽기'는 헛된 것이 되기 때문이다.

넷째, '독서'가 '읽기'를 포함한다는 입장으로, '독서'와 '읽기'의 의미 관계를 '독서⊃읽기'로 이해한다. 즉, 읽기는 문자 텍스트를 소리 내어 읽는 것으로 파악하고 독서의 하위 과정으로 파악한다.

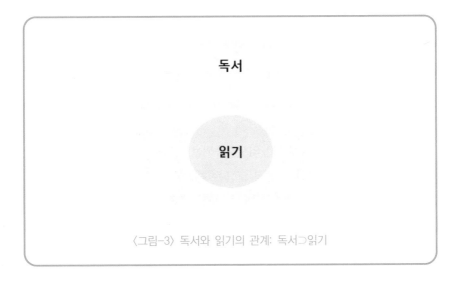

〈그림-3〉 독서와 읽기의 관계: 독서⊃읽기

'읽기'는 문자를 소리 내어 읽는 음독(oral reading)과 기초 사고 기능 측면에 초점을 맞추어 해독(decoding) 중심으로 글을 읽는 행위이고, '독서'는 기초 사고 기능이 숙달된 사람이 다른 사람의 도움을 받거나 혹은 자기 주도적으로 교양, 직무, 학문을 위해 글의 의미 파악과 고등 사고 기능 측면에 초점을 맞추어 묵독(silent reading) 중심으로 책을 읽는 행위이다.

다섯째, '읽기'가 '독서'를 포함한다는 입장으로, '독서'와 '읽기'의 의미 관계를 '독서⊂읽기'로 이해한다.

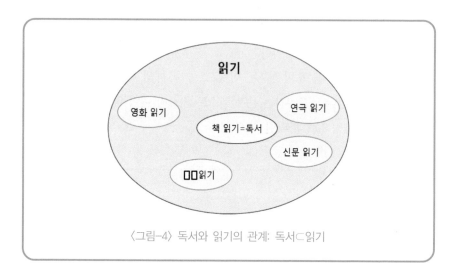

〈그림-4〉 독서와 읽기의 관계: 독서⊂읽기

'읽기'란 모든 기호나 상징체계로 의사소통되는 문화적 상징 코드(code)를 이해하는 행위이다. 여기서 문화적 상징 코드는 책, 영화, 연극, 텔레비전, 컴퓨터, 정치, 시대, 상황, 기호, 음악, 미술, 신문 등 모든 문화적 매체나 형식을 지칭한다. '읽기'에 대한 이러한 관점은 매우 포괄적이다. 따라서 문화적 상징 코드 중에 하나인 책을 읽는 행위는 독서가 되므로 독서는 읽기에 포함된다고 할 수 있다.

이상의 '독서', '읽기', '독해'의 의미 관계 외에도 다르게 표현될 수 있을 것이다. 하지만 일반인이나 전문가들이 모두 공통적으로 사용할 수 있는 개념적 정의가 필요한 현실이다. 따라서 개념적 정의로서 '독서'와 '읽기'의 관계는 위에 제시한 셋째 입장으로, '독서∩읽기=독해'로 파악하는 것이 좋을 듯하다. 즉, '읽기'는 국어과 교육의 한 영역으로서 교사에 의해 교실에서 국어 교과서를 통해 읽기를 학습할 목적으로 글을 읽는 행위로 이해하고, '독서'는 가정, 사회, 학교(국어과 읽기 시간은 제외)에서 교양, 직무, 학업, 여가 등을 위해 다양한 목적으로 책을 읽는 행위로 이해하는 것이다. 또한, '독서'와 '읽기'는 모두 '의미의 이해'를 전제로 한다. '읽기'는 글 읽기의 가장 초보적인 단계로, 문자의 음성화를 강조한 책을 읽는 행위이고, '독서'는 글 읽기의 가장 마지막 단계로, 인격 수양, 견문 확장, 교양 교육 등의 차원에서의 책을 읽는 행위이다.

1.2. 독서의 정의

우리는 '독서'와 '읽기' 그리고 '독해'의 의미 관계를 살펴보면서, '독서'가 가정, 사회, 학교에서 교양, 직무, 학업, 여가 등을 위해 다양한 목적으로 책을 읽는 행위로 설명한 바 있다. 하지만, 다음의 질문에 명쾌한 대답을 주저할 수밖에 없다.

(2) '독서란 무엇인가?'

'독서'를 정의하기 위해 많은 독서 관련 연구자들은 끊임없이 노력해 왔다. 최근 RAND 독서 그룹(Snow, 2002), 2015 미국 국가 수준 독서 평가 계획(NAGB, 2015), 2015 국제 학업 성취도 평가(OECD, 2013)에서 제시한 독서의 정의를 소개하면 아래와 같다(김종윤 2015: 91 재인용).

(3) 다양한 독서의 정의

ㄱ. RAND 독서 그룹: 독서는 문자 언어에 집중하고 상호작용함으로써, 의미의 추출(extracting)과 구성(constructing)이 동시적으로 일어나는 과정으로 정의된다. 여기에서 '추출'과 '구성'이라는 표현을 한 것은 텍스트가 독해를 결정하

는 데 중요하지만, 결정적인 요인이 될 수 없음을 강조하기 위함이다(Snow 2002: 11).

ㄴ. 2015 미국 국가 수준 독서 평가 계획: 독서는 능동적이고 복잡한 과정으로, 문어의 이해, 의미의 발전과 해석, 텍스트의 유형, 목적, 상황에 맞는 의미의 사용(using meaning)을 포함한다(NAGB 2015: 2).

ㄷ. 2015 국제 학업 성취도 평가: 독서는 한 개인이 목적을 성취하고, 지식과 잠재력을 발달시키며 사회에 참여하기 위하여 문어 텍스트를 이해하고, 이해된 의미를 사용하며, 성찰하고, 몰입하는 것이다(OECD 2015: 9).

(3)에 제시한 독서의 정의는 공통점을 가지고 있다. 이 공통점을 설명하면서 독서의 정의에 접근해 보고자 한다.

첫째, 독서는 문어로 된 텍스트를 대상으로 한 독자의 행위이라는 점이다. 독자는 글로 쓰인 텍스트를 대상으로 저자와 의사소통한다는 것이다. 즉, 독자는 텍스트를 읽어가면서 저자가 하고자 하는 말(의미)을 발견하면서 저자와의 대화가 시작되는 것이다.

둘째, 독서는 독자가 문자언어를 해독(decode)하는 것을 넘어, 텍스트에서 의미를 구성(constructing meaning)한다는 것을 의미한다. 독자가 독서를 하면서 발견한 의미는 고정되어 있는 것이 아니다. 즉, 독자는 발견한 의미를 일정한 상황과 맥락, 독자 자신이 알고 있는 지식과 경험을 기반으로 새로운 의미로 재구성한다.

셋째, 독서에는 내용 이해의 수준에만 그치는 것이 아니라 독서를 통해 구성된 의미의 사용(use of meaning)도 포함된다. 독자가 읽은 책의 내용을 이해하고, 재구성한 의미를 텍스트의 유형, 목적, 상황에 맞게 의미를 사용한다. 예를 들면 한 독자가 책을 읽다가 발견한 내용을 자신의 경험을 기반으로 재구성하여 스스로 글을 쓰거나 말을 할 때 재구성한 내용을 사용한다.

넷째, 독서는 목표 지향적인(goal-oriented) 행위이다. '독서'는 가정, 사회, 학교에서 교양, 직무, 학업, 오락 등을 위해 다양한 목적으로 책을 읽는다. 사람들이 책을 읽어가면서 발견하고 싶은 의미는 그 목적에 따라 다양할 것이다. 가령 신문을 읽는다면 독자는 정보를 발견하기 위한 목적으로 독서를 할 것이고, 학생은 교과서에서 필요한 지식을 발견할 목적으로 책을 읽을 것이다.

독서는 "글을 이해하고 독자의 경험과 상황적 맥락을 기반으로 텍스트 의미를 재구성하며 이를 사용하는 독자의 적극적인 행위"이다. 즉, 독서는 텍스트 내재적인 차원에서 이해를 통한 읽기 활동과 텍스트를 둘러싼 사회 문화적인 맥락에 비추어 의미를 재해석하는 과정이 통합된 행위이다. 텍스트 내재적인 차원의 독서가 요약, 분석, 추론 등으로 텍스트가 담고 있는 정보와 의미를 이해하는 것이라면 텍스트 외재적인 차원의 독서는 사회 문화적인 배경에 따라 텍스트의 의미와 정보를 비판하거나 평가하고 나아가 창조적 독해를 통해 새로운 의미를 창출하고 그 결과를 사용하는 활동이다.

2. 독서 유형

2.1. 독서 목적에 따른 분류

독서 목적에 따라 독서는 오락 독서, 교양 독서, 문학 독서, 연구 독서로 구분할 수 있다(정병기 2015: 42-43).

첫째, 오락 독서는 말 그대로 즐기기 위한 오락 행위로 수행하는 읽기이다. 독서의 목적이 여가 선용이나 오락적이고 독자는 글에서 재미, 흥미를 얻고자 한다면 깊이 생각을 하지 않고 글의 내용을 따라가거나 글에 푹 빠져 글을 읽을 것이다. 우리가 단순히 즐기기 위해 만화책을 읽는다든가 시, 소설, 수필 등과 같은 문학 작품을 읽는다면 오락 독서라 할 수 있다.

둘째, 교양 독서는 교양 지식의 습득을 위해 수행하는 읽기이다. 교양 독서의 대상은 교양서이다. 교양서는 교양 지식을 전달을 목적으로 하고, 판단력과 추리력 등 지성을 강조하는 책이다. 교양 독서는 독자가 저자에게 가르침을 받고, 저자에게 도움을 받아 발견을 하는 행위로써 책 읽기이다.

셋째, 문학 독서는 인지 작용을 통해 정서를 촉진하기 위해 수행하는 읽기이다. 문학 독서의 대상은 문학서이다. 문학서는 경험을 전달하고 감정과 상상력 등 감동을 얻는 것을 강조하는 책이다. 문학 독서는 문학 작품을 읽으면서 즐거움을 추구하는 것은 오락 독서와 유사하나 정서적 승화로 발전하는 것은 다르다. 독자가 문학을 내면화 하면서 스스로의 삶의 가치를 스스로 발견하는 행위로써 책 읽기가 문학적 독서이다.

넷째, 연구 독서는 전공 지식을 습득하고, 비판·종합적으로 탐구하기 위해 수행하는 읽기이다. 연구 독서는 문헌 자체를 탐구의 대상으로 하기도 하고, 다른 현상이나 사물을 관찰하면서 지식과 정보를 얻기 위해 이루어지는 행위이다. 연구 독서는 전공 지식의 습득이라는 점에서 교양 지식을 습득할 목적으로 책을 읽는 교양 독서와 다르고, 탐구 행위라는 점에서 인지 작용을 통해 정서의 촉진을 목적으로 책을 읽는 문학 독서와 다르다.

2.2. 독서의 방법에 따른 분류

독서의 방법은 매우 다양하다. 독서의 방법을 기준으로 독서는 음독(音讀)-묵독(黙讀), 정독(精讀)-통독(通讀), 속독(速讀)-지독(遲讀), 완독(完讀)-발췌독(拔萃讀) 등으로 구분할 수 있다.

책을 읽을 때, 글을 음성화 하느냐에 따라 음독(音讀)과 묵독으로 구분할 수 있다. 음독(音讀)은 글을 소리 내어 읽는 방법으로, 문자 단위로 음성화 하면서 글을 읽는 행위이다. 학교나 단체에서 하나의 글을 놓고 학습하는 데 유용한 방법이다. 옛날 서당에서 공부를 시작하는 학생은 스승이 하는 대로 낭랑하게 소리를 내어 따라 읽기부터 하였다. 또한 선비의 방에서는 글을 읽는 소리가 들려야 하는 줄 알았다. 묵독(黙讀)은 글을 소리 내지 않고 읽는 방법으로, 문장 단위로 의미 위주의 읽기 행위이다. 글의 내용을 이해하거나 연구나 학습을 위해 글에 대한 자세한 이해가 필요로 할 때 알맞은 독서법이다. 해방 이후부터는 국어교육에서 묵독이 주가 되기 시작했다. 글에 대한 이해도나 독서의 속도, 독서량 측면에서 음독보다는 묵독이 훨씬 낫다고 볼 수 있다.

글 내용을 파악하는 범위와 집중도에 따라 정독(精讀)과 통독(通讀)으로 구분할 수 있다. 정독(精讀)은 글의 내용을 생각하며 자세히 읽는 방법으로, 필요한 정보를 얻기 위해 꼼꼼하고 자세하게 글을 읽는 행위이다. 연구, 학습, 글에 대한 자세한 이해가 필요할 때 알맞은 독서법이다. 통독(通讀)은 글 전체의 내용을 훑어 읽는 방법으로, 글의 처음부터 끝까지 제목, 차례, 문단의 주제 등을 내리 읽는 행위이다. 통독은 보통 정독을 하기에 앞서 책의 내용을 먼저 이해하기 위해 눈으로만 본다거나, 혹은 서점에서 책을 사기 위해 고를 때 이용할 수 있는 읽기의 방법이다.

글을 읽는 속도에 따라 속독(速讀)과 지독(遲讀)으로 구분할 수 있다. 속독(速讀)은 글을 빠른 속도로 읽는 방법으로, 짧은 시간에 많은 양의 글을 읽는 행위이다. 속독에는 훑어 읽기(skimming)와 찾아 읽기(scanning)가 있다. 훑어 읽기는 주어진 글에서 중요한 정보를 찾아내기 위해 글 전체를 최대한 빠르게 읽는 독서 방법이다. 그리고 찾아 읽기는 주어진 물음에 대한 답을 글의 특정 부분에서 가능한 빨리 찾아내는 독서 방법이다. 하지만 속독은 짧은 시간에 글을 빠르게 읽기 때문에 글의 중요한 정보들을 놓칠 수도 있다. 지독(遲讀)은 글을 느리게 읽는 방법이다. 글의 내용이 어려울 때나 글의 내용을 철저하게 파악해야 할 때 사용하는 독서 방법이다.

한 권의 책을 읽는 범위에 따라 완독(完讀)과 발췌독(拔萃讀)으로 구분할 수 있다. 완독(完讀)은 책 전체를 처음부터 끝까지 읽는 행위이다. 발췌독(拔萃讀)은 필요한 부분만을 골라 읽는 방법으로, 사전을 활용하는 경우처럼 필요한 정보만을 찾을 때 알맞은 읽기 방법이다.

모든 독서법은 장단점을 가지고 있다. 독자는 하나의 독서 방법을 고집할 것이 아니라 독서의 목적, 글의 종류, 독자에 따라 여러 가지 독서법을 사용하는 것이 바람직할 것이다. 독자가 단순히 재미와 즐거움을 위한 오락 독서가 목적이라면 정독이나 지독보다는 묵독과 속독이 더 바람직할 것이다. 독서의 목적이 문학 독서, 교양 독서, 연구 독서에 있다면 묵독, 정독, 완독이 바람직할 것이다. 왜냐하면, 문학 독서, 교양 독서, 연구 독서에서 선택하는 텍스트는 단어와 문장을 적절한 사용할 수 있는 지식, 배경 지식, 함축적인 내용을 파악할 수 있는 능력이 있어야 이해가 가능하기 때문이다.

한편 성공적인 독서를 하려면 독서의 목표, 동기, 의지, 방법을 명확하게 하고 독서에 임해야 한다. 토마스 칼라일은 "의지가 없는 사람은 아무리 좋은 길에서도 전진과 후퇴를 반복하지만, 의지가 강한 사람은 길이 아무리 험해도 꾸준히 앞으로 전진한다."라고 말했다. 독자는 책을 읽기 전에 독서의 목표를 세우고, 왜 그 책을 읽어야 하는지 뚜렷한 동기를 부여해야 하며, 선택한 글에서 뭔가 발견을 하고야 말겠다는 의지를 가지고 있어야 할 것이다. 이후 독자에게 맞는 독서 방법을 선택하여 책을 읽어야 할 것이다.

3. 독서 과정

독서 과정은 글로부터 의미를 생성해 내는 이해 과정이다. 독서는 글에 제시된 정보와 독자가 보유하고 있는 기존 지식을 연결하여 독자 나름의 새로운 의미를 구성하는 능동적인 과정이다. 이에 독자는 독서 과정에서 저자가 의도한 의미를 독해하는 것에서 그치는 것이 아니라 스스로 의미를 창조해 내서 새로움을 발견해야 한다. 이 새로움은 자신의 무지를 인식하게 해서 앎을 확장하고 사유의 폭을 확장하는 계기가 된다.

그렇다면, 독해를 잘하기 위해 우리는 어떻게 글을 읽어야 할까? 우리는 독서를 할 때, 단순히 문자 하나하나를 따라가는 데 그치지 않고 문자 뒤에 숨은 뜻을 이해하고, 글의 중심 내용과 주제를 찾아내며, 저자가 글을 쓴 목적과 의도를 파악하고자 할 것이다. 그뿐만 아니라 저자의 관점을 파악하고 더 나아가 독자 스스로의 관점, 입장과 비교하거나 평가하여 수용 여부를 결정할 것이다. 이러한 모든 독서 활동은 한 편을 글을 잘 독해하기 위해서 의미가 있다 하겠다. 즉, 독서 활동 중에 어느 한 부분이라도 올바르게 독해가 수행되지 않았다면 그 글을 모두 이해했다고 할 수 없기 때문이다. 한 편의 글을 잘 이해하기 위한 효율적인 독해의 방법을 살펴보자.

3.1. 사실적 독해

사실적 독해는 글 속에 명시적으로 드러나 있는 내용상의 정보와 글의 구조상의 정보를 있는 그대로 정확하게 독해하는 것이다. 글을 읽고 그 내용을 정확하게 이해하기 위해서는 먼저 글 속에 제시되어 있는 정보를 사실 그대로 이해할 수 있어야 한다. 사실적 독해 과정에서 독자는 현안 문제, 핵심어와 그 의미, 주장, 근거 등을 파악해야 한다.

(4) 사실적 독해 과정에서 독해 요소

ㄱ. 현안 문제: 저자가 글 속에서 주로 다루고 있는 문제로, 논의 주제를 말한다. 현안 문제를 파악하는 것은 토의와 토론에서 의제와 논제를 파악하는 것과 관련된다. 왜냐하면 의제와 논제를 파악하지 못하면 주제와 관련 없는 발언을

하여 논점에서 벗어나기 때문이다.

ㄴ. **핵심어와 그 의미:** 핵심어는 주제와 관련된 어떤 중요한 개념을 나타내는 단어를 말한다. 따라서 저자가 글에서 중요하게 사용하는 용어 혹은 개념을 포착하고, 그 핵심 용어가 글에서 어떤 의미로 사용되는지를 파악해야 한다.

ㄷ. **주장:** 글에서 저자가 말하고자 한 것으로, 현안 문제에 대한 해결책이라고 할 수 있다. 글에는 핵심적인 주장과 함께 그와 관련된 작은 주장들이 제시되는 경우가 있다.

ㄹ. **근거:** 저자가 주장의 옳음을 설명하거나 뒷받침하는 객관적인 정보이다. 주장을 뒷받침하는 객관적 정보인 근거가 사실이 아닐 경우 주장은 정당성을 잃게 된다.

독자는 책을 읽어가면서 저자 또는 책과 수없이 많은 질문을 하면서 독해를 할 것이다. 사실적 독해 과정에서 우리는 (5)와 같은 질문을 하면서 책을 읽어야 할 것이다.

(5) ㄱ. 이 글의 현안 문제는 무엇인가?
ㄴ. 이 글의 핵심어와 그 의미는 무엇인가?
ㄷ. 저자가 말하고자 하는 핵심적인 주장이 무엇인가?
ㄹ. 저자의 주장을 뒷받침하는 이유나 근거는 무엇인가?
ㅁ. 이 글의 구성은 어떠한가?

글에서 현안 문제, 핵심어와 그 의미, 주장, 근거를 파악하기 위해서는 어떻게 해야 할까? 글의 구조를 사실적으로 파악하기 위해, 단어, 문장, 문단 등 글을 구성하는 각 단위의 내용과 그들 사이의 문법적 관계와 연결 관계를 파악해야 한다. 글의 조직 방식과 전개 방식을 정확하게 파악하여 글 전체를 구성하는 주요 내용의 계층적 구조를 파악해야 한다. 글의 내용을 사실적으로 파악하기 위해 지식과 경험, 글에 나타난 정보, 맥락 등을 이용하여 글의 현안 문제를 파악하고, 현안 문제와 직결되는 핵심어와 그 의미를 파악한다. 저자의 핵심 주장과 세부 주장을 구별하여 글 전체의 내용을 독자 스스로 목적에 맞게 요약한다.

3.2. 추론적 독해

추론적 독해는 글에 명시적으로 드러나 있지 않는 내용과 구조에 관한 정보를 추론을 통해서 내용을 파악하는 방법이다. 글을 쓸 때 저자는 모든 정보를 글에 담지 않는다. 특히 저자가 당연하고 기본적인 정보로 생각하는 내용 또는 정보일수록 글에 명시적으로 제시하지 않는다. 이 추론적 독해 과정에서 독자는 목적(의도), 함축, 맥락, 관점, 기본 가정을 파악해야 한다.

(6) 추론적 독해 과정에서 독해 요소

ㄱ. **의도**: 저자가 글을 쓰게 된 목적이다. 글을 쓰게 된 직접적인 의도는 글의 유형으로도 파악되기 때문에 저자가 글을 쓴 목적을 찾는 일은 비교적 쉽다. 그러나 저자가 달성하고자 하는 간접적인 의도는 서문에 따로 밝히지 않는 이상 독자가 추론하여 파악해야 한다.

ㄴ. **함축**: 주장 안에 암묵적으로 포함되어 있는 내용을 말한다. 함축을 파악하기 위해서는 전후 문맥을 잘 살펴야 한다.

ㄷ. **관점**: 저자가 현안 문제를 바라보는 시각을 말한다. 관점은 저자가 현안 문제의 무엇에 관심을 가지고 있는지를 알 수 있게 하고, 관점을 다르게 할 때 저자가 보지 못한 정보와 놓치고 있는 내용을 알 수 있게 해 준다.

관점은 글에 숨은 생각을 파악하거나 사용하는 정보나 개념의 종류를 통해서
파악할 수 있다. 특히 찬반 토론에서 관점을 파악하는 것이 중요하다. 왜냐하
면 표면적으로 드러나는 의견이나 입장의 차이는 관점의 차이에서 나타나기
때문이다.

ㄹ. **맥락**: 저자가 현안 문제를 논의하게 된 배경이다. 맥락은 의사소통 맥락과
사회·역사적 맥락이다. 의사소통 맥락은 글이 어떤 배경에서 의미를 가지는
가를 파악하는 것이고, 사회·역사적 맥락은 현안 문제의 사회적 배경과 역사
적 배경을 파악하는 것이다.

ㅁ. **전제**: 저자가 논의를 전개할 때 바탕에 깔고 있는 기본적인 생각이다. 저자가
쓴 글에서 당연하게 받아들이고 있는 기본적인 생각이 무엇인지 추론하여
파악해야 한다. 그 이유는 저자에게는 당연하고 기본적인 생각이 독자에게는
그렇지 않을 수도 있기 때문이다.

추론적 독해 과정에서 우리는 (7)과 같은 질문을 하면서 책을 읽어야 할 것이다.

(7) ㄱ. 저자가 이 글을 쓴 의도는 무엇인가?
   ㄴ. 저자의 주장이 암묵적으로 함축하는 것은 무엇인가?
   ㄷ. 저자는 어떤 관점을 지니고 있는가?
   ㄹ. 이 글은 어떤 역사, 사회, 문화적 배경(맥락)에서 쓰였나?
   ㅁ. 저자가 전개한 논의를 전개함에 있어서 기본적인 생각은 무엇인가?

글에서 저자의 의도, 함축, 관점, 맥락, 전제를 파악하기 위해서는 어떻게 해야
할까? 뜻이 분명하지 않은 문장의 의미는 지식과 경험, 표지, 문맥 등을 이용하여
정확하게 파악하고, 문장과 단락의 연결 관계를 통하여 생략된 저자의 입장에서
의도, 함축, 관점, 맥락, 전제 등을 추론해야 한다.

비판적 독해는 글에 제시된 저자의 주장, 근거, 의도, 관점, 전제, 맥락, 함축 글의 구성 등에 대하여 평가하며 읽는 것이다. 글을 읽어가면서 독자는 글에 제시된 내용을 수동적으로 수용하기만 하는 것은 아니다. 즉, 글의 내용이나 표현, 저자의 관점이나 태도, 가치에 대해 독자들은 쉼 없이 동의하는지 그렇지 않은지를 점검하면서 글을 읽는다.

독자가 글을 평가하는 것은 흠잡기나 시비 걸기가 아니다. 저자와 글에 대해 독자의 경험과 지식을 바탕으로 주체적인 평가 과정을 수행하는 것이다. 이때 독자는 아래와 같은 평가의 기준에 따라 글의 내용이나 정보를 평가할 수 있다.

(8) 평가 기준

ㄱ. **중요성**: 글에서 다루는 현안 문제가 다루어 볼 만한 문제여야 한다. 어떤 문제가 우리 자신이나 사회에서 중요성을 가질 때 그 문제는 가치가 있는 문제가 된다.

ㄴ. **정확성**: 주장을 뒷받침하는 근거, 추론에 사용된 전제, 현안 문제 등이 사실에 입각한 것이어야 한다.

ㄷ. **명확성**: 글의 표현에 대한 평가 기준으로, 글을 쓸 때 언어 사용이 분명하게 표현되었는지를 평가하는 기준이다. 애매한 표현이나 중의적인 표현을 사용해서는 안 된다.

ㄹ. **정당성**: 주장과 근거 사이에 대한 평가 기준이다. 근거는 주장을 뒷받침할 수 있을 만큼 적합한 내용이어야 한다. 근거가 적합하지 않으면 근거와 주장의 정당성도 없어진다.

ㅁ. **충분함**: 현안 문제에 대해 논의 전개가 질적 또는 양적으로 충분히 전개되고 있는가를 평가하는 기준이다. 현안 문제에 대한 전개가 충분

하게 이루어지 않는다면 현안 문제에 대한 전개가 피상적이거나 편협적이어서 만족스러운 해결책을 제시할 수 없다.

비판적 독해 과정에서 독자는 (9)와 같은 질문을 하면서 책을 읽어야 할 것이다.

(9) ㄱ. 이 글의 용어 및 문장 표현은 분명하고 명료한가?
   ㄴ. 이 글의 구성은 통일성이 있는가?
   ㄷ. 저자의 주장은 사실인가?
   ㄹ. 저자가 주장의 근거로 든 내용은 적합한가?
   ㅁ. 저자가 주장의 근거로 든 내용에 논리적 모순은 없는가?
   ㅂ. 저자의 주장은 중요하며 가치가 있는가?
   ㅅ. 저자의 관점은 폭넓은가?

글의 내용 측면에서 비판적 독해를 할 때, 독자는 글의 내용에 대해 중요성과 정확성, 정당성 등을 판단해야 하고, 글에서 발견한 지식이나 정보에 대해 공감하거나 반박할 부분을 찾으며, 필자의 지식 또는 경험과 견주어서 평가를 해야 한다. 그뿐만 아니라 저자의 가치관이나 글의 기본적인 배경이 되는 전제가 사회·역사·문화적 이념으로 수용이 가능한지도 평가해야 할 것이다.

또한 글의 표현 측면에서 비판적으로 독해할 때, 독자는 글의 구성과 표현이 명확한지를 평가해야만 한다. 즉, 핵심어 및 문장 표현은 분명하고 명료한지, 단락의 연결은 긴밀한지, 글 전체의 구조는 짜임새가 있는지, 내용은 논리적으로 전개되고 있는지, 글 전체에 통일성과 일관성이 있는지를 평가해야 한다. 이를 위해 독자는 글감이나 주제가 유사한 글을 찾아 읽고, 저자의 관점이나 글의 구성 등을 비교할 필요가 있다.

감상적 독해는 감동이나 즐거움을 얻기 위해서 글의 내용이나 저자의 생각에 공감하며 수용적으로 읽는 것이다. 독자가 글의 내용과 표현을 종합적으로 이해하면서 반응을 보이며 책을 읽는다. 감상적 독해는 주로 문학 작품을 대상으로 한다. 문학 작품을 읽으면서 독자는 즐거움을 느낄 수 있고, 삶의 다양한 모습을 이해할 수 있다. 또한 정보 전달이거나 설득을 목적으로 하는 글도 정보의 정확성과 양적 충족, 논리적 전개와 반박을 통해서 감동을 줄 수 있으므로 감상적 독해의 대상이 될 수 있다.

감상적 독해 과정에서 독자는 (10)과 같은 질문을 하면서 책을 읽어야 할 것이다.

(10) ㄱ. 글에 묘사된 인물의 모습, 행동, 심리에 공감이나 동일시할 수 있는가?

ㄴ. 글에 묘사된 사건, 배경에 공감이나 동일시할 수 있는가?

ㄷ. 저자의 개인적 배경과 집필 상황, 저자의 생각을 고려하여 글의 장면과 분위기에 공감할 수 있는가?

ㄹ. 글에서 감동적인 부분은 어디이고 그 이유는 무엇인가?

ㅁ. 글의 내용, 구성에 독자 스스로의 배경지식이나 경험에 연관시켜 어떤 감정적 변화가 있는가?

감상적 독해의 과정에서 독자는 글 속에 전개된 인물, 사건, 배경, 저자의 생각 등 글 속에 내포된 가치를 찾아 공감하거나 동일시할 수 있는지를 생각해야 할 것이다. 글에서 감동적인 부분을 찾고 그 이유를 생각해야 할 것이다. 그뿐만 아니라 독자는 자신의 배경지식이나 경험을 기반으로 감동적인 내용을 내면화하고, 스스로의 정서적 변화를 인식하면서 글을 읽어야 한다.

창조적 독해는 독자가 글을 통해 얻은 지식과 정보를 독자의 경험과 상황적 맥락을 기반으로 글의 의미를 재구성하고 재구성한 의미를 사용하며 읽는 것이다. 여기서 '창조적'이란 기존의 세상에 없던 것을 새롭게 만들어내는 것을 의미하지 않는다. 즉, 독자가 주체적인 사고로 독서의 결과를 스스로의 삶에 적용하거나 응용하는 것을 말한다. 예를 들면, 저자의 문제 해결 방안이나 대안이 잘못되었다면 독자는 주체적으로 자신의 지식과 경험을 적용하여 더 바람직한 해결 방안이나 대안이 무엇인지를 찾아내는 것이다.

창조적 독해 과정에서 독자는 (11)과 같은 질문을 하면서 책을 읽어야 할 것이다.

(11) ㄱ. 저자의 주장을 따를 경우 어떤 문제들이 생겨나겠는가?

ㄴ. 저자의 관점과 다른 관점은 어떤 것이 가능하겠는가?

ㄷ. 저자의 문제 해결 방식이 타당하지 않다면 이 문제에 대한 다른 대안이나 바람직한 해결 방안은 무엇인가?

ㄹ. 저자의 생각들 중에서 성격이 다른 문제 혹은 오늘날의 문제에까지 확장시켜 볼 만한 것은 어떤 것이 있는가?

ㅁ. 이 글과 관련해서 생각해 볼 수 있는 또 다른 문제들은 어떤 것들이 있는가?

창조적 독해 과정에서 독자는 글의 주제, 관점 등에 대하여 자기의 생각을 논리적으로 구성하여 저자의 주장이나 근거를 보완하거나 대체할 수 있는 방법을 찾으면서 책을 읽어야 할 것이다. 그뿐만 아니라 글에서 자신과 사회의 문제를 해결하는 방법을 모색하면서 독서를 수행해야 할 것이다.

3.6. 독해 방법의 조정과 통합

　사려 깊은 독자는 독서의 전 과정을 통하여 자신의 독해 방법을 조정한다.
독자는 독서 과정에서 독해가 성공적으로 이루어지는지 의식적으로 확인하며,
일단 독해에 문제가 발생되면, 독해의 방법을 수정한다. 이처럼 독자는 독서의
과정에서 성공적으로 의미를 이해하고 재구성하기 위해 끊임없이 독해 방법을
수정 또는 대체할 것이다.

　우리는 독서 과정에서 이루어지는 사고 작용의 방식에 따라 독해의 방법을
사실적 독해, 추론적 독해, 비판적 독해, 감상적 독해, 창조적 독해로 구분하였다.
이들 각 독해 방법의 관계를 그림으로 나타내면 (12)와 같다.

(12) 독해 방법의 조정과 통합

　(12)에 제시한 독서 방법들은 독서의 과정에서 순차적 또는 단계적으로 적용되
는 것은 아니다. 독서의 목적, 글의 종류에 따라 독자가 가지고 있는 독서 능력을
최대한으로 발휘하기 위해 효과적인 독해 방법을 선택할 것이다. 이를테면, 독자
가 책을 읽어 가면서 비판적 독해를 하기 위해 사실적 독해와 추론적 독해를
동시에 이용할 수 있고, 창조적 독해를 하기 위해, 사실적 독해, 추론적 독해,
감상적 독해를 함께 이용할 수 있다.

　위에서 제시한 독해 방법을 적용하고 아래의 글을 읽어보자. 독서할 때 각
독해 방법에서 제시한 질문을 하면서 글을 읽도록 하자.

'논어'를 알게 되어서 얻은 가장 큰 소득은 '군자'라는 고귀한 인간상을 마음에 간직할 수 있게 된 것이다. 두 번째로 큰 소득은 우리 선조들이 유교를 받아들이고 '군자'를 수신의 목표로 삼았던 것이 중국 것을 무조건 숭상하는 사대주의 때문이나 또는 독자적인 사고를 할 수 있는 능력이 모자라서가 아니라는 것을 깨닫게 된 것이다.

그전까지 나는 '군자'는 다분히 점잖기만 한, 그래서 악(惡)과 적극적인 투쟁을 할 힘이 없고 사회를 변화시킬 힘이 없는 무기력한 인물로 생각해 왔다. 그러나 '논어'에서 만난 군자는 그저 '점잖기만 한' 사람이 전혀 아니었다.

인간의 약점, 허점을 꿰뚫어 보는데 너무도 예리하고, 인간의 변명이나 자기기만을 질책하는 데는 추상과 같고, 강자에게는 강하고 약자에게는 자애롭고, 인간관계는 의와 예로써 정립하여 정의롭고 조화로운 사회를 이루는 비전을 가졌을 뿐 아니라 철저한 실행의지를 지닌 인물이 군자였다. 군자를 향한 수양은 고통을 수반했지만 탐욕과 아집에서 자유로워져서 편안하고 즐거운 경지에 이르는 길이었다.

인류 역사에서 모든 문명사회는 이상적 인간형을 제시했고, 그 이미지의 호소력은 문명화와 사회적 질서유지의 힘이 됐다. 인간의 지성, 심성, 신체의 균형적인 발전을 통해 인간의 가능성을 최대한으로 실현하려했던 희랍사회의 이상형은 페리클레스(Pericles) 같은 자유지성인이었다.

서구가 전쟁과 살육의 암흑시기를 겪고 나서 봉건제도 하에서 안정된 사회를 구축하려 했을 때, 전쟁과 평화의 주역이었던 '기사'들에게는 '기사도'가 요구되었다. 용맹뿐 아니라 의협심과 예절, 교양, 겸손과 약자에 대한 연민을 갖춘 '기사상(像)'은 중세의 힘없는 민중들에게 마음의 안식처가 되었다. 총포의 발명으로 말을 타고 창검과 방패로 싸움을 하는 기사의 시대가 지난 후에는 '기사'를 좀 더 시민사회에 맞게 조절한 '신사'가 그 뒤를 이은 이상형이 되었다.

사회 환경이 전혀 달랐던 미국에서는 온갖 험난한 자연의 횡포와 도처에 도사린 무법자들의 위협을, 어금니 꽉 깨물고 묵묵히 참아내는 강건한 사나이, 개척자(pioneer)가 이상형이었다. 산업혁명 이후 착취당하는 노동자가 다수 발생하자 마르크시즘이 대두되어 계급투쟁의 투사가 일부 집단의 이상형이 됐다.

우리나라에는 일찍이 화랑이라는 용감하고 교양 있고 낭만을 아는 전사가 있었고, 조선시대에는 군자, 그리고 군자에의 수양단계인 선비라는 이상형이 정신적 중추였다. 일본의 사무라이에게도 무예 못지않게 의리와 아량이 요구됐다.

물론 이들 이상형은 인간으로서 체화하기엔 너무 완벽한 이상이었고, 그렇기 때문에 위선적인 흉내 내기가 불가피하게 발생했다. 그리고 그 이상을 실현해야 할 사람들의 실상이 이상과 멀었던 것이 많은 사람들에게 환멸과 체제불만을 심어주었겠지만, 그러나 역시 이상형이 없었던 사회보다 있었던 사회가 덜 살벌한 사회였음은 분명하다.

오늘날 우리는 이상적 인간상이 없는 사회에 살고 있다. 오늘의 젊은 세대는 조용한 미덕을 불신하고, 알아보지도 못하게 되었기 때문에 '화끈한' 사람에게 열광하는 모양이다. '노인을 편안하게 해주고 벗에게는 미덥게 하고 젊은이를 감싸주고자' 했던 군자, '온화하면서도 엄숙하고, 위엄이 있으나 사납지 않고, 공손하면서도 편안했던' 군자가 현대적 이상형으로 부활될 수는 없겠지만, 그 이상을 마음속에 간직한다면 우리의 내면적 삶이 덜 피폐하고 우리 사회는 좀 더 더불어 살 수 있는 사회가 되지 않을까.

〈조선일보, 2001.03.06, 서지문〉

【1】 사실적 독해의 질문

1) 이 글의 현안 문제는 무엇인가?
 - 현대 사회에 이상적 인간상은 무엇인가?

2) 핵심어와 그 의미는 무엇인가?
 - 핵심어: 군자
 - 그 의미: 군자란 인간의 약점을 예리하게 꿰뚫어 보고, 변명이나 자기기만을 질책하며, 강자에게는 강하고 약자에게는 자애로우며, 의와 예로써 인간관계를 맺고, 정의롭고 조화로운 사회를 이루는 비전과 실행 의지를

가진 자이다.

3) 저자의 주장은 무엇인가?
- 현대 사회에 맞는 이상적 인간상 즉 군자가 필요하다.

4) 저자의 주장을 뒷받침하는 근거는 무엇인가?
- 현대 사회에 이상적 인간형이 부재함을 문제로 인식하고, 각 시대의 이상
적 인간상으로 제시하고 있다. 즉, 희랍 사회의 자유 지성인, 중세 봉건
사회에서 기사, 시민 사회의 신사, 미국 사회의 개척자, 산업 혁명 이후
사회에서 투사, 우리나라의 신라 시대 화랑과 조선시대 선비, 일본의
사무라이 등과 같은 이상적 인간상을 근거로 제시하고 있다.

【2】 추론적 독해의 질문

1) 이 글을 쓴 저자의 의도(목적)는 무엇인가?
- 이 글에서 현대 사회의 이상적 인간상이 무엇인가?에 대한 질문에 저자는
이상적 인간상을 '군자'라고 설명하고 있다. 이를 통해 현대 사회에 이상적
인간상의 부재를 인식하여 현대적 군자가 탄생하기를 희구하고 있다.

2) 저자의 주장이 함축하는 것은 무엇인가?
- 저자는 '현대 사회에 맞는 이상적 인간상 즉 현대적 군자가 필요하다'고
주장하고 있다. 이 주장은 현대 사회에 이상적 인간상이 없다는 것을
함축한다.

【3】 비판적 독해의 질문

1) 저자의 의도에 비추어 이 글의 구성과 내용에 문제는 없는가?

   - 저자는 현대 사회에 이상적 인간상의 부재를 인식하고 현대적 군자가 탄생하기를 희구하고 있다. 저자는 이상적 인간상을 군자로 파악하여 군자를 정의하고 과거 문명사회의 이상적 인간형을 제시했다. 하지만, 현대사회의 이상적 인간상을 제시하지 못하고 있다는 문제를 확인할 수 있다. 즉, 저자와 현대 사회가 탄생을 희구하고 있는 현대적인 군자(이상적 인간상)를 명확하게 정의하지 못하고 있다. 또한 현대적 군자의 탄생이 왜 화두가 되어야 하는지, 현대적 군자가 되기 위한 구체적인 사유나 수행 방법을 밝혔다면 보다 설득적인 글이 되었을 것이다.

2) 저자의 주장이 설득력이 있으며, 효용성이 있는가?

   - 이 글에서 저자는 '현대 사회에 맞는 이상적 인간상(현대적 군자)이 필요하다.'고 주장한다. 저자의 주장은 독자로 하여금 현대 사회가 요구하는 이상적 인간상을 닮고자 할 정도로 공감대를 형성하고 있다. 젊은 세대가 옛 군자의 미덕을 불신하고, '화끈한' 사람에게 열광하는 현대사회의 현실적인 문제를 제시하고, 이상적 인간상이 있는 사회가 이상적 인간상이 없는 사회보다 내면적인 삶이 덜 피폐하고 더불어 살아갈 수 있다는 설명에서 이 글의 효용성을 찾을 수 있다.

【4】 감상적 독해의 질문

1) 이 글에서 감동이 되는 부분은 어디이고 그 이유는 무엇인가?

   - 이 글은 주장과 근거의 긴밀성과 근거의 정확성을 갖추고 있으므로 논리적으로 전개하고 있다고 할 수 있다. 저자는 '현대 사회에 맞는 이상적 인간상

(현대적 군자)가 필요하다'는 주장을 하기 위해, 이상적 인간상인 '군자'를 정의하고(근거 1), 문명사회는 이상적 인간상이 있었음을 확인했으며(근거 2), 우리가 살고 있는 사회는 이상적 인간형이 없다는 사실을 확인했다(근거 3). 제시한 근거는 정확하고 주장과 긴밀한 관계를 가지고 있다. 즉, 글의 전개가 논리적으로 이루어져 독자의 공감을 이끌어내고 있다.

【5】 창조적 독해의 질문

1) 이 글과 관련된 문제가 있는가, 있다면 그에 대한 바람직한 대안은 무엇인가?
   - 이상적 인간형을 제시하지 못하는 현대 사회의 문제는 사람의 정신세계를 피폐하게 만들고 삶을 살아가기 어렵게 만든다. 현대 사회는 개인주의의 팽배, 자살 문제 등 많은 정신적인 문제를 안고 있고, 사람들은 살아가기 어렵다고 말하고 있다. 어려운 때일수록 정신적인 풍요로움이 필요하다. 이를 위해 이상적 인간상인 현대적 군자의 탄생을 앉아서 구하기만 해서는 안 되겠다. 이 시대의 문명화와 질서 유지를 위해 현대적 군자가 어떤 사람인가를 정립하고, 현대적 군자를 흉내를 내는 것이 아니라 진정 마음으로부터 군자의 길을 수행해야 할 것이다. 이러한 실천 의지를 사람들이 가질 때 우리가 살고 있는 사회는 이상적 인간상을 제시할 수 있을 것이다.

4. 효과적인 독서 전략

독서 활동을 잘하기 위해서 독자는 세 가지 능력을 갖추어야 한다고 한다. 첫째, 일상생활이나 학교 교육을 통해 얻은 배경지식(스키마, schema)을 활용하여 글의 내용과 정보를 파악할 수 있어야 한다. 둘째, 글에 제시된 주요 정보 및 세부 정보의 의미를 유연하게 파악할 수 있어야 한다. 셋째, 독서의 목적이나 글의 종류에 따라 독서의 방법 및 과정을 적절하게 조정하고, 글의 유용성과 내용의 난이도에 따라 주의 집중의 정도를 적절하게 조절할 수 있어야 한다.

실제 독해 과정에서 독자가 가지고 있는 독서 능력을 최대한으로 발휘하기 위해 효과적인 전략이 필요하다. 유능한 독자는 독서의 과정에서 성공적인 의미를 이해하고 재구성하기 위해 끊임없이 독해 방법을 조정한다. 독서 전략이란 독자가 책을 읽을 때 의미를 이해하고 재구성하기 위해 사용하는 의도적인 방법을 말한다.

한편, 독해 과정은 읽기 학습에 있어서 시간을 기준으로 독서 전 사고 활동, 독서 과정에서 사고 활동, 독서 후 사고 활동으로 구분한다(박영목 2008: 320). 독서 전 사고 활동의 독서 전략은 독자의 사고를 활성화하기 위한 방법이고, 독서 과정에서 사고 활동의 전략은 글을 이해하는 과정을 다루는 방법이며, 독서 후 사고 활동의 전략은 글을 읽고 이해한 다음 글의 정보에 대한 학습까지도 가능하게 하는 방법이다.

여기서는 효과적인 독서 전략과 전략을 활용할 수 있는 단계를 관련지어 소개하고자 한다(이병기 2008: 155-158).

(13) 효과적인 독서 전략 기법

ㄱ. 예측 안내하기(anticipation guide): 예측 안내하기는 독서 전 사고 활동으로, 기본 개념이나 논점에 대해 미리 생각해 볼 수 있도록 '예/아니오 혹은 찬성/반대' 질문을 학생들에게 제시하는 활동이다. 질문은 도표 형태로 제시한다. 이 전략은 사전 지식 활성화 혹은 독서 목적을 명료하게 하기 위한 전략이다.

ㄴ. 브레인스토밍(brainstorming): 브레인스토밍은 특정 주제에 대해 참가자들이 자유롭게 발언하도록 함으로써 다양하고, 새로운 아이디어를

창출하려는 전략이다. 독서 전 사고 활동으로, 배경지식을 활성화하는 데 도움이 되는 활동이다. 주로 읽어야 할 내용 중에서 핵심어를 추출하여 브레인스토밍을 전개한다.

ㄷ. SQ3R: SQ3R은 훑어보기(survey), 질문하기(question), 자세히 읽기(read), 되새기기(recite), 다시보기(review)의 5단계로 구성되어 있다. SQ3R은 미리보기, 예측, 질의 형성, 모니터링, 요약 등 종합적인 인지 전략이 가능하다. SQ3R은 독서 전 사고 활동, 독서 과정 사고 활동, 독서 후 사고 활동 단계에서 적용할 수 있는 전략으로, 미리 읽기, 다시 읽기, 재진술하기 등의 개별적인 독서 전략을 포괄하는 종합적인 성격을 갖고 있다.

ㄹ. 마인드맵(mind map): 마인드맵은 머릿속의 사고과정을 그림이나 글자로 시각화한 것으로 웨빙(webbing) 혹은 개념도(concept map)와 유사하다. 마인드맵은 원래 사고 과정을 촉진하기 위한 도구로 개발되었으나 독서 전략으로 적용이 가능하다. 마인드맵은 독서 후 사고 활동 단계에서 적용되는 독서 전략으로, 책을 읽은 후에 내용을 시각적으로 정리하거나 이야기의 서사구조를 표현하는 데도 적용할 수 있다.

ㅁ. 캐릭터 차트: 캐릭터 차트는 독서 전 사고 활동 단계와 독서 후 사고 활동 단계에 적용할 수 있는 독서 전략으로, 독서 전에 특정 캐릭터의 특징이나 속성을 예측해 보도록 하고, 독서 후에 다시 자신의 예측과 실제 확인 정보를 기술하도록 하는 전략이다. 캐릭터 차트는 사전 지식을 활성화하고, 예측을 위한 인지 전략에 적합하며 주로 문학 작품에 적용된다.

ㅂ. 앙케트/질문표(opinionaires/questionaires): 앙케이트/질문표는 독서 전 사고 활동 단계에 적용할 수 있는 전략으로, 특정 토픽에

대한 견해를 묻는 도표를 제시함으로써 독서 전에 배경지식을 활성화
하는 데 유리하다. 이 전략은 '저자에게 물어보기', '정교한 질문' 등의
질의 형성 전략과 유사하다.

ㅅ. KWL: KWL(know, want, learn)은 이미 알고 있는 것, 알고 싶은 것,
새롭게 알게 된 것으로 구분하여 기술하도록 한다. KWL은 독서 전
사고 활동, 독서 과정 사고 활동, 독서 후 사고 활동 단계에서 적용할
수 있는 전략으로, 독자의 배경지식을 활성화하고, 독서 목적을 명료
화하며, 독서 상황을 점검하는 전략이다.

ㅇ. 요약 기법: 요약 기법은 독서 후에 주요 내용 혹은 세부 내용을 확인하
여 주요 정보를 중심으로 글 전체를 압축, 재구성하는 지적 활동이다.
요약 기법은 독서 후 사고 활동 단계에서 적용할 수 있는 전략이다.

ㅈ. 그래픽 조직자(graphic organizer): 그래픽 조직자는 인간의 머릿속
에 있는 지적 사고의 내용이나 사고의 과정을 시각적 형태로 표현한
것이다. 그래픽 조직자는 의미지도(semantic mapping), 개념지도
(concept map), 지식도(knowledge map) 등 다양한 용어로 쓰인다.
그래픽 조직자는 개념 간의 관계 표시를 위한 시각화 도구의 의미로
사용된다. 그래픽 조직자는 모든 글의 유형과 구조, 인지 전략을 활성
화하는 전략으로, 독서 전 사고 활동, 독서 과정 사고 활동, 독서
후 사고 활동 단계에서 적용할 수 있는 종합적인 독서 전략이다.
예를 들면, 원인−결과도, 비교 대조를 위한 T-테이블과 벤다이어그
램, 순서와 열거를 위한 순서 및 흐름도, 요약에 도움을 주는 요약도
등이 있다.

ㅊ. QAR: QAR(Question-Answer Relationships)는 '질문의 답은 어디에'라
는 독서 전략이다. QAR는 질문에 대한 해답이 책 속에 있는 것과
독자의 머리로 생각해야 하는 것으로 구분된다. 책 속에 해답이 있는

것은 다시 바로-거기(right-there)와 앞뒤 정보를 연결해야 해답을 찾을 수 있는 것(putting it together)으로 구분한다. 독자의 머리로 생각해야 하는 해답도 저자와 독자 사이에(author and me)와 순수한 내 생각(on my own)으로 구분된다. QAR은 주요 내용 및 세부 정보 확인, 글의 구조 파악, 추론 및 예측 활동에 적합한 활동으로, 독서 과정 사고 활동 단계와 독서 후 사고 활동 단계에서 적용할 수 있는 독서 전략이다.

ㅋ. **이야기 지도(story map):** 이야기 지도는 플롯 조직 표, 스토리 얼굴, 스토리 구조도 등으로 알려진 독서 전략이다. 이야기 지도는 주로 서사 구조를 갖는 문학 작품에 적용하며, 이야기의 구조를 한눈에 파악할 수 있는 일종의 그래픽 조직자이다. 이 전략은 독서 과정 사고 활동, 독서 후 사고 활동 단계에서 활용할 수 있다.

ㅌ. **생각 말하기(think aloud):** 생각 말하기는 '사고 구슬, 소리 내어 말하기, 프로토콜 분석'으로 불린다. 생각 말하기는 책을 읽는 동안 독자의 머릿속에서 일어나는 사고를 점검할 수 있는 독서 전략이다. 즉, 독자는 자신의 생각을 말하면서 독서 과정에 대한 점검을 할 수 있다. 이 전략은 독서 과정 사고 활동, 독서 후 사고 활동 단계에서 적용할 수 있다.

ㅍ. **건너뛰며 읽기(skimming):** 건너뛰며 읽기는 글의 핵심 주제 혹은 아이디어를 신속하게 파악하기 위해 필요 없는 내용은 건너뛰고 대충 읽는 독서 전략이다. 문단별로 핵심 문장을 찾아가면서 읽는 방법, 제목·장·절의 제목을 따라가면서 읽거나 요약을 따라 가면서 읽는 방법 등이 있다. 이 전략은 독서 과정 사고 활동, 독서 후 사고 활동 단계에서 적용할 수 있다.

ㅎ. **훑어 읽기(scanning):** 훑어 읽기는 핵심 아이디어와 필요한 정보를

찾을 때 적용하는 독서 전략이다. 주로 특정 질문에 해답을 찾거나, 전화번호나 사전을 이용할 때 적용하는 독서 전략이다. 이 전략은 독서 전 사고 활동, 독서 과정 사고 활동 단계에서 적용할 수 있다.

이상에서 언급한 독서 전략 기법 이외도 독서 전략의 기법은 다양하다. 이 중에서 예측하기 안내 전략과 SQ3R 전략의 방법을 살펴보자.

먼저, 예측하기 안내 전략은 독자의 생각과 의견을 활성화시킬 수 있는 진술 활동을 통하여 텍스트에 포함되어 있는 주요 아이디어를 예측하기 위한 전략이다. 예측하기 안내 전략의 절차는 아래와 같다(박영목 2008: 198-199).

(14) ㄱ. 독서할 텍스트에서 제시되어 있는 주요 아이디어를 식별하도록 한다.

ㄴ. 독서 활동에서 주어진 문제에 대하여 독자가 이미 알고 있는 것이 무엇인지를 독자의 경험과 신념을 고려하여 찬반 여부를 결정하게 한다.

ㄷ. 주어진 텍스트 자료에 대한 독자들의 기본 이해를 수정하거나 반박할 수 있는 세 개 내지 여섯 개의 진술로 구성된 예측 안내 활동 자료를 작성한다.

ㄹ. 독자에게 예측 안내 활동 자료를 제공하고 독자의 의견을 적게 한다. 먼저 학생 개인별로 예측 안내 활동 자료를 완성하게 한 후 소집단이나 전체 집단에서 자신의 의견을 발표하게 한다.

ㅁ. 독자들로 하여금 예측 안내 활동 자료에 제시된 각 진술을 확인하거나 정교화하거나 거부하는 정보에 초점을 맞추어 주어진 읽기 자료를 읽게 한다.

예측하기 안내 전략은 독자가 글을 읽기 전에 글의 핵심 내용에 대한 자신의 배경지식을 활성화할 수 있으며, 동료들과 그러한 배경지식을 공유할 수 있다. 텍스트 자료를 통해서 독자는 자신의 의견을 확인하거나 수정하면서 글을 읽을 수 있도록 동기화될 수 있다. 예측 안내 활동 자료를 통해서 독자의 오해가 어디에 있었는지를 독서나 토의를 통해서 알 수 있다는 특징이 있다.

한편, SQ3R 전략은 읽기 수준을 향상시키기 위해 고안된 방법으로, 대학 읽기 프로그램의 주요 지도방법으로 활용되고 있는 효과적인 읽기 학습 방법이다. SQ3R 전략의 단계와 방법은 다음과 같다(한재영 외 2005: 243-244).

(15) ㄱ. 1단계: 훑어보기(Survey)

　　　독자는 주어진 텍스트를 읽기 전에 훑어본다. 학생들은 텍스트의 제목, 도표, 차트, 지도, 삽화, 도식, 머리말, 요약 등을 빠르게 검토해야 한다. 빠르게 검토하는 목적은 독자에게 텍스트에 무엇이 나타나는가? 하는 주의 집중을 유도하는 것이다.

ㄴ. 2단계: 질문 만들기(Qusetion)

　　　텍스트의 머리말을 질문으로 만든다. 이 방법은 독자의 호기심을 자극한다. 예를 들면 '석유 수송'과 같은 머리말은 "어떻게 석유를 수송하는가?"라는 질문으로 바꾼다.

ㄷ. 3단계: 자세히 읽기(Read)

　　　마음속으로 질문을 하면서 독자들은 단락을 읽는다. 독자들은 질문에 답할 그뿐만 아니라 다른 주요 내용을 찾는다. 독자들은 그들의 질문에 답을 쓴다. 그리고 노트의 왼쪽에 질문을 쓰고 오른쪽에 답을 씀으로써 독자의 학습방법을 개발할 수 있다.

ㄹ. 4단계: 되새기기(Recite)

읽기를 끝낸 후에 독자들은 노트 한쪽을 가리고 질문의 답을 구두로 암송한다. 그리고 글로 쓴 답과 암송한 답을 비교하고 맞았는지를 검토한다.

ㅁ. 5단계: 다시보기(Review)

다시보기 단계는 확실히 시험 전이나 몇 시간 전에 검토할 수 있다. 독자가 질문과 대답을 다시보기 함으로써 독자는 다양한 질문과 대답 사이의 관계를 알 수 있다.

〈참고문헌〉

가톨릭대학교 교양교육원, 『분석과 창의적 문제 해결』, 가톨릭대학교출판부, 2005.

박영목, 『독서 교육론』, 박이정, 2008.

서지문, 현대적 군자의 탄생을 기다리며, 『조선일보』, 2001.03.06, 〈http://srchdb1.cho sun.com/pdf(2001.03.06)〉.

원만희 외, 『비판적 사고 학술적 글쓰기』, 성균관대학교출판부, 2014.

이병기, 학교도서관 중심의 독서교육을 위한 독서전략 범주화에 관한 연구, 『한국도서 관 · 정보학회지』 39-3, 한국도서관 · 정보학회, 2008, pp139-159.

정병기, 연구독서의 유형과 과정 및 방법-연구 독서 연구를 위한 시론(試論)과 새로운 독서법 제안, 『한국 사고와 표현 학회 학술대회 논문집』, 한국사고와표현학회, 2009, pp40-55.

천경록, 읽기의 의미와 읽기 과정 모형에 대한 고찰, 『청람어문교육』 38, 청어람어문교육 학회, 2008, pp239-271.

한재영 외, 『한국어 교수법』, 태학사, 2008.

제 2 부

토론

현대 사회는 다원화 사회로 다양한 생각과 문화를 가진 개인이나 집단이 복잡한 이해관계에 얽혀 살고 있다. 사람들이 처한 환경과 상황이 달라 하나의 문제에 대해 사람마다 견해가 다를 수 있다. 이로 인해 개인이나 집단 사이에 자주 의견 대립이 발생하고 심지어 어떤 경우는 심한 갈등을 불러일으키고 끝내 폭력으로 번지는 사태에 이르게 된다.

사람들 사이의 의견 대립은 토론을 통해 해결해야 하므로 현대 사회는 그 구성원에게 토론 능력을 요구하고 있다. 개인 또는 공동체의 문제 해결을 위해 공동체 구성원들은 핵심 문제를 파악하고 다른 사람의 판단들을 공유하며 어떤 판단이 궁극적으로 정당성을 지니고 있는지를 비교하여 가장 적절한 문제 해결 방법을 판단하고 이를 다른 사람에게 설득력 있게 전달하여야 한다.

토론 과정에서 참가자들은 현명한 의사 결정을 할 수 있는 비판적 사고력을 함양할 수 있고, 자기주장을 전개하고 청중을 설득하는 과정에서 의사소통 능력을 키울 수 있다. 또한 주어진 논제에 대한 자기 입장을 밝히고 주장, 논거, 근거 자료를 준비하는 과정에서 지식을 통합할 수 있는 방법을 함양할 수 있다. 그뿐만 아니라 토론은 합리적인 절차와 정해진 형식에 따라 진행되고 동등한 발언 기회를 갖는다. 토론을 통해 민주적 의사 표현의 원리를 체득하고, 자신의 주장과 그 주장에 대한 반박을 수용하는 자세를 알게 한다. 이를 통해 토론에 참가한 사람들은 성숙한 민주 시민의 자질을 기를 수 있다.

1. 토론의 개념

우리는 타인과 더불어 삶을 살아간다. 삶을 살아가면서 개인적인 일부터 공적인 일까지 무수히 많은 문제가 발생하고 그 문제의 해결 방안을 모색한다. 특히, 공적인 문제에 대한 해결 방안을 찾기 위해 조직 구성원들과 문제를 철저하게 분석하고 보다 좋은 문제 해결 방안을 다각적으로 모색한다. 이러한 상황에서 구성원들은 공적인 대화로써 의견을 주고받는 토의나 토론을 한다.

그러나 토의나 토론을 엄격하게 구분하는 것은 쉽지 않다. 왜냐하면 토의와 토론을 명확하게 분리해서 진행하기 힘들기 때문이다. 즉, 토의가 진행됨에 따라 제기된 해결방안에 대한 구성원들의 의견이 대립하게 되는 경우가 흔하다. 예를 들면, 대학교 4학년들이 졸업 여행을 어디로 갈까에 대해 논의한다고 하자. 4학년들은 경비를 고려하여 각자 좋아하는 졸업 여행지에 대한 의견을 내면서 토의할 것이다. 만약 제주도와 경주가 졸업 여행지로 대립을 하게 되면, 제주도를 주장하는 사람들은 상대편에게 제주도가 졸업 여행지로 왜 적합한지를 설득해야 하고, 마찬가지로 경주를 주장하는 사람들도 상대편에게 경주가 졸업 여행지로 왜 적합한지를 설득해야 할 것이다. 이처럼 토의로 시작을 했으나 토론으로 끝나곤 한다. 반대로 토론으로 시작했으나 논점이 생기지 않아 토의로 끝나는 경우도 많다.

토의와 토론은 둘 이상의 참가자들이 문제에 대한 해결 방법을 도출해 내는 공적인 의사소통이라는 공통점을 갖는다. 하지만 토의와 토론은 아래 표와 같은 차이점을 갖는다.

〈표-1〉 토의와 토론의 차이

구분	토의(discussion)	토론(debate)
목적	문제 해결	상대방이나 청중 설득
결정	참가자들이 판단	청중이 판단
과정	협의, 논의	주장, 논박, 증명, 검증
주장	다양한 주장	대립된 두 가지 주장
참가자	공통 이해 관계자	의견 대립자
관계	상호 협조적	상호 경쟁적

〈표-1〉을 보면, 토의는 참가자 전원의 가능한 모든 의견을 검토하여 최선의 문제 해결 방법을 찾는 데 그 목적이 있다. 토의의 과정에서 도출된 여러 문제 해결 방법 중 최종 문제해결 방안의 결정자도 토의에 참석한 참가자들이다. 이처럼 토의 과정은 협의와 논의의 과정이고, 토의에 참여한 참가자들은 공통의 이해 관계를 가지고 서로 협력하게 된다.

토론은 대립된 상대방 주장을 논하여 없애거나 물리치는 것으로, 자기주장의 옳음을 상대방이나 청중에게 인정하도록 설득하는 데 그 목적이 있다. 토론 후 대립된 두 주장에 대한 옳고 그름을 판단하는 결정자는 청중이다. 이처럼 토론 과정은 주장, 논박, 증명, 검증을 하는 과정이고, 토론에 참여한 참가자는 대두되고 있는 문제에 대해 의견 대립을 가지고 있어 서로 경쟁한다.

이처럼 토의와 토론은 차이점도 있지만 모두 자기 자신을 성찰하고 자기 자신과 자신이 속한 집단의 문제 해결력을 높이기 위한 행위임에 틀림없다. 이에 토의와 토론을 잘할 수 있는 능력은 현대 사회를 살아가는 시민에게 중요하다.

우리말에서 토론이란 '말로 상대방을 치다'라는 뜻을 가진 '討'와 '상대방과 조리를 내세워 논의하다'라는 뜻을 가진 '論'이 합쳐진 말이다. 즉 토론은 '어떤 문제에 대하여 여러 사람이 조리를 내세워 논의하다'라는 의미를 갖는다. 하지만 토론은 다양한 의미로 사용되고 있다.

(1) ㄱ. 졸업여행을 어디로 갈 것인지 <u>토론</u>해서 결정하자.

ㄴ. 어제 그 <u>토론</u>은 매우 치열했어.

(1ㄱ)은 토의와 같은 뜻으로 사용하고, (1ㄴ)은 논쟁이라는 의미로 쓰인다. (1)처럼 실생활에서 '토론'이라는 말은 문제 해결을 위해 여러 사람이 함께 이야기 하는 여러 가지 방식을 모두 포괄하는 넓은 의미로 쓰인다.

또한, 토론은 찬반 토론과 같은 동일한 의미로 보는 경향도 없지 않다. 다음 토론의 정의를 보면 알 수 있다.

(2) ㄱ. 토론은 두 개인이나 집단이 어떤 문제에 대해 <u>대립되는 견해를 뒷받침할 논거를 제시하면서</u> 공식적으로 또는 구두로 <u>대결하는 것</u>이다(브리태니커 사전).

ㄴ. 토론은 의견을 나누어 각자의 의견을 말하고 <u>상대방의 의견을 반박하면서</u> 자기의 주장이 옳음을 밝혀 나가는 형식을 말한다(구인환 2006).

ㄷ. 토론은 참가자들이 <u>대립적인 주장을 통해</u> 바람직한 결론에 도달하는 과정이다(송창석 2011).

ㄹ. 토론은 어떤 논제에 대하여 <u>찬성자와 반대자가 각기 논리적인 근거를 발표하고 상대편의 논거가 부당하다는 것을</u> 명백하게 하는 말하기의 한 형태이다(박재현 2004).

ㅁ. 토론은 자신의 의견이 올바르며, 적절한 것이라고 주장하고, <u>그와 대립</u> <u>하는 타자의 의견의 오류, 부적절함을 비판함으로써</u>, 자신의 의견의 영향을 강화하고, 타자의 의견의 영향을 억제하려고 하는 상호간의 커뮤니케이션이다(한형석 2005).　　　　　　　　〈밑줄은 필자가〉

찬반 토론은 어떤 주제를 찬성과 반대로 나누어 토론하는 것을 의미한다. (2)의 토론에 대한 정의는 찬반 토론을 염두에 두고 한 것을 알 수 있다. 그러나 토론에는 찬반 토론만 있는 것은 아니다.

토론은 논제, 주장, 논증과 실증, 토론 규칙, 말하기와 듣기 과정 등 다섯 가지 요소가 있어야 한다.

(3) ㄱ. 논제: 토론을 위해 모인 사람들이 공통적으로 인식한 핵심 문제이다.

ㄴ. 주장: 여러 사람들이 토론에 참여하되, 주장이 달라야 한다.

ㄷ. 논증과 실증: 각자 자신의 주장이 옳음을 정당화하기 위해서 논리적으로 증명하든가 실제로 증명해야 한다.

ㄹ. 토론 규칙: 토론에는 규칙이 있어야 한다. 토론 규칙의 내용은 주로 절차와 예의에 관한 것이지만 토론 방법에 따라 다양할 수 있다.

ㅁ. 말하기와 듣기 활동: 자기주장만 한다거나 듣기만 해서는 토론이 일어날 수 없다. 즉, 상대방의 주장을 경청해야 상대 주장의 오류를 지적하고 자신의 주장을 정당화 할 수 있다.

다섯 가지 토론의 구성 요소를 기반으로 해서 토론을 정의하면, 토론이란 어떤 논제에 대해 서로 다른 주장을 하는 사람들이 논증과 실증을 통해 토론 규칙에 따라 자신의 주장을 정당화 하여 다른 사람을 설득하는 의사소통 행위이다.

한편, 아카데미식 디베이트(debate)와 공공 토론은 다른 면이 있다. 공공토론은 공동체의 주어진 정치적 문제와 사회적 문제를 조정하고 해결하기 위해 활용하는 토론이다. 그러나 아카데미식 토론은 의사소통 교육으로써 토론을 활용하는 것을 말한다. 이로 인해 토론자의 입장이 달라지는 경우가 있다. 공공토론에 참여하는 토론자는 논제에 대해 자신이 옳다고 믿는 입장을 주장하고 논증하여 청중을 설득하고자 한다. 하지만 아카데미식 토론에 참여하는 토론자는 논제에 대한 자신의 가치관과는 상관없이 찬성 측이나 반대 측 입장을 바꾸어가며 토론 활동을 하는 가운데 의사소통 능력을 배양하게 된다.

요즘 교육용 또는 대회용 교차조사 토론을 '디베이트'라 한다. 즉, 영·미권에서 의사소통교육의 방법으로써 토론은 명사 'debate' 혹은 'forensic'을 사용하는데 전자를 번역하여 사용하는 것이다. 교차조사 토론은 번갈아 주장을 발표하고, 번갈아 조사나 질문을 한다고 해서 붙여진 이름인데 토론의 방식이 중요한 의미를 갖는다. 일정한 형식을 갖추고 그 형식에 철저히 맞춰 진행하는 것이 교차조사 토론이다. 교차조사 토론은 반드시 서로 다른 입장으로 두 편을 갈라서 하는 것이므로 자기주장을 내세우는 공공 토론과는 다르다. 특히 대회용 교차조사 토론인 경우는 자기주장과 관계없이 추첨에 의해 입장을 정하고 토론해야 하는 것이 다르다. 한국디베이트코치협회에서는 디베이트를 '교육용 형식 토론'이라고 부른다.

이 책에서 사용하고자 하는 토론은 'debate'로 사용하고자 한다. 디베이트는 논제를 정하고, 두 입장으로 갈라서 주어진 형식에 따라 발언의 기회를 균등히 가지며 자신의 주장을 강화하고 상대의 주장을 반박하는 의사소통 교육의 한 방법이다.

2. 토론의 유형

토론의 유형은 토론이 이루어지는 목적과 장소를 기준으로 자유토론, 교육토론, 법정토론으로 나눈다. 자유토론은 TV 토론, 패널 토론, 난상 토론 등과 같이 비교적 형식과 규칙이 엄격하지 않은 토론을 지칭한다. 즉, 자유토론은 반드시 찬반 입장이 대립되지 않아도 좋고 토론 중간에 입장이 바뀌어도 괜찮으며, 토론자의 입장이 다양할 수 있다. 자유토론의 논제는 주로 의문형으로 제시되는 것이 일반적이고, 토론의 형식과 규칙이 명확하지 않아서 사회자의 역할이 매우 중요하다. 또한, 토론의 승패를 명확하게 가르는 않는 특징을 갖는다. 반면에 교육토론은 토론을 교육하기 위해 만든 토론 방식이다. 교육토론은 형식과 규칙이 엄격한 토론으로, 참가자의 입장이 찬반으로 대립해야만 한다. 교육토론의 논제는 주로 명제형(평서문)으로 제시되며 사회자가 없는 것이 원칙이다. 또한, 토론의 승패를 명확하게 가르지 않는 특징을 갖는다. 한편 법정토론은 법정에서 이루어지는 토론으로 모의재판 토론이나 모의 배심원 토론이 있다(이정옥 2008: 30-36).

최근 대학의 교양교육에서 의사소통에 대한 교육을 중시하여 토론 능력을 신장시키기 위해 학교마다 토론 수업을 개발하여 진행하고 있다. 이에 학교 교육 현장에서 이루어지는 교육토론의 형식을 올바르게 알아야 할 필요가 있다.

교육토론의 유형은 토론 과정에서 발언의 편성과 토론에 참여자 수를 기준으로 그 유형을 구분할 수 있다. 토론에서 이루어지는 발언은 입론, 반론, 교차조사 등이 있다. 입론은 논제에 대해 자기 팀의 주장을 펼치는 발언이고, 반론은 서로 다른 입장에 대해 대립된 의견을 논의하는 것으로 상대방 주장의 오류나 부족한 점을 밝히는 발언이며, 교차조사는 입론이나 반론의 내용에 대한 질문이다. 또한 토론에 참여하는 인원수도 토론 형식에 따라 다르다. 예를 들면, 교차조사 토론에 참여하는 인원수는 총 4(2:2)명이고, 링컨-더글러스 토론에 참여하는 인원수는 총 2명(1:1)이며, 칼 포퍼 토론에 참여하는 인원수는 총 6명(3:3)이다.

이 절은 교육토론의 절차를 효율적으로 전달하기 위한 절로, 교차조사 토론,

링컨―더글러스 토론, 의회 토론, 칼 포퍼 토론, 모의 배심원 토론 등을 설명하고자 한다.

교차조사 토론(Cross Examination Debate Association, CEDA)은 현재 미국의 대학 간 토론 대회에서 가장 널리 사용되고 있는 토론 형식이다.

교차조사 토론은 각 팀이 2명으로 구성된다. 토론자의 발언 순서는 입론―교차조사―반론 순으로 진행되며, 발언 기회는 한 번씩 갖게 된다. 즉, 4명의 토론자는 각 3번씩의 발언 기회를 가지며, 토론자 모두의 발언 기회의 합은 총 12회이다. 토론자의 입론과 질문의 순서를 정리하면 아래와 같다.

(4) ㄱ. 찬성 측 ①이 입론을 하면, 반대 측 ②가 입론에 대한 질문을 한다.
　　ㄴ. 반대 측 ①이 입론을 하면, 찬성 측 ①이 입론에 대한 질문을 한다.
　　ㄷ. 찬성 측 ②가 입론을 하면, 반대 측 ①이 입론에 대한 질문을 한다.
　　ㄹ. 반대 측 ②이 입론을 하면, 찬성 측 ②이 입론에 대한 질문을 한다.

1947년 이래로 미국의 전국 토론 대회(National Debate Tournament)의 방식인 교차조사 토론은 주장과 반론으로만 구성되어 있어서 토론자들이 자신들의 주장만 하고 상대방의 주장을 귀담아 듣지 않는다는 문제를 가지고 있었다. 이것을 보완하기 위해서 기존 토론 방식에 토론자들이 교차 질문하는 기회를 추가하여 직접적인 의사소통을 강조하는 토론 형식으로 발전한 것이다.

입론과 질문이 끝나면 반론이 진행된다. 반론은 반대 측이 먼저하고, 찬성 측이 나중에 한다. 반론의 순서는 찬성 측이 마지막으로 반론함으로써 발언권의 순서상 더 유리한 점이 있다. 이것은 변화를 주장하는 편이 불리할 수 있기 때문에 찬성 측이 마지막으로 발언할 수 있도록 하게 한 것이다. 반론의 진행 순서를 정리하면 아래와 같다.

(5) ㄱ. 반대 측 ①이 반론한다.
ㄴ. 반대 측 ②가 반론한다.
ㄷ. 찬성 측 ①이 반론한다.
ㄹ. 찬성 측 ②가 반론한다.

토론에서 발언 기회를 균등하게 하는 것도 중요하지만, 양측에 균등한 시간 배분도 매우 중요하다. 왜냐하면 토론 과정에서 질문이나 반론의 쟁점이 만들어지기 때문이다. 교차조사 토론에서 숙의시간은 8~10분 정도 배분한다. 숙의시간에 토론자는 상대방의 입론을 듣고 어떤 논점에 대해 질문이나 반론을 할 것인가를 정해야 한다. 대체로 숙의시간은 상대방 입론 후 자기 팀이 질문을 하기 전이나 반론을 하기 전에 숙의시간을 이용하는 것이 전략적으로 유용하다. 또한 교차조사 토론에서 입론, 질문, 반론의 시간은 입론 8분, 질문 3분, 반론 4분으로, 8-3-4분으로 배정을 할 수 있다. 전체 토론 시간에 고려하여 6-3-4분, 4-2-3분 등으로 조정도 가능할 수도 있다. 교차조사 토론의 진행 순서와 배정 시간을 보이면 아래 표와 같다.

〈표-2〉 교차조사 토론의 진행 순서

순서	토론 절차	발언 시간		
		1안(68분)	2안(60분)	3안(44분)
1	찬성 측 토론자 ① 입론	8분	6분	4분
2	반대 측 토론자 ② 교차조사	3분	3분	2분
3	반대 측 토론자 ① 입론	8분	6분	4분
4	찬성 측 토론자 ① 교차조사	3분	3분	2분

순서	토론 절차	발언 시간		
		1안(68분)	2안(60분)	3안(44분)
5	찬성 측 토론자 ② 입론	8분	6분	4분
6	반대 측 토론자 ① 교차조사	3분	3분	2분
7	반대 측 토론자 ② 입론	8분	6분	4분
8	찬성 측 토론자 ② 교차조사	3분	3분	2분
9	반대 측 토론자 ① 반론	4분	4분	3분
10	찬성 측 토론자 ① 반론	4분	4분	3분
11	반대 측 토론자 ② 반론	4분	4분	3분
12	찬성 측 토론자 ② 반론	4분	4분	3분
13	숙의시간 팀당 4분	8분	8분	8분

2.2. 링컨-더글러스 토론

링컨-더글러스 토론은 1858년 일리노이 주 상원의원 선거에서 공화당 후보 링컨과 민주당 후보 더글러스 사이에 있었던 노예제도에 관한 토론에 기원을 둔다. 링컨은 미국독립선언서에서 '모든 인간은 동등하다'고 하여 인간은 흑인을 포함한 모든 사람이라고 주장했고, 더글러스는 인간은 백인을 의미한다고 주장하였다. 링컨과 더글러스는 일리노이 주 7개 도시에서 7번에 걸쳐 토론했다. 링컨은 선거에서 졌지만 이 토론을 계기로 1860년 공화당 대통령 후보에 지명되는 발판을 마련한다.

링컨-더글러스 토론은 각각 한 사람이 토론에 참가하는 1:1 방식 토론이다. 토론의 참여자는 혼자서 토론에 임해야 함으로 심적 부담감이 크지만 자신 개인의 토론 역량을 마음껏 발휘할 수 있는 토론 방법이다. 토론자의 발언은 입론, 질문, 반론으로 구성된다. 발언 기회는 찬성 측은 4회를 반대 측은 3회를 갖는다. 이러한 발언 기회가 균등하지 못한 이유는 찬성 측의 반론이 2회로 나누어 진행되기 때문이다. 링컨-더글러스 토론에서 토론자 발언의 진행은 다음과 같이 이루어진다.

(6) ㄱ. 찬성 측이 입론을 하면, 반대 측이 입론에 대한 질문을 한다.
    ㄴ. 반대 측이 입론을 하면, 찬성 측이 입론에 대한 질문을 한다.
    ㄷ. 찬성 측이 반론을 하면 반대 측도 반론을 한다.
    ㄹ. 반대 측의 반론이 끝나면 찬성 측이 반론을 한다.

링컨-더글러스 토론은 발언 기회는 찬성 측이 1회 더 갖지만, 발언 시간은 양측에 균등하게 배분하고 있다. 반대 측은 입론을 할 때 1분의 시간을 더 배정받고, 찬성 측은 반론을 할 때 1분을 더 배정을 받는다. 이러한 이유는 반대 측은 질문을 한 후에 바로 입론에 들어가는 부담을 줄이고, 찬성 측은 질문을 한 후 바로 반론에 들어가야 하는 부담을 줄이기 위한 것이다. 또한 원칙적으로 링컨-더글러스 토론에서는 숙의시간이 없지만 필요에 따라 2분 혹은 4분을 주기도 한다. 링컨-더글러스 토론의 진행 순서와 배정 시간을 보이면 아래 표와 같다.

〈표-3〉 링컨-더글러스 토론의 진행 순서

순서	토론 절차	발언 시간(32분)
1	찬성 측 입론	6분
2	반대 측 질문	3분
3	반대 측 입론	7분
4	찬성 측 질문	3분
5	찬성 측 반론	4분
6	반대 측 반론	6분
7	찬성 측 반론	3분

의회 토론은 1820년대에 옥스퍼드와 케임브리지 대학의 학생들이 행하던 토론에 기반을 둔다. 이 의회 토론의 방식은 영국 의회의 특징을 어느 정도 반영하고 있다.

의회 토론은 각 팀이 2인으로 구성하는 것을 원칙으로 한다. 그중 찬성 측 ①번 토론자는 수상이라고 지칭하고, 찬성 측 ②번 토론자는 여당 의원이 된다. 반대 측 ①번 토론자는 야당 대표라 하고, 반대 측 ②번 토론자는 야당 의원이 된다. 간혹 토론 상황에 따라 각 팀을 3인으로 구성하는 경우도 있다.

토론자의 발언은 입론과 반론으로 이루어지고 양측 발언 기회가 균등하다. 토론에 참여한 모든 사람들이 입론의 기회를 1회씩 갖으나 반론은 반대 측 ①번 토론자(야당 대표)와 찬성 측 ①번 토론자(수상)이 한다. 즉, 총 발언 횟수는 6회로 각 팀이 3번의 발언 기회가 있다. 만약 토론에 참가한 토론자가 3인 이상일 경우에는 ③번 토론자는 ②번 토론자 다음에 발언 기회를 배정하면 된다. 한편, 토론자에게 질문을 할 기회가 배정되지 않는다. 이에 따라 토론자들은 상대방이 입론을 할 때, '정보 요청 발언', '신상 발언', '의사 진행 발언'을 할 수 있다. 각 발언 사용의 목적이나 요청 방법을 정리하면 아래와 같다.

(7) ㄱ. **정보 요청 발언**: 토론 중에 아주 빈번하게 일어나며, 상대측에게 발언권을 요청한다. 주로 짧은 주장, 간단한 질문, 보충 설명을 요구하기 위해 사용한다. 하지만 정보 요청 발언은 입론할 때도 시작 후 1분, 끝나기 1분 전에 신호를 주므로 그 두 신호 사이에 발언을 요청하면 된다. 하지만 반박할 때는 정보 요청 발언을 허용하지 않는다. 요청 방법은 한 손으로 머리를 잡고, 다른 한 손은 손바닥을 위로 향하게 하여 뻗은 채로 일어나 발언자를 쳐다본다. 이때, 발언을 하고 있는 상대측은 질문을 받아들여 질문을 허용하거나 요청을 무시하고 발언을 계속할 수

있다. 그러나 정보 요청 발언을 모두 받아들이지 않을 경우 일방적이라는 인상을 주고, 질문에 대한 두려움을 나타내는 것으로 파악된다. 그렇다고 요청을 자주 받아들이면 발언의 주도권을 잃게 될 위험도 있다. 정보 요청 발언이 받아들여지면 정보 요청 발언의 시간이 15초 이상 넘지 않게 하고, 발언을 하고 있는 상대측이 중지를 요구하면 중지하는 것이 예의이다.

ㄴ. **신상 발언**: 정보 요청 발언보다 빈번히 일어나지 않는다. 신상 발언 요청은 상대측이 심각한 인신 공격 또는 왜곡 해석을 했을 때만 행사한다. 신상 발언이 요청되면, 의장은 심의를 통해 '요청을 인정합니다' 또는 '요청을 인정할 수 없습니다'로 판결을 내려야 한다. 판결이 내려지면 토론은 즉시 속개된다. 다만 심의가 이루어지는 동안은 발언 시간에서 제외한다.

ㄷ. **의사 진행 발언**: 정보 요청 발언보다는 빈번히 일어나지 않는다. 의사 진행 발언은 의장에게 요청해야 한다. 대개, 의사 진행 발언은 상대측이 심각한 토론 규칙 위반을 했을 때만 행사된다. 의사 진행 발언의 요청이 있으면, 의장은 심의를 통해 '요청을 인정합니다' 또는 '요청을 인정할 수 없습니다'로 판결을 내리며, 만약 '인정합니다'로 판결될 경우 벌점으로 이어질 수 있다. 의사 진행 발언 요청에 대한 심의가 이루어지는 동안은 발언 시간에서 제외한다.

의회 토론에서 토론자 발언의 시간은 입론할 때 토론자마다 8분을 배정하고, 반론을 할 때 토론자마다 4분을 배정한다. 다만, 찬성 측 ①번 토론자(수상)이 입론을 할 때는 7분을 배정하고, 반론할 때 5분을 배정한다. 의회 토론의 진행 순서를 보이면 다음과 같다.

순서	토론 절차	발언 시간(40분)
1	찬성 측 ①번 입론 【수상】	7분
2	반대 측 ①번 입론 【야당 대표】	8분
3	찬성 측 ②번 입론 【여당 의원】	8분
4	반대 측 ②번 입론 【야당 의원】	8분
5	반대 측 ①번 반론 【야당 대표】	4분
6	찬성 측 ①번 반론 【수상】	5분

　의회 토론에서는 논제를 미리 선정하여 사전에 준비하도록 하는 경우와 논제를 토론장에서 시작 전에 공개하는 경우가 있다. 미국 의회토론협회의 경우는 논제를 토론 시작 15분 전에 제시하는 방법을 채택하고 있다. 이에 의회 토론은 즉석 토론의 형태를 많이 취하게 되어 사전 준비가 어렵다. 하지만 특정 영역이 먼저 주어지는 경우가 흔하다. 따라서 의회 토론의 사전 준비는 해당 영역에 대한 논제를 10개 선정했다면 논제 10개에 대한 찬성과 반대 입장을 함께 준비해야 할 것이다. 토론 준비 과정에서 논제 영역에 대한 폭넓은 조사와 이해가 토론 승패의 요인으로 작용하기 때문에 토론 전에 준비한 지식을 주어진 시간 내에 논리적으로 구성하는 능력을 배양하기에 좋은 토론 형식이다.

2.4. 칼 포퍼 토론

　칼 포퍼 토론은 열린사회연구소(OSI: Open Society Institute)에서 창안한 것으로, 동유럽과 중앙아시아 고등학교에서 널리 사용되는 토론 방법이다. 열린사회연구소(OSI)는 조지 소로스가 동유럽의 사회주의 붕괴에 따른 새로운 동유럽의 변화에 대처하기 위해 민주 정부, 인권, 경제, 법, 사회개혁을 증진할 목적으로 출연한 연구기관으로 1999년에 설립했다. 이 연구소의 이름은 칼 포퍼의 저서 『The Open Society and Its Enemies』에서 땄다.

포퍼는 "비판적 사고란 바로 대화와 공적 토론의 협동적인 과정이며, 지식이란 예측과 반증을 통해 진보한다"라고 하며, 인간의 이성은 오류를 내포할 가능성이 높다고 보았다. 즉, 우리가 알고 있는 것에 대해 비판적 반증과 토론에 의해 앎을 더 공고히 검증할 수 있고 올바른 판단을 할 수 있다고 본 것이다. 이러한 점은 칼 포퍼 토론의 배경이 된다. 즉, 비판적 사고와 다른 관점에 대한 열린 관용성을 고등학생들에게 길러주기 위해 비교적 유연한 모둠 토론 방법으로 칼 포퍼 토론이 개발되었다.

칼 포퍼 토론은 3인이 한 팀이 되어 총 6명의 토론자로 구성된다. 토론자의 발언은 입론-질문-반론으로 이루어진다. 입론은 각 팀당 1회가 주어지고 이에 대한 질문과 반박은 팀당 2회씩 주어진다. 또한 입론에 대해서 질문을 하고, 각 팀의 ①번 토론자의 반론에 대해서도 질문을 한다. 하지만 마지막 토론자의 반론에 대해서는 질문을 하지 않는다. 칼 포퍼 토론의 발언 진행을 보이면 아래와 같다.

(8) ㄱ. 찬성 측 ①번 토론자가 입론을 하면, 반대 측 ③번 토론자가 질문을 한다.
　　ㄴ. 반대 측 ①번 토론자가 입론을 하면, 찬성 측 ③번 토론자가 질문을 한다.
　　ㄷ. 찬성 측 ②번 토론자가 반론을 하면, 반대 측 ①번 토론자가 질문을 한다.
　　ㄹ. 반대 측 ②번 토론자가 반론을 하면, 찬성 측 ①번 토론자가 질문을 한다.
　　ㅁ. 찬성 측 ③번 토론자가 반론을 한다.
　　ㅂ. 반대 측 ③번 토론자가 반론을 한다.

칼 포퍼 토론은 토론자 간의 협동이 중요하다. 더욱이 각 팀의 ②번 토론자는 1회의 반론만을 한다. 그렇기 때문에 ②번 토론자는 상대측의 발언을 듣게 되고, 상대측의 발언을 검증, 분석하며 다른 팀원을 잘 도와주어야 한다. 즉, 각 팀의 ②번 토론자는 승패를 좌우할 정도로 매우 중요하고, 팀에서 조정자의 역할을 하게 된다.

칼 포퍼 토론은 찬성 측과 반대 측이 모두 팀의 주장이 옳음을 증명해야 한다. 여타의 토론 방법은 모두 찬성 측의 반론이 토론의 마지막 발언이다. 그러나 칼 포퍼 토론에서는 반대 측의 반론으로 끝난다. 이는 찬성 측이 팀의 입장에 대해 증명을 해야 하고, 반대 측은 찬성 측이 제시한 변화의 당위성에 대한 논의 중 하나만 논박해도 승리할 수 있는 불공평한 성격이 있어 칼 포퍼 토론에서는 반대 측도 증명의 책임을 지게 하기 위한 것이다.

토론자의 발언 시간은 양측에 균등하게 배분한다. 즉, 각 팀의 토론자에게 입론 6분, 질문 3분, 반론 5분을 배정한다. 숙의시간은 각 팀당 8분을 배정한다. 칼 포퍼 토론의 진행 순서를 보이면 아래와 같다.

〈표-5〉 칼 포퍼 토론의 진행 순서

순서	토론 절차	발언 시간(52분)
1	찬성 측 ①번 토론자의 입론	6분
2	반대 측 ③번 토론자의 질문	3분
3	반대 측 ①번 토론자의 입론	6분
4	찬성 측 ③번 토론자의 질문	3분
5	찬성 측 ②번 토론자의 반론	5분
6	반대 측 ①번 토론자의 질문	3분
7	반대 측 ②번 토론자의 반론	5분
8	찬성 측 ①번 토론자의 질문	3분
9	찬성 측 ③번 토론자의 반론	5분
10	반대 측 ③번 토론자의 반론	5분
11	숙의시간 각 팀당	8분

모의 배심원 토론은 법의 역할과 기능을 이해하고, 법적 의견이나 문서를 해석하는 과정에서 논리적 추론과 비판적 사고를 배양할 수 있는 교육토론이다. 이를 통해 토론의 참가자가 법의 테두리 안에서 사회적 이슈를 찾아내어 분석하고 민주 시민으로서 권리와 의무를 생각할 수 있는 기회를 제공할 수 있다.

모의 배심원 토론은 법학을 전공하는 학생들이 많이 하는 모의재판 토론과 함께 법정토론에 속한다. 모의재판 토론은 법 원리에 대해 판사 역할 1인과 3인의 심사위원을 두고 원고 측과 피고 측이 토론하는 방식이다. 모의 배심원 토론은 7-12명의 배심원을 심사위원으로 하고 형사 사건이나 민사 사건의 법정 시나리오를 바탕으로 원고 측(검사)과 피고 측(변호인) 각각 2인의 토론자가 각 팀당 증인 3인을 대동하여 상호 토론하는 방식이다.

토론자의 발언은 모두 발언, 주신문, 반대 신문, 재주신문, 최종 변론 등이 있다. 모두 발언은 다른 토론에서 입론에 해당하는 것이다. 주신문은 각 팀이 자기 팀의 주장을 강화해 주는 증인을 신문하는 것이고, 반대 신문은 상대 측 증인을 신문하는 것이다. 재주신문은 필요에 따라 이루어지며, 자기 측의 증인이 반대 신문에서 소홀히 한 것을 보완하는 신문이다. 마지막으로 최종 변론은 마무리 발언이다. 모의 배심원 토론의 발언 진행을 보이면 아래와 같다.

(9) ㄱ. 원고 측이 모두 발언을 하고, 피고 측인 모두 발언을 한다.
　　ㄴ. 원고 측이 원고 측 ①번 증인을 주신문하고, 피고 측이 원고 측 ①번 증인을 반대 신문한다. 원고 측은 필요시 재주신문을 한다.
　　ㄷ. 원고 측이 원고 측 ②번 증인을 주신문하고, 피고 측이 원고 측 ①번 증인을 반대 신문한다. 원고 측은 필요시 재주신문을 한다.
　　ㄹ. 원고 측이 원고 측 ③번 증인을 주신문하고, 피고 측이 원고 측 ③번 증인을 반대 신문한다. 원고 측은 필요시 재주신문을 한다.

ㅁ. 피고 측이 피고 측 ①번 증인을 주신문하고, 원고 측이 피고 측 ①번 증인을 반대 신문한다. 피고 측은 필요시 재주신문을 한다.

ㅂ. 피고 측이 피고 측 ②번 증인을 주신문하고, 원고 측이 피고 측 ②번 증인을 반대 신문한다. 피고 측은 필요시 재주신문을 한다.

ㅅ. 피고 측이 피고 측 ③번 증인을 주신문하고, 원고 측이 피고 측 ③번 증인을 반대 신문한다. 피고 측은 필요시 재주신문을 한다.

ㅇ. 피고 측이 최종 변론을 한다.

ㅈ. 원고 측이 최종 변론을 한다.

ㅊ. 시간이 남았을 경우 원고 측이 최종 재반론을 한다.

ㅋ. 배심원들에게 판결 투고 절차를 설명한다.

ㅌ. 배심원들은 평의하고 투표한다.

모의 배심원 토론을 진행할 때, 토론에 앞서 판사가 간단한 사건 개요와 재판의 개정을 알리고, 그 절차를 설명한다. 이때, 판사는 원고 측과 피고 측 토론자를 소개하고, 원고 측와 피고 측의 증인을 소개하고 증인 선서를 한다.

토론자의 발언 시간은 양측에 균등하게 배분한다. 즉, 각 팀의 모두 발언은 5-8분을 배정하고, 최종 변론은 10-15분 내외로 한다. 또한, 원고 측과 피고 측 모두 3명의 증인에 대한 주신문과 재주신문을 합쳐 최대 25분씩 배정하고, 원고 측과 피고 측 모두 3명의 증인에 대한 반대 신문도 최대 25분씩 배정한다. 재판을 시작할 때 판사가 재판의 개정과 그 절차를 설명하는 시간도 3-5분을 배정한다. 모의 배심원 토론의 진행 순서를 보이면 다음과 같다.

〈표-6〉 모의 배심원 토론의 진행 순서

순서	토론 절차	발언 시간
1	판사: 개정과 재판 절차 설명(원고, 피고, 증인 소개)	3-5분
2	원고 측: 모두 발언	5-8분
3	피고 측: 모두 발언	5-8분
4	원고 측: 원고 측 ①번 증인 주신문	___분
5	피고 측: 원고 측 ①번 증인 반대 신문	___분
	원고 측: 필요시 재주신문	
6	원고 측: 원고 측 ②번 증인 주신문	___분
7	피고 측: 원고 측 ②번 증인 반대 신문	___분
	원고 측: 필요시 재주신문	
8	원고 측: 원고 측 ③번 증인 주신문	___분
9	피고 측: 원고 측 ③번 증인 반대 신문	___분
	원고 측: 필요시 재주신문	
10	피고 측: 피고 측 ①번 증인 주신문	___분
11	원고 측: 피고 측 ①번 증인 반대 신문	___분
	피고 측: 필요시 재주신문	
12	피고 측: 피고 측 ②번 증인 주신문	___분
13	원고 측: 피고 측 ②번 증인 반대 신문	___분
	피고 측: 필요시 재주신문	
14	피고 측: 피고 측 ③번 증인 주신문	___분
15	원고 측: 피고 측 ③번 증인 반대 신문	___분
	피고 측: 필요시 재주신문	
16	피고 측: 최종 변론	8-10분
17	원고 측: 최종 변론	8-10분
18	원고 측 시간이 남은 경우 최종 재반론	
19	판사: 배심원들에게 판결 투표 절차에 대한 설명	
20	배심원: 평의하고 투표한다.	

모의 배심원 토론은 참가자들이 검찰, 변호인, 증인, 배심원 역할을 수행하면서 법정 소통과 설득 방법을 알 수 있는 역할놀이 토론 교육 방법이다. 특히 모의 배심원 토론은 학생 수가 많은 학급에서 소수만 토론에 참여하고 다수의 학생들이 소외되는 것을 막기 위한 방법으로도 활용된다. 즉, 토론에 참여하지 않는 학생들은 배심원이 되어 토론을 방청하고 승패를 판단하는 역할을 담당한다.

3. 토론의 과정

토론은 자신 또는 자신이 속한 팀의 주장을 정당화 하고 반론을 준비하는 과정에서 나 또는 우리 팀의 주장이 옳음을 설득하는 의사소통과정이다. 살아가면서 공통적으로 인식한 논제에 대한 입장이 다른 경우는 흔하다. 입장이 다른 이유야 천차만별이겠지만 근본적으로 논제에 대해 정확하고 충분히 알지 못한 상태로 주장을 하거나 서로 간의 이해관계로 얽혀서 상대의 입장을 인정하지 않아서 일 것이다. 이렇게 입장이 첨예하게 대립할 때 그 문제 해결을 위해 토론을 선택한다.

설득을 목적으로 하는 의사소통이라는 점에서 토론은 논제에 관련된 구체적인 사실에 근거한 논리적 추론 과정이라고 할 수 있다. 토론에 참여하는 참가자는 논제와 관련된 구체적인 사실을 통해 근거를 구하고, 근거와 주장을 연결시켜주는 논거를 기반으로 주장을 하지 않으면 상대측을 설득할 수 없을 것이다. 이에 따라 토론을 성공적으로 수행하기 위해서 토론에 관한 많은 지식과 절차를 파악할 필요가 있다. 즉, 토론에서 필수적으로 필요한 논제, 성공적인 토론을 수행하기 위한 준비 절차, 실제 토론 과정에서 핵심은 무엇이고, 토론을 수행한 후 평가를 어떻게 해야 할지 등을 알아야 할 것이다.

이 장에서는 토론이 성립하기 위해 꼭 필요한 논제를 탐구하고, 토론 과정을 준비 과정, 실행 과정, 평가 과정으로 구분하여 각 과정에서 필요한 절차와 지식은 어떠한 것이 있는지 파악해 보도록 한다.

3.1. 논제란 무엇인가?

토론을 하기 위해서는 반드시 논제가 있어야 한다. 때문에 토론을 하기 전에 논제를 정해야 한다. 토론의 논제를 보면, 토론이 어떤 목적이나 의도를 가고 있는지 확인할 수 있다. 예를 들면, 논제가 '안락사는 비윤리적이다'라면 토론에서 이야기할 거리는 '안락사'가 되고, 토론의 목적은 첨예하게 대립된 두 주장 중에 어느 주장이 더 올바른 가치를 가지는가?에 대해 판단을 하기 위한 것이다. 즉, '안락사는 비윤리적이다'는 주장과 '안락사는 윤리적이다'는 주장 중에 어느 주장이 더 가치가 있는가를 판단하기 위해 토론이 진행되는 것이다.

3.1.1. 논제의 정의와 요건

논제란 토론에서 문제로 삼고자 하는 것으로, 토론의 핵심적인 쟁점이 명확하게 드러난 진술문이다. 토론이 활발하게 이루어지기 위해서는 논제를 설정할 때 다음과 같은 사항을 고려해야 한다(백미숙 2014: 277-279).

첫째, 논제는 찬성과 반대의 쟁점이 뚜렷해야 한다. 토론은 의견의 대립을 전제로 한다. 이에 토론에서 논제는 대립되는 쟁점을 명료하게 제시해 주어야 한다. 예를 들면, '어떻게 회장을 뽑을 것인가?' 하는 논제는 회의나 토의의 논제로는 적당하지만 토론의 논제에는 부적절하다. 왜냐하면, 이 주제로 이야기를 하면 회장을 뽑는 방법에 대해 아이디어를 모으고 합의하는 과정이 필요하기 때문이다. 반드시 대립된 의견에 대해 올바른 것을 찾아 나가는 과정이 필요한 것은 아니기 때문이다.

둘째, 논제는 현 상태와 반대되는 진술문을 만들어야 한다. 토론은 현 상태에 대한 정치·사회적 변화를 추구하면서 시작된다. 현 상태에서 문제를 제기하는 측이 변화를 추구하는 쪽이 되고 논제를 생성한다. 토론에서 변화를 추구하는 쪽은 찬성 측이 되고, 변화를 해도 현 상태보다 나을 것이 없다는 쪽은 반대 측이 된다. 그러므로 논제는 변화를 추구하는 찬성 측의 입장으로 기술되어야 한다. 예를 들면, '사형제도'에 대한 논제를 설정할 때, '사형제도는 폐지해야 한다.'로 해야 한다. 우리 사회는 법적으로 사형제도를 실시하고 있는 나라이고, 10년 이상 사형이 집행되지 않고 있다. 사형제도에 관한 현재 상황을 살펴서 반대되는 진술문을 만들어야 한다.

셋째, 논제는 찬성 측과 반대 측이 어느 한 편에 유리한 용어, 가치 판단의 용어, 목적을 지향하는 표현은 피해야 한다. 예를 들어 사형제도에 대한 논제를 설정할 때, '반인륜적인 사형제도 폐지해야 한다'로 논제를 진술한다면, 이 논제에서 '반인륜적인'이라는 표현은 찬성 측에 유리한 것으로 논제로서 공정하지 않은 진술인 것을 알 수 있다.

넷째, 논제는 찬성과 반대가 똑같이 균형 있게 진행할 수 있는 것이어야 한다. 즉 논제가 일부 허용인지 아니면 전부 허용인지를 명확하게 하여 토론의 쟁점을 분명하게 해야 한다. 예를 들면, '고교 평준화를 시행해야 한다.'라는 논제가 있다면, 이 논제는 찬반의 균형이 맞지 않는다. 왜냐하면 우리 교육 현실은 자율형 사립고와 특수 목적고가 존재하기 때문이다. 즉 논제에서 말하는 고교 평준화에 자율형 사립고와 특수 목적고가 포함되는 것인지를 분명히 해야 할 수 있다. 따라서 '자율형 사립고를 폐지해야 한다'라는 논제로 바꾸는 것이 바람직하다.

다섯째, 논제는 토론의 방향을 명확하게 제시해야 한다. 논제는 하나의 논점, 즉 하나의 중심 아이디어로 구성해야 한다. 가령, '내신 제도와 논술 시험을 개혁해야 한다.'라는 논제가 있다면, 이 논제에는 내신 제도를 개혁해야 하는 논점과 논술시험을 개혁해야 하는 논점이 함께 있다. 이로 인해 토론자들은 내신 제도를 개혁하는 쟁점을 토론하다가 논술 시험을 개혁하는 쟁점을 토론하게 될 것이다. 그뿐만 아니라 토론자의 입장을 세울 때도 문제가 발생한다. 즉 혹자는 둘 다 개혁해야 한다는 입장일 수 있고, 혹자는 내신 제도는 개혁하고 논술 시험은 개혁할 필요가 없다는 입장일 수도 있을 것이다.

여섯째, 논제는 가급적 현재 논란 중인 쟁점을 다루는 것이 좋다. 즉, 논제는 시의성을 가져야 한다. 예를 들면 2004년 호주제 존폐가 사회적 이슈가 되었다. 호주제 폐지에 대한 논제는 2004년 사법 또는 입법상의 갈등이 형성되었을 때 좋은 논제이지만, 2005년 3월 31일부터 호주제가 폐지된 현재에는 사회적 쟁점일 수 없다. 논제 설정을 위해 사회 현안에 대한 관심을 가질 필요가 있겠다.

3.1.2. 논제의 종류

토론의 논제는 사실 논제, 가치 논제, 정책 논제로 구분할 수 있다. 아리스토텔레스는 토론의 주제를 사실(fact), 가치(value), 정책(policy)으로 구분하여 토론 기법의 특성을 연구했다. 정치 토론과 사회 토론은 주로 정책과 가치에 대한 논제이고, 법정토론은 사실 유무에 대한 논제이다. 이러한 논제에 대한 구분은 영국과 미국에서 학생대회토론의 형식을 결정하는 중요한 단서가 되었다. 즉, 현대 교육토론은 정책과 가치에 대한 주제가 많고, 법대 학생들에 의해 사실 유무에 대해 따지는 모의 법정토론이 이루어지고 있다(강태완 2001: 19).

사실 논제는 일어난 사실이나 행위의 유무에 관련된 논제이다. 사회 정의 실현을 위해 원고 측은 논제가 사실임을 주장하고, 피고 측은 논제가 사실이 아님을 주장하는 법정토론에서 쓰는 논제이다. 예를 들면, '독도는 한국 땅이다'라는 논제는 사실 논제이다. 즉, 토론 과정에서 토론자는 독도가 한국 땅이라는 명제가 사실인지 아닌지에 대한 근거와 논거를 마련하여 주장을 펼 것이다.

가치 논제는 현재 사회공동체의 올바른 가치관이 무엇인가에 관련된 논제이다. 토론자는 자신이 옹호하는 가치에 대해서는 미화하고 수용적 태도를 보이나 상대측이 옹호하는 가치에 대해서는 축소하고 비판하는 태도를 보인다. 예를 들면 '안락사는 비윤리적이다'라는 논제는 가치명제이다. 즉, 토론 과정에서 '안락사가 비윤리적이라'고 판단한 토론자들은 근거와 논거를 찾아서 안락사가 윤리적이지 않음을 주장하고 상대측에 대한 가치 판단이 옳지 않음을 반박하게 될 것이다. 이렇듯 가치 논제는 가치 판단에 초점이 맞추어진 논제이다.

정책 논제는 미래 정책에 대한 정책의 유용성 또는 정책 방향의 최선책을 판단하는 논제이다. 예를 들면, '사형제도는 폐지되어야 한다'라는 논제는 정책 논제이다. 토론에서 찬성 측은 사형제도 폐지를 제안하고 그것이 반드시 채택되어야 한다고 주장하고, 반대 측은 현 상태의 유지나 특정 정책을 채택하는 것이 효율성이 없음을 주장하게 된다. 이처럼 정책 논제는 정책 제안이나, 정책 채택으로 인한 사회 변화 또는 정책의 효율성(문제 해결)에 초점이 맞추어진 논제이다.

한편, 특정 정책과 관계하지만 토론의 쟁점이 정책 내용보다는 가치 판단에 초점이 맞추어진 논제를 '준정책논제'라고 부른다. 사회가 복잡해지면서 정책토론은 가치 판단의 문제와 무관하지 않은 것이다. 대표적인 예는 사형제, 임신중절 수술, 인간 배아 복제, 소극적 안락사, 흉악범 신상 공개 등이 가치 판단의 요인이 정책의 중요한 판단 요인으로 작용하는 경우이다.

3.2. 토론의 준비 과정

성공하는 토론은 주장해야 할 논지를 확실하게 세워서 그 논지를 일관되게 강화해 나가면서 상대측의 주장에 논리적으로 반박할 것이다. 그러나 실패하는 토론은 주장해야 할 논지를 정교하게 세우지 못하고 주장을 굳건하게 밀고 나가지도 못할 것이다. 이처럼 토론을 수행할 때, 토론자가 자기주장을 논리적으로 강화하는 능력과 상대측을 논리적으로 반박할 수 있는 능력이 필요하다. 이 능력들은 토론에 앞서 체계적이고 전략적인 준비 과정이 있어야 갖출 수 있는 능력이다.

토론의 논제가 설정되면, 효과적인 토론자들은 토론의 전반적인 전략과 상대측 주장에 대한 대응 전략을 체계적으로 기술한 토론 개요서를 작성해야 한다. 이를 위해 토론자들은 아래와 같은 절차를 밟으면서 토론의 전략을 만들 것이다.

<그림-1> 토론의 준비 절차

토론의 준비 절차는 논제 분석, 논점 분석, 자료 조사, 토론 개요서 작성 등으로 구분할 수 있다. 즉, 토론자들은 논제를 분석하고, 논제가 내포하고 있는 핵심 쟁점인 논점을 분석하며, 자료를 찾아 근거와 논거를 마련하고 자기 팀의 주장을 논리적으로 완성할 것이다. 그러나 토론의 준비 절차는 순차적으로 진행되지 않고 회귀적으로 진행된다. 논제 분석을 잘해야 논점 분석을 잘할 수 있고, 논점 분석을 잘해야 자료 조사를 잘할 수 있으며, 자료 조사를 잘해야 좋은 근거나 논거를 마련하여 논리적인 주장을 마련할 수 있을 것이다. 뿐만 아니라 자료 조사를 하는 과정에서 논제 분석, 논점 분석, 논거 분석 단계에서 문제가 발견되면, 논제, 논점, 논거를 다시 분석해야 하며, 심지어 토론 개요서를 작성하다가도 문제가 발생하면 그 이전 단계로 옮겨 가서 토론을 준비하지 않으면 안 된다. 〈그림-1〉에서 화살표가 양방향으로 표시된 것은 토론의 준비 절차가 회귀적임을 의미한다.

3.2.1. 논제 분석

토론은 현재 상황의 문제를 인식하면서 시작된다. 현재의 문제점을 발견하지 않으면 토론을 시작되지 않는다. 토론자들은 자신의 입장과 논점을 펼치기 위해서 논제에 대한 분석을 하지 않으면 안 된다. 특히, 자기 팀의 입장을 표명하거나 논제가 가지고 있는 토론 가치와 사회적 중요성을 언급할 때 논제에 대한 분석은 더욱 필요할 것이다. 논제를 분석할 때, 우리는 세 가지를 파악해야 한다.

첫째, 논제의 종류를 파악해야 한다. 논제가 사실 논제인지, 가치 논제인지, 정책 논제인지를 파악해야 할 것이다. 사실 논제는 사실 유무 또는 행위 유무를 판단하는 논제이고, 가치 논제는 가치 판단의 기준이나 가치가 대립되는 상황을 파악하여 가치의 올바름을 판단하는 논제이며, 정책 논제는 정책이나 제도 개선의 한계점, 개선의 필요성, 개선 방안을 찾는 논제이다.

둘째, 논제의 사회적 배경을 파악해야 한다. 사회적 배경은 왜 문제가 발생했나에 대한 답이 된다. 즉, 이야기할 거리인 논제가 발생한 계기가 된 사건 또는 동기를 파악해야 한다.

셋째, 논제에 담긴 본질을 파악해야 한다. 즉, 논제가 함축하고 있는 이해관계, 순작용과 부작용 등과 같이 찬성 측과 반대 측으로 대립하게 만든 것이 무엇인가를 파악해야 한다.

만약, '독도는 한국 땅이다'를 논제로 설정했다면, 논제 분석을 다음과 같이 할 수 있을 것이다(이정옥 2008: 108).

(1) ㄱ. **논제의 종류**: 사실명제

　　ㄴ. **사회적 배경**: 이 논제는 아래 세 사건을 계기로 하여 사회적으로 부각되었다.

　　　① 일본의 시네마 현이 2005년 2월 22일을 '다케시마(죽도)의 날'로 선포하는 조례를 제정하기로 하자, 독도 관할 당국인 경상북도가 일본에 대해 강력하게 비판했다.

　　　② 2006년 일본의 독도 주변 수역 해양과학조사에 대해 한국이 강력하게 반대를 제기했다.

　　　③ 2008년 일본이 '중학교 사회 과목 새 학습 지도 요령 해설서'에 독도 영유권을 주장하는 문구를 넣자 이에 대해 한국이 강력하게 비판하고 나섰다.

ㄷ. **논제에 담긴 본질**: 독도는 다음과 같은 엄청난 가치를 가지기 때문에 양국이 영유권을 주장하고 있다.

① 어장으로서의 가치: 독도 주변 해역은 풍성한 황금어장이다.

② 군사적 가치: 동북아 및 국가 안보에 필요한 군가 정보 확보가 용이하다.

③ 해양 과학적 가치: 해양 과학 기지를 통해 환경 연구, 해양 산업 활동 지원, 해양 오염 방지에 효율적인 대처가 필요하다.

④ 경제적 가치: 독도 주변 해역에 존재하는 천연가스층은 엄청난 경제적 가치를 지닌다.

논제 '독도는 한국 땅이다'는 사실 논제이지만 가치 논제의 특성을 지닌다. 이 독도 영토 분쟁에 대한 입장은 우리나라의 이익이나 자존을 지키기 위해 절대 타협할 수 없다는 것이다. 왜냐하면 한 나라의 통치권이 행사되는 한계선이 곧 영토이고, 영토는 국가의 이익과 주권에 관계되기 때문이다. 따라서 우리가 독도 문제에 대한 지속적이고 범국민적 관심을 갖고 체계적인 대책을 세워야 할 것이다.

3.2.2. 논점 분석

논제에 대한 충분한 분석이 이루어졌다면, 논점을 세워야 한다. 논점은 토론 과정에서 찬성 측과 반대 측이 필수적으로 대립되어야 하는 쟁점이다. 논제가 추구하는 목적이 다르므로 토론 과정에서 필수적으로 대립되는 쟁점도 다른 것은 당연하다. 사실 논제, 가치 논제, 정책 논제의 논점을 구축하는 방법에 대해 알아보자.

〈1〉 사실 논제의 논점 구축

사실 논제는 사실 유무 또는 행위 유무를 판단하여 정의사회를 구현하는 논제이다. 찬성 측과 반대 측이 사실 논제에 대해 필수적으로 대립하는 쟁점은 4가지로 구분할 수 있다. 즉, 추정된 사실에 대한 용어 정의는 명확한가?, 추정된 사실은 진실인가?, 추정된 사실의 상황에 대한 판단은 적합한가?, 정해진 절차를 제대로 지켰는가? 등으로 찬반 공방이 벌어진다(백미숙 외 2014: 285-291).

(2) 사실 논제의 필수 쟁점

ㄱ. 추정된 사실에 대한 용어나 개념 정의는 명확한가?
  - 용어나 개념의 정의는 과거의 사실, 행위, 현장 등에 관한 상태를 규정하는 일이다. 예를 들면 정치인이 지인과 돈을 수수한 행위에 대해 원고 측(검찰)은 '불법 정치 자금 또는 뇌물'로 정의하지만 피고 측(변호인)은 '단순 임차 행위 또는 대가성 없는 수수 행위'라고 정의할 것이다.
ㄴ. 추정된 사실은 진실인가?
  - 추정된 사실의 진위 여부를 판단하는 것이다. 이를 위해 아래 사실을 검토한다.
    ① 행위의 유무 판단: 행위를 했는가 하지 않았는가를 검토함.
    ② 행위의 동기 판단: 피고의 행위를 검토함.
    ③ 행위의 범죄 능력 판단: 피고가 행위를 하기 위한 능력이 있는가를 검토함.
ㄷ. 추정된 사실의 상황에 대한 판단은 적합한가?
  - 사실을 인정하면서도 찬성 측과 반대 측은 행위 정도에 대해 설명하거나 해석해서 상태나 상황을 재규정하고 공방을 펼친다. 이때 상황을 재규정하는 방법에는 여러 가지가 있다. ① 행위를 정당화하는 방법이다. ② 변명을

하는 방법이다. ③ 관용의 호소하여 선처를 바라는 방법이다.

ㄹ. 정해진 절차를 제대로 지켰는가?

- 토론 과정과 절차가 적합한지를 검토하여 상황을 재규정하는 것이다. 예를 들면, 민사소송에 해당되는 행위인데 형사소송으로 입건되었다면 무죄 판결의 개연성이 높아진다. 왜냐하면 소송 과정과 절차에 문제가 있기 때문이다.

사실 논제의 필수 쟁점을 분석하면서 토론자들은 자신의 입장을 정하고 상대측의 주장을 예측하여 교차 질문이나 반론에 대비할 수 있다. 사실 논제 '독도는 한국 땅이다'를 가지고 논점을 구축하면 아래 표와 같다(이정옥 2008: 108-109).

〈표-1〉 논제 '독도는 한국 땅이다.'의 논점 구축 [1]

구분	찬성 측	반대 측
1. 양측의 공유점	한국과 일본은 독도가 자국의 영토임을 증명해야 한다.	
2. 논제에 대한 입장	'독도는 한국 땅이다'를 주장하는 한국의 입장이다.	'독도는 한국 땅이 아니다'를 주장하는 일본의 입장이다.
3. 용어나 개념 정의	① 독도: 울릉도에서 남동쪽으로 87.4㎞ 떨어진 해상에 있으며, 동도와 서도, 주변에 산재한 89개의 바위섬으로 이루어진 화산섬이다. ② 영유권: 한국이 독도에 대한 영유권을 주장하는 논거는 고유 영토와 국가 성립 이후의 시효 취득에 바탕을 두고 있다.	① 다케시마는 시네마 현 오키 섬 북서 85해리(북위 37도 9부, 동경 131 55부)에 위치한 히가시지마와 니시시마의 작은 섬과 그 주변의 수십 개의 암초로 구성돼 있다. ② 영유권: 일본이 다케시마에 대한 영유권을 주장하는 논거는 선점권이다.

---

1) 이정옥(2008: 108-109)에서 논제 "독도는 한국 땅이다."에 대한 논점 분석을 가져와서 내용에 맞게 변형하여 제시한 것이다.

구분	찬성 측	반대 측
4. 사실 진위 여부	독도가 한국 땅임을 증명해야 한다. ① 역사적 근거: 서기 512년(신라 지증왕 13년)에 우산국이 신라에 병합될 때부터 한국의 고유 영토였다. 기타 역사적 기록을 들어 한국 땅임을 증명한다. ② 지정학적 근거: 독도는 울릉도에 가깝다. ③ 국제법상 근거: 실질적으로 한국인이 독도를 관리하고 있으므로 영유권은 한국에 있다.	독도가 일본 땅임을 증명해야 한다. ① 역사적 근거: 기원전 4세기 히데토시 야마모토라는 어부가 다케시마에 발을 들여놓은 이래 일본이 다케시마를 점유해 왔다. ② 지정학적 근거: 지리적 거리가 아니라 실질적 소유권이 중요하다. (그린랜드는 영국이나 아일랜드가 아니라 덴마크의 땅이다.) ③ 국제법상 근거: 1905년, 메이지 정부가 다케시마를 시마네 현에 편입해 국제법적으로 일본 영토임을 선언했다.
5. 상황 판단	1952년 미국의 독도에 대한 연구 결과 '독도'가 대한제국 영토임을 증명하는 비밀문서를 발견하고, 이를 토대로 주일 미국대사관이 독도는 대한민국의 영토였다는 결론을 내렸으므로 독도는 한국 땅이다.	1946년 샌프란시스코 조약에서 독도는 울릉도와 제주도 등과 함께 일본이 반환해야 하는 한국 영토 가운데 빠져 있으므로 독도는 일본 땅으로 남아 있다.
6. 절차 검토	일본은 '폭력과 강요에 의해 취득한 모든 영토를 돌려준다.'는 포츠담 회담의 '카이로 선언'을 수용하였다. 그러나 폭력과 강요에 의해 빼앗은 독도를 일본 땅이라 주장하는 것은 절차상의 문제가 있다.	근세 초기 이래 일본이 독도를 편입할 당시 독도는 주인 없는 돌섬이었다. 주인 없는 물건을 선점한 것이기에 절차상 문제가 없다.

⟨2⟩ 가치 논제의 논점 구축

가치 토론은 가치 판단의 기준이나 가치가 대립되는 상황을 파악하여 가치의 올바름을 판단하고 공동체의 올바른 윤리를 강구하는 논제이다. 찬성 측과 반대 측이 가치 논제에 대해 필수적으로 대립하는 쟁점은 4가지로 구분할 수 있다. 즉, 추정된 가치에 대한 용어나 개념 정의가 적절한가?, 추정된 가치의 우선순위를 적합하게 선정했는가?, 추정된 가치의 판단 기준은 무엇인가?, 추정된 가치가 추구하는 결과가 어떤 것인가? 등으로 찬반 공방이 벌어진다(백미숙 외 2014: 292-297).

(3) 가치 논제의 필수 쟁점

ㄱ. 가치에 대한 용어나 개념 정의가 적절한가?
 - 용어나 개념의 정의는 가치에 관련된 윤리적·철학적 개념을 규정하는 일이다. 예를 들면 인간 배아 복제와 관련된 토론을 한다면, 찬성 측은 '과학에 대한 믿음'을 바탕으로 개념을 규정하지만, 반대 측은 '과학에 대한 믿음은 있지만 이를 활용하는 인간에 대한 불신'으로 개념을 규정할 것이다.
ㄴ. 가치의 우선순위를 적합하게 제시했는가?
 - 공동체 유지를 위한 가치의 우선순위를 제시해야 한다. 즉, 찬성 측은 자신이 주장하는 가치가 더 우선시되어야 한다고 청중을 설득할 것이고, 반대 측도 대립되는 가치를 내세울 것이다.
ㄷ. 가치의 판단 기준은 무엇인가?
 - 찬성 측은 가치 판단의 기준을 제시해야 한다. 가치 판단 기준을 제시할 때, 판단 기준의 속성, 판단 기준의 타당성, 판단 기준과 대상의 적합성, 판단 기준의 안정성 등으로 구분하여 제시해야 할 수 있다.
  ① 판단 기준의 속성: 찬성 측이 '경제 성장이 환경 보호보다 우선시되어야

한다'고 주장하면 가치 판단의 속성은 국민소득, 국민총생산, 무역이
될 것이다.

② 판단 기준의 타당성: 찬성 측이 제시하는 판단 기준을 청중이 합리적으
로 받아들일 것인가에 대한 문제이다. 예를 들면 분배보다 경제 성장을
추구하는 찬성 측은 우리나라 경제가 유럽의 선진국보다 뒤떨어지므로
성장 후에 분배를 실시하자고 청중을 설득할 것이다. 이에 반대 측은
우리나라는 보편적 복지를 하기에 충분한 경제력을 갖추었다고 반박할
것이다.

③ 판단 기준과 대상 가치의 적합성: 양측이 주장하고 있는 사례, 비유,
대조, 유추 등이 논제가 지향하는 가치와 적합한 내용으로 이루어졌는
가에 대한 문제이다. 예를 들어 국가보안법 폐지를 찬성하는 측은 국가
보안법 남용 사례를 제시하며 인권이라는 가치를 우선시되어야 한다고
논의를 전개한다면, 반대 측은 남북으로 분단된 현 국가 공동체의 존립
을 위해 북한이 적화통일의 기조를 버리지 않는 한 국가안보가 더
적합하다는 주장을 할 것이다.

④ 판단 기준의 안정성: 찬성 측은 제시한 가치의 우선순위가 보편적
가치이며 일정 기간 동안 고정적일 것이라고 주장할 것이고, 반대 측은
찬성 측의 가치 우선순위가 임시방편적이고 상황에 따라 바뀔 수 있다
고 주장할 것이다. 예를 들면, 국가보안법 폐지에 대한 가치 토론에서
찬성 측은 인권이란 가치는 인류 보편적이며 고정적 가치라고 주장하
는 반면에 반대 측은 인권이란 가치도 정치·사회적 상황에 따라 다르
게 평가되어 왔다고 주장할 것이다.

ㄹ. 가치가 추구하는 결과가 어떠한가?

– 가치가 추구하는 결과는 찬성 측이 제시한 가치를 측정할 수 있는 방법에
관한 문제이다. 찬성 측은 가치 측정 방법을 내재성, 중요성, 효과로 구분하

여 제시해야 한다. 반대 측은 찬성 측이 제시한 가치 측정 방법을 부인하여 쟁점이 형성된다.

① 내재성: 찬성 측은 현재의 문제가 대상 가치로부터 나온다는 인과관계를 설명해야 한다. 예를 들면, 찬성 측은 현재 가치가 문제점을 제공했다고 주장하면 반대 측은 직접적인 인과관계가 없으며 반대 측이 주장하는 가치를 우선시할 때 더 나은 결과가 나온다고 주장한다.

② 중요성: 찬성 측은 가치를 훼손하는 심각성을 설명해야 한다. 예를 들면 안락사의 비윤리성에 대한 가치 토론에서 찬성 측은 안락사라는 이름으로 생명에 대한 인륜을 저버리는 중요성을 강조할 것이다. 하지만 반대 측은 고통으로부터 벗어나고자 하는 개인의 자유와 가족들의 애환의 심각성을 강조할 것이다.

③ 효과: 찬성 측은 가치 판단으로 인한 사회적 효과를 설명해야 한다. 예를 들어 환경 보호보다 경제성장을 우선시하는 찬성 측은 경제로 인해 절대 빈곤층의 아픔을 이야기하며 환경을 희생하더라도 절대 빈곤에서 벗어나는 것이 효과적이라고 주장할 것이고 반대 측은 무분별한 공장 난립으로 인해 '악취가 나는 강', '질병을 유발하는 도시 공해' 등과 같은 부정적인 효과를 강조할 것이다.

가치 논제의 필수 쟁점을 분석하면서 토론자들은 자신의 입장을 정하고 상대측의 주장을 예측하여 교차 질문이나 반론에 대비할 수 있다. 가치 논제 '인간 배아 복제는 비윤리적이다'를 가지고 논점을 구축하면 다음 표와 같다(이정옥 2008: 110-111).

구분	찬성 측	반대 측
1. 양측의 공유점	인간의 생명은 모두 존중되어야 한다. 생명의 존엄성을 지키기 위해 난치병이나 희귀병을 앓는 사람의 생명도 존중되어야 한다.	
2. 논제에 대한 입장	인간 배아는 생명이므로 그 어떠한 경우라도 배아를 이용한 연구는 전면 금지해야 한다는 종교 단체와 시민 단체를 대변하는 입장이다.	희귀병과 난치병 치료를 위해 인간 배아 복제 연구를 허용해야 한다는 과학자들을 대변하는 입장이다.
3. 용어나 개념 정의	일단 정자와 난자가 합쳐진 수정란은 자연적 배아이든 체세포만을 이용해 인공적으로 복제한 배아이든 그 자체가 이미 생명체다.	배아는 정자와 난자가 수정된 이후 14일 이전까지의 수정란으로 장기와 조직으로 나뉘지 않은 세포덩어리이다. 더구나 인간의 수정란을 분할하거나 혈액, 살점 등에 들어 있는 체세포만을 이용해 인공적으로 복제해낸 것이 배아이므로, 배아는 생명체가 아니다.
4. 가치 판단 우선순위	과학적·의학적 관점보다 윤리·철학적 관점을 우선적으로 고려하여 생명의 존엄성을 우선순위로 두었다.	윤리·철학적 관점보다 과학적·의학적 관점을 우선적으로 고려하여, 난치병 치료를 통한 생명 연장과 인간 삶을 질을 높이는 것에 우선순위를 두었다.
5. 가치 판단 기준	① **가치 판단의 속성**: 장기와 조직으로 분리되지 않은 세포 덩어리라고 해도 엄연히 생명체이다. 따라서 수정 후 14일이라는 기준은 의미가 없다. ② **가치 판단 기준의 타당성**: 인간 생명은 인간이 함부로 관여할 영역이 아니므로 인간 배아 복제는 생명 윤리에 어긋난다. ③ **가치 판단의 안정성**: 의학적 유용성이 크다 해도 인간을 복제하는	① **가치 판단 기준의 속성**: 배아는 엄격한 의미에서 생명체라 할 수 없다. ② **가치 판단 기준의 타당성**: 인간은 여러 가지 의학적 기술을 발전시켜오면서 치료를 통해 생명을 연장하는 등 이미 생명 영역에 관여해 왔다. ③ **가치 판단의 안정성**: 생명 복제 기술이 인간 개체 복제라는 구체적인 위험성을 가지고 있지만 잠

---

2) 이정옥(2008: 110-111)에서 논제 "인간 배아 복제, 허용해야 한다"에 대한 논점 분석을 가져와서 내용에 맞게 변형하여 제시한 것이다.

구분	찬성 측	반대 측
	것이고 위험성이 너무 크기 때문에 연구를 허용하면 안 된다.	재적인 의학적 유용성이 너무 크기 때문에 연구를 허용해야 한다.
6. 가치가 추구하는 결과	① **내재성**: 핵을 이식한 배아를 자궁에 착상하여 분만시키면 인간 복제로 발전할 가능성이 있다. ② **중요성**: 인간 배아 복제 기술을 통해 생명 공학 산업이 발달하여 생명의 상품화를 초래할 수 있다. ③ **효과**: 배아 복제 기술의 안정성이 확보되지 않았고, 성공한다 해도 부작용이나 기형화, 종양화 등의 가능성이 높다.	① **내재성**: 인간 배아 복제에 대한 연구를 금지하는 것은 치료를 위한 기초 연구를 막는 위험이 있다. ② **중요성**: 인간 배아 간세포 복제 연구는 특정 질환과 그 치료법에 관한 연구를 촉진할 수 있는 유일한 수단이다. ③ **효과**: 인간의 발생 과정과 같은 과학 지식상의 중요한 발전을 가져올 수 있다.

〈3〉 정책 논제의 논점 구축

정책 논제는 정책이나 제도 개선의 한계점, 개선의 필요성, 개선 방안을 찾는 논제이다. 찬성 측과 반대 측이 사실 논제에 대해 필수적으로 대립하는 쟁점은 4가지로 구분할 수 있다. 즉, 추정된 정책에 대한 용어나 개념 정의가 적절한가?, 추정된 정책에 대해 합리화 또는 정당화 할 수 있는가?, 추정된 정책에 대한 실행 방안은 무엇인가?, 추정된 정책의 실행 결과는 어떠한가? 등으로 찬반 공방이 벌어진다(백미숙 외 2014: 298-297).

(4) 정책 논제의 필수 쟁점

ㄱ. 추정된 정책에 대한 용어나 개념 정의가 적절한가?

- 용어나 개념 정의: 가장 핵심적인 용어와 개념을 정의할 때, 이론적 · 철학적 개념과 근거, 사회 · 문화 · 역사적 배경, 법적 근거 등을 고려를 해야 한다. 예를 들면 거리에 CCTV(Close Circuit Television)설치에 대한 토론을

한다면, 찬성 측은 '범죄 예방용 카메라' 또는 '범죄 보안용 카메라'로 정의할 수 있고, 반대 측은 '감시용 카메라' 또는 '사생활 침해 텔레비전'으로 정의할 수 있다. 또한 병역제도에 대한 토론할 경우 대한민국을 둘러싼 군사·외교적인 배경을 조사해야 할 것이다.

ㄴ. 추정된 정책에 대해 합리화 또는 정당화할 수 있는가?

– 찬성 측은 주어진 정책의 문제를 논의해야 한다는 필요성에 대해 주장하고, 반대 측은 그 필요성을 부인하는 것이다. 찬성 측은 제안한 정책의 중요성, 심각성, 시의성, 지속성의 관점에서 필요성을 주장할 수 있다.

① 중요성: 찬성 측은 제안한 정책이 사회 공동체에 매우 중요하다는 것을 쟁점화 해야 한다. 예를 들면 병역제도에 대해서 토론할 경우 모병제가 군사·외교적 근거를 들어 병역제도를 개편할 필요가 있다고 제시하고, 반대 측은 중요하지 않다고 부인한다.

② 심각성: 찬성 측은 사회공동체에서 기존 정책의 문제 또는 상황이 심각함을 합리화 해야 한다. 예를 들면, 동성애자 결혼 합법화 문제를 토론할 경우, 찬성 측은 소수 인권 침해에 관한 심각한 현실적 사례를 제시하여 문제의 심각성을 합리화 할 수 있다.

③ 시의성: 기존 정책의 문제 또는 상황이 심각하므로 빠른 시일 내에 조치를 취하지 않으면 악화될 것이라고 쟁점화 하는 것이다.

④ 지속성: 기존 정책에 문제가 내재되어 있어 조치를 취하지 않으면 해결되지 않을 것임을 쟁점화 하는 것이다.

ㄷ. 추정된 정책에 대한 실행 방안은 무엇인가?

– 찬성 측은 제안한 정책의 실행 방안과 문제 해결 가능성을 제시해야 한다. 실행 방안을 제시할 때 인적 자원, 재원, 물적 자원, 사회제도, 사회적 인식과 가치, 실행 주체의 의지와 태도 등을 고려해서 실현 가능성을 제시해야 한다. 반대 측은 찬성 측의 실현 방안이 실천 가능성이 없으며 문제도

해결되지 않는다고 반론을 제기할 수 있다.

① 인적 자원: 정책 실행 방안을 제시할 때, 인적 자원을 쟁점화 할 수 있다. 예를 들면, 초등학교 남교사 할당제를 정책으로 제시한 찬성 측은 남학생들의 교육대학 지원 방안을 더 확대해야만 남교사 인적 자원을 확보할 수 있다고 주장할 수 있다.

② 재원: 정책 실행 방안을 제시할 때, 재원을 쟁점화 할 수 있다. 예를 들면 복지 관련 정책 토론에서 국가 재정 여건이 제안된 정책 실행의 요건이 될 것이다.

③ 물적 자원: 정책 실행 방안을 제시할 때, 물리적 자원, 자연 자원, 과학 기술 등이 쟁점화 될 수 있다. 예를 들면, 한국과 중국 사이에 해저 터널 건설 관련 토론을 할 경우 과학 기술이 실행 방안의 쟁점이 될 것이다.

④ 사회 제도: 정책 실행 방안을 제시할 때, 사회제도 관련 변화가 쟁점화 될 것이다. 예를 들면, 담뱃값 인상 여부를 토론한다면, 건강·의료보험 제도도 찬반의 쟁점으로 부상할 것이다.

⑤ 사회적 인식과 가치: 정책 실행 방안을 제시할 때, 사람들의 인식과 가치가 쟁점화 될 수 있다. 예를 들면, 군가산점 부여에 관한 토론에서 여성들의 인식과 가치에 대한 호소 방안이 쟁점이 될 것이다.

⑥ 실행 주체의 의지와 태도: 정책 실행 방안을 제시할 때, 실행 방안을 허가하거나 승인할 수 있는 권력을 가진 사람의 의지나 태도가 쟁점화 될 수 있다. 예를 들면, 낚시 면허제 도입에 관한 토론에서 낚시꾼들이 비용을 지불하여 면허를 받고 교육을 받을 의지가 있느냐 없느냐가 쟁점화 될 수 있다.

ㄹ. 추정된 정책의 실행 결과는 어떠한가?

- 실행 결과에 대한 쟁점은 순작용과 부작용으로 구분된다. 찬성 측은 다소

부작용이 있을지라도 결과적으로 순작용이 크다고 주장하고, 반대 측은 찬성 측의 방안이 부분적으로 이익은 가져올 수 있지만 그에 따른 부작용이 더 크다고 주장한다. 예를 들면 임신중절 합법화에 대한 토론에서 찬성 측은 합법화에 따른 순작용을 주장하고 반대 측은 합법화에 따른 부작용이 더 큼을 강조할 것이다.

이상의 필수 쟁점 외에도 필요에 따라 추정된 정책에 대한 부분 개선과 대체 방안이 쟁점화 될 수 있다.

정책에 대한 부분 개선의 쟁점은 필요하면 반대 측이 입론에서 반드시 제시해야만 한다. 일반적으로 반대 측은 부분 개선을 쟁점화 한다면 논제 관련성을 위배할 위험을 안고 있으며, 토론은 찬성 측에게 유리하게 전개될 수 있음을 알아야 한다. 특히 논제에 따라 부분 개선이 허용되는 특수한 경우가 있는데 반대 측은 현 상황에서 문제의 부분을 제시하며 그 부분만 개선하자고 할 수 있다. 예를 들면, '정부는 교육 시장을 개방해야 한다'라는 논제로 토론을 할 때, 찬성 측은 학교의 소유권, 경영권 문제, 교사를 포함하여 초·중·고는 물론 대학까지 개방하자고 주장하면 반대 측은 소유권은 제외하고 경영 부분만 그것도 대학 부문만 우선 개방하자는 주장을 할 수 있다.

또한 대체 방안도 쟁점화가 필요하다면 반대 측이 입론에서 제시해야 한다. 반대 측이 대체 방안을 제시하면 논제가 내포하고 있는 찬성 측의 정당화를 인정하게 되어 찬반 토론의 성립을 모호하게 한다. 예를 들면, 성범죄자 전자 발찌 시행에 대한 토론에서 반대 측이 '성범죄자, 화학적 거세를 하자'라고 주장한다면 논제의 관련성을 위반한 것이다. 이 경우 논제를 '성범죄자, 화학적 거세를 해야 한다.'라는 논제로 다시 토론해야 할 것이다. 반대 측은 대체 방안을 제시할 때 상호 배타성과 순이익성이 있어야 한다. 즉, 반대 측이 제시한 대체 방안은 찬성 측의 방안과 상관없이 단독 실행이 가능해야 하고, 찬성 측이 제시한 대체 방안보다 더 나은 이익을 가져올 수 있음을 주장해야 한다. 숙달된 토론자는 대체 방안 전략을 자신의 주장의 하나로 가끔 활용하여 찬성 측의 주장을 약화시키는 경우가 있다. 이때 찬성 측이 논제 관련성을 지적하지 않으면 반대 측의 전략은 효과적일 것이다.

정책 논제의 필수 쟁점을 분석하면서 토론자들은 자신의 입장을 정하고 상대측의 주장을 예측하여 교차 질문이나 반론에 대비할 수 있다. 정책 논제 '청소년 성범죄자 신상 공개 제도를 폐지해야 한다.'를 가지고 논점을 구축하면 아래 표와 같다(이정옥 2008: 112-113).

〈표-3〉 논제 '청소년 성범죄자 신상 공개 제도를 폐지해야 한다'의 논점 구축[3]

구분	찬성 측	반대 측
1. 양측의 공유점	청소년 대상 성범죄율을 최소화하면서 인권을 보호하는 방법을 찾아야 한다.	
2. 논제에 대한 입장	'가해자의 인권도 보호되어야 한다'고 주장하는 국가인권위원회를 대변하는 입장	성범죄자 신상 공개 제도는 청소년을 보호하기 위한 불가피한 제도라고 주장하는 청소년 위원회나 시민 단체를 대변하는 입장
3. 용어나 개념 정의	청소년 성범죄자 신상 공개 제도는 청소년을 대상으로 성범죄를 저지른 자의 성명, 주민등록번호, 주소 및 실제 거주지, 직업 및 직장 등의 소재지, 사진, 소유 차량 등록번호를 10년간 관리하며 거주 지역 내 성 범죄자의 사진과 상세한 주소 등 신상 정보를 관할 경찰서에서 상시 열람이 가능하도록 2008년 2월 4일부터 시행하는 제도이다.	청소년 성범죄자 신상 공개 제도는 청소년 대상 성 매수, 강간, 강제 추행, 매매춘 알선 등의 성범죄 예방을 목적으로 '청소년 성 보호법에 관한 법률'이 정한 범죄 행위를 범하고 형이 확정된 자에 대하여, 국가청소년위원회가 범죄자의 신상과 범죄 사실의 요지를 공개하는 것을 말한다.

---

3) 이정옥(2008: 112-113)에서 논제 "청소년 성범죄자 신상 공개 제도를 폐지해야 한다"에 대한 논점 분석을 가져와서 내용에 맞게 변형하여 제시한 것이다.

구분	찬성 측	반대 측
4. 정책의 합리화/정당화	① **중요성**: 신상 공개 제도는 청소년 대상 성범죄율을 낮추자는 취지로 도입된 것이다. 그런데 신상 공개 이후 오히려 범죄율이 증가 추세에 있고, 청소년 성 매수 사건 중 적발되는 사건의 비율도 극히 낮으므로 신상 공개 제도는 폐지되어야 한다. ② **심각성**: 신상 공개 제도는 이중 처벌 금지 원칙(동일한 범죄에 대한 이중 처벌 금지)과 적법절차 원칙(법관에 의하지 않고 처벌하면 안 됨), 평등 원칙(청소년 대상 다른 범죄와 비교할 때 차별 대우를 받음) 등에 위배되므로 위헌의 소지가 있다.	① **중요성**: 신상 공개 제도의 모델이 되었던 미국의 메건법은 공개 수준이 매우 높고, 알래스카 주의 신상등록 공개법 역시 미 연방 대법원에 의해 합헌이라는 판결이 내려졌다. 이처럼 전 세계적으로 청소년 대상 성범죄에 대해 강력하게 대처하고 있는 추세에 따라 가해자의 인권에 관대한 현행 제도보다 더 강력한 제도가 필요하다. ② **심각성**: 2008년 2월부터 시행되는 청소년 성범죄자 신상 공개 제도는 범죄자 정보의 공개 수준이 높아졌다. 그러나 13세 미만의 청소년 대상 성범죄자에 국한되어 있고, 외국에 비해 형사 처벌의 정도가 여전히 낮은 편이다.
5. 정책의 실행 방안	**인적 자원과 재원 측면 실행 가능성**: 현행 청소년보호법에 의한 형사처벌과 보안처벌을 강화하면 청소년보호위원회에서 신상 공개를 결정하고 집행하는 데 드는 인력과 비용을 절감할 수 있고, 검찰에서도 신상 공개 자료를 작성하기 위한 인력과 비용을 줄일 수 있다.	신상 공개를 하지 않은 성범죄자의 경우 재범률이 신상 공개자에 비해 2.6배나 높았고, 신상 공개 대상자 4,652명 가운데 실형을 선고 받은 경우는 37.3%에 머물렀다. 이렇게 신상 공개를 하지 않거나 신상 공개의 강도가 낮을 경우 그 피해는 고스란히 청소년에게 돌아간다. 청소년의 성폭력 피해는 개인은 물론 우리 사회 전반에 엄청난 영향을 끼칠 것이다.
6. 정책의 실행 결과	이미 유죄 판결을 받은 청소년 성 매수자의 신상을 별도로 공개하는 현행 신상 공개 제도를 폐지하고 현행 청소년보호법에 의한 형사 처벌과 보안 처분을 강화하면, 이중 처벌과 재판 절차의 문제, 형평성의 문제 등을 해결할 수 있다.	신상 공개 제도는 청소년 대상 성범죄자들을 대상으로 사회적 처벌을 통해 성범죄 재발을 방지하는 예방 효과를 노릴 수 있고, 국민들의 청소년 성 보호 의식을 높일 수 있다.

3.2.3. 논거 분석

논제에 대한 필수적 쟁점인 논점을 충분히 분석했다면, 논거를 분석해야 한다. 토론은 찬성 측과 반대 측이 서로 대립된 주장을 논리적으로 증명하는 행위로, 논제에 관계된 구체적 사실에 근거한 추론적 과정이다. 따라서 토론에서 설득력 있는 주장을 펼치기 위해서는 각 팀의 주장은 논거와 근거를 기반으로 논증 과정을 통해 팀의 주장을 마련해야 한다.

영국의 논리학자 토울민(Toulmin, 1958)은 논증이란 근거(사실)로부터 논거를 통해 주장으로 이동하는 것이라고 보았다. 실용적인 논증 모델을 아래와 같이 제시했다(강태완 외 2001: 102).

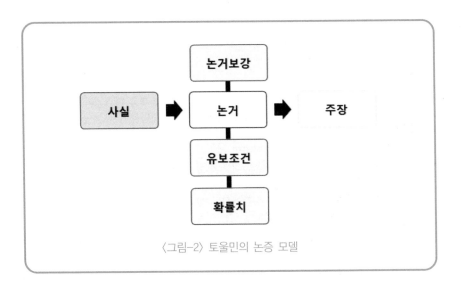

〈그림-2〉 토울민의 논증 모델

토울민은 논증의 구성 요소를 아래와 같이 6가지로 구분하여 설명했다. 이 가운데 근거(사실), 논거, 주장을 기본적인 구성요소라고 했다.

(5) 논증의 6가지 구성요소

ㄱ. 근거(사실, Data): 주장을 뒷받침해 주는 구체적인 사실이나 정보이다.

ㄴ. 논거(Warrent): 근거와 주장을 정당하게 연결해 주는 연결 고리로, 대부분의 사람들이 받아들일 수 있는 개연적 규준이다.

ㄷ. 주장(Claim): 누군가가 정당화시키고자 하는 논증의 결론 즉, 동의를 얻기 위해 제시된 명제(문장)이다.

ㄹ. 논거보강(Backing): 논거에 포함된 가정을 확인해 주기 위한 증빙 자료이다.

ㅁ. 유보 조건(Rebuttal): 사실이 주장을 정당화하지 못하는 구체적인 상황이나 조건을 제시하는 것이다.

ㅂ. 확률치(Modality): 사실로부터 논거로의 비약이 지닌 강도이다.

논증의 기본 구성요소를 토대로 논증의 예시를 보이면 다음과 같다.

(6) ㄱ. 주장: 독도는 한국 땅이다.
　　ㄴ. 논거: 국제법상 국가 성립 이후 영유권 시효를 취득한다.
　　ㄷ. 근거: 실질적으로 한국인이 독도를 관리하고 있다.

정리하면, 설득적인 토론을 하기 위해서는 토론자들은 구체적인 근거(사실)와 타당한 논거를 가지고 토론에서 필수적인 쟁점인 논점을 제시해야 한다. 특히, 찬성 측은 근거 자료와 논거를 토대로 하여 자기 팀 논점의 정당성을 논증해야 하고, 반대 측은 근거 자료와 논거를 토대로 하여 상대 팀 논점이 정당하지 않음을 논증해야 한다. 따라서 성공적인 토론을 위해 토론자들은 풍부하고 구체적인 근거를 찾아야 하고, 적절한 논거를 확보하여 정당한 주장을 해야 한다.

3.2.4. 자료 조사

성공적인 토론 준비를 잘하기 위해서 논제 분석, 논점 분석, 논거 분석에 필요한 자료를 충분히 확보하는 것이 필수적으로 필요하다. 만약 자료 조사가 충분하지 않아 주장만 있고 논거나 근거가 부족하다면 상대 팀을 설득하지 못할 것이기 때문이다. 따라서 토론 준비 과정에서 자료를 조사할 때 자료의 선택, 자료 찾기, 자료 정리 측면으로 구분하여 생각해 볼 필요가 있다.

〈1〉 자료 선택

자료 선택의 문제는 어떤 자료를 선택할 것인가에 대한 답을 찾는 것이다. 토론을 준비하기 위한 모든 자료는 논제의 성격과 관련이 있어야 할 것이다. 앞에서 논제의 종류를 사실 논제, 가치 논제, 정책 논제로 구분한 바가 있다. 즉, 논제의 종류에 따라 성격이 다른 만큼 논제의 배경지식과 논제의 필수적인 쟁점이 무엇인지를 정확하게 파악하여 자료를 선택해야 할 것이다. 자료 선택을 잘하기 위해서 다음과 같은 질문을 충분히 고려하면서, 자료 조사의 계획을 세워야 할 것이다.

(7) ㄱ. 논제의 사회 · 정치 · 문화적 배경지식이 무엇인가?
ㄴ. 논점이 되는 용어나 개념은 무엇인가?
ㄷ. 논제를 유발시킨 직접적인 원인은 무엇인가?
ㄹ. 토론에서 기존 가치나 정책은 무엇인가?
ㅁ. 토론에서 제안된 가치나 정책은 무엇인가?

논제 분석, 논점 분석, 논거 분석 과정에서 필요한 다양한 자료를 선택할 수 있을 것이다. 즉, 개인적 경험이나 관찰, 전문가의 증언, 전통적 가치, 사례, 연구 보고서, 통계 조사, 표본 조사를 통해서 논제와 관련 있는 자료를 확보할 수 있다.

이러한 다양한 종류의 자료를 논거와 근거로 제시할 때 유의하여 사용해야 할 점도 있다. 예를 들면, 개인적인 경험이나 관찰 자료는 양적으로 제한되어 있고 자료의 대표성이 없으므로 논거나 근거로 사용하기에는 부적절한 경우가 있다. 이를 막기 위해서는 개인적인 경험과 관찰이 객관적이고 신뢰할 수 있는 자료인지를 확인해야 한다. 또한, 전문가의 증언도 자료가 될 수 있다. 즉, 전문가의 판단이나 관점을 빌려 자신의 주장을 정당화 하기 위함이다. 하지만 전문가의 견해라도 단순히 주장이나 반박의 근거로 삼을 만한 것인지 검토가 필요하다. 뿐만 아니라 신문이나 각종 보도 자료에서 찾을 수 있는 사례도 좋은 자료가 될 수 있다. 사례는 실제로 일어난 상황으로 주장을 강화하거나 반론의 타당성을 높여 줄 수 있다. 하지만 문제의 상황을 단적으로 보여주는 대표성을 지녀야 하고, 자료의 출처와 날짜를 밝혀 신뢰할 만한 자료임을 보여주어야 한다.

〈2〉 자료 찾기

자료 찾기의 문제는 어떻게 자료를 찾을 것인가에 대한 문제의 답을 찾는 일이다. 논제와 관련된 자료 즉, 개인적 경험이나 관찰, 전문가의 증언, 전통적 가치, 사례, 연구보고서, 통계 조사, 표본 조사 등을 어떻게 찾을 것인가? 다양하고 풍부한 자료를 확보할 수 있는 방법 3가지를 생각해 볼 수 있다.

첫째, 온라인으로 자료를 찾는 방법이다. 인터넷을 이용하여 자료를 수집하는 방법이다. 최근 인터넷의 활용 범위가 나날이 넓어져서 신문기사, 서적, 기관의 기관지 등을 인터넷으로 검색할 수 있다. 그러나 인터넷에서 자료를 찾기 전에 논제와 관련된 핵심어나 용어의 목록을 작성하여 자료를 찾는 것이 바람직하다.

그뿐만 아니라 인터넷에는 정확한 자료도 있지만 잘못되거나 틀린 자료와 정보도 많다. 신뢰도가 있는 자료를 확보하기 위해서는 자료의 출처, 저자, 발행 기관 등 자료의 정확성에 대한 검토가 반드시 필요하다.

둘째, 오프라인으로 자료를 찾는 방법이다. 도서관이나 서점에 가서 사전, 잡지, 신문, 보고서, 논문, 통계조사 등을 찾아 자료를 구하는 방법이다. 이때 논제와 관련된 자료를 처음부터 끝까지 꼼꼼하게 읽기보다는 책의 차례나 내용, 머리말 등을 훑어보면서 토론에 필요한 자료를 찾는 것이 바람직하다.

셋째, 현장에서 자료를 수집하는 방법이다. 현장에 나가 직접 사람을 만나거나 필요한 표본을 수집하여 자료로 삼는 것을 말한다. 면담, 실험·관찰, 조사 등으로 자료를 수집할 수 있다. 면담은 사람을 만나 필요한 자료를 얻거나 확인하는 활동이다. 예를 들면, 전문가와 인터뷰를 하거나 사회 명사를 만나 아이디어를 얻거나 자료를 확인하고자 할 때 흔히 쓰는 방법이다. 실험·관찰은 현장에 나가 직접 실험하고 관찰하는 활동이다. 어떤 가설을 가지고 결과를 관찰하고, 그 결과를 해석하여 토론의 자료로 사용할 수 있다. 조사는 사람들의 생각이나 여론을 알아서 자료로 삼고자 할 때 흔히 사용한다. 조사 대상을 할 때는 충분한 수효를 정해서 조사 대상을 조사해야 하고, 조사 질문도 잘 조직되어야 좋은 자료를 얻을 수 있다.

〈3〉 자료 정리

충분한 자료를 수집했으면, 자료를 꼼꼼히 읽고 자료에 대한 평가를 해야 한다. 자료를 수집할 때 생각한 것과 달리 어떤 자료는 논제와 관련이 없는 자료일 수도 있고, 주장을 뒷받침하기에 부적절한 자료일 수도 있다. 따라서 자료는 시의성, 신뢰성, 적절성에 입각하여 평가가 이루어져야 한다.

(7) ㄱ. 시의성의 기준: 조사된 자료가 토론을 하는 데 적절할 만큼 최신의 것인가를 검토해야 한다. 오늘날 유통시장 문제를 토론하는 데 조선 시대 시장 상황을 근거로 제시할 수 없다.

ㄴ. 신뢰성의 기준: 조사된 자료가 1차 자료인지 아니면 2차 자료인지를 평가해야 한다. 1차 자료란 사실 자체의 기록한 자료를 말하며, 2차 자료란 사실을 해석하거나 인용한 자료를 말한다. 2차 자료를 사용할 경우 사실의 해석 과정에서 윤색되거나 변질될 수가 있고, 기록하는 과정에서 오류가 생겨 사실과 다를 수 있다.

ㄷ. 적절성의 기준: 논증의 방식에 따라 자료의 성격도 달라진다. 귀납 논증을 하고자 한다면 개개의 사실로부터 일반적인 결론을 이끌어내므로 그 자료들의 진실성이 토론 승패의 열쇠가 된다. 반면에 연역 논증이라면 일반적인 사실에서 구체적인 사항을 끌어내는 것이므로 대전제와 소전제로 사용될 자료들이 타당한지를 검토해야 한다.

자료에 대한 평가를 마치면, 자료를 정리를 해야 한다. 이때 논거 카드를 작성하면 토론을 할 때 자료를 효율적으로 사용할 수 있다. 논거 카드는 조사한 자료를 카드로 일목요연하게 정리한 카드이다. 자료를 체계적으로 조사하는 일은 토론 시간에 필요한 자료를 찾아서 효율적으로 사용할 수 있도록 하기 위함이다. 대개 토론 대회나 토론 수업에서 학생들은 조사한 자료를 모두 사용하지 못해 아쉬워하는 경우가 많다. 이러한 후회를 하지 않기 위해 다음의 사항을 고려하여 논거 카드를 만들어보자.

(8) 논거 카드 만드는 방법

ㄱ. 자료 평가를 통해 자료의 중요도와 내용에 따라 체계적으로 분류한다.

ㄴ. 논점별로 카드 색을 구분하여 정리한다.

ㄷ. 자료의 유형 즉, 데이터, 사례, 설문조사 등을 구분한다.

ㄹ. 하나의 논점은 한 장의 카드에 정리하되, 한 가지 논점에 대한 근거가 여러 가지일 경우 카드에 일련번호를 붙여 정리한다.

논점별로 카드 색을 구분하는 이유는 짧은 토론 시간에 필요한 논점을 빠르고 효율적으로 사용하기 위한 것이다. 또한 하나의 논점은 한 장의 카드에 정리하되, 한 논점에 여러 가지 근거가 있는 경우는 카드의 일련번호, 자료 제목, 자료 유형, 출처, 내용 등을 밝혀 정리한다. 논거 카드의 예시를 보이면 아래와 같다(이정옥 2008: 127).

카드 번호: 논점 1-1
제   목: 연쇄 성폭행범자 재범률 높고 수법도 지능화되어
유   형: 사 례
출   처: 내일신문 2016년 8월 12일
최근 들어 연쇄 성폭행범의 재범률이 높아지고 더욱 더 지능화 되는 경향이 있다. 내일 신문 2016년 월 12일자에 따르면 인천 부평 경찰서에 구속된 박모씨(41)는 수도권 일대에서 21회에 걸쳐 강도와 성폭행을 일삼았고, 박 씨가 성폭행한 7명의 피해자 중에는 10세 어린아이를 포함해서 미성년자만 4명이나 됐다고 한다. 박 씨는 1987년 17차례의 강도와 성폭행을 저질러 무기징역을 선고받고 2005년 성탄절 특사로 석방된 상태이다.

3.2.5. 토론 개요서 작성

논제를 분석하고, 논점과 논거를 분석해서 자료를 충분히 찾아 정리했다면, 토론 개요서를 작성해야 한다. 토론 개요서는 토론의 전체적인 흐름을 예측할 수 있고, 토론에 참여하는 팀원들과 함께 자기 팀의 전략을 체계적으로 정리하며,

상대팀의 토론 전략을 예측한 일종의 토론 시나리오라고 할 수 있다.

토론 개요서는 토론의 질을 높여 준다. 토론 개요서를 작성하면, 자기 팀의 입장을 강화하기 위한 합리적인 전략을 파악할 수 있고, 주장과 근거의 관계, 상대팀의 질문과 답변, 상대 팀의 반박과 그에 대한 대책을 체계적으로 정리할 수 있기 때문이다. 토론 개요서는 토론의 과정인 입론, 교차조사, 반박을 어떻게 할 것인지를 구체적인 전략을 보여줄 수 있어야 한다. 또한, 토론 개요서는 자기 팀의 입장과 논점뿐만 아니라 상대측의 입장과 논점도 예측할 수 있도록 작성해야 한다. 아래의 작성 절차와 요령은 토론 개요서를 작성할 때 고려하면 유용하다(이정옥 2008: 134-136).

(9) 토론 개요서 작성 절차와 요령

ㄱ. **[배경 상황 작성]**: 논제와 관련된 사회 문제의 배경을 정리한다.

ㄴ. **[입장 정하기]**: 논제에 대한 자기 팀의 입장을 정리한다. 교실에서 이루어지는 교육토론은 자기 팀의 입장이 미리 정해지지만, 토론 대회에서 팀의 입장이 정해지지 않으므로 찬성과 반대 양측을 모두 준비해야 한다.

ㄷ. **[공유점 작성]**: 공유점을 찾으면 토론에서 다루어야 할 쟁점을 확인할 수 있다. 공유점은 토론에서 배제해야 한다.

ㄹ. **[자기 팀의 전제, 핵심 개념 정의, 논점, 논거, 기대효과 작성]**
   - 전제: 팀 입장의 토대가 되는 전제를 찾아 상대 팀의 논리에 휘말리지 않도록 한다.
   - 핵심 개념: 논제에 관련된 핵심 용어나 개념을 정의한다.
   - 논점: 주장을 뒷받침하는 필수 쟁점을 적는다. 논점을 기술할 때는 논제에 따라 분석 초점이 달라진다. 즉 사실 논제는 용어나 개념 정의, 사실 판단 여부, 상황 판단, 절차상의 문제가 논점이 될 수 있고, 가치 논제는 용어나

개념 정의, 가치 판단의 우선순위, 가치 판단의 기준이 논점이 될 수 있으며, 정책 논제는 용어나 개념 정의, 정책의 합리화 또는 정당화, 정책 실행 방안이 논점이 될 수 있다.

- 논거: 논점을 뒷받침해 주는 논거를 적는다. 다만 지면상 다 적을 수 없으면 키워드로 작성하고 논거 카드를 활용한다.
- 기대 효과: 사실 논제는 사실에 대한 판단이 어떤 사회적 변화를 가져오는지를 기술하고, 가치 논제는 가치가 추구하는 결과를 분석하여 기술하고, 정책 논제는 제시한 정책이 실현될 결과를 분석하여 기술한다.

ㅁ. [상대 팀의 전제, 핵심 개념 정의, 논점, 논거, 기대효과 작성]: 절차나 요령은 'ㄹ'과 같다.

ㅂ. [자기 팀의 교차조사에서 사용할 예상 질문과 답 작성]: 예상한 상대 팀의 입론을 바탕으로 교차조사할 때 사용할 예상 질문과 예상 답을 작성한다.

ㅅ. [상대 팀의 교차조사에서 사용할 예상 질문과 답 작성]: 예상한 우리 팀의 입론을 바탕으로 교차조사할 때 사용할 예상 질문과 예상 답을 작성한다.

ㅇ. [자기 팀의 예상 반론과 대책 작성]: 자기 팀의 각 논점에 대한 반박을 예상하여 적되, 논점의 항목과 반론의 항목이 맞아야 한다. 왜냐하면 토론에서 언급한 논점을 토대로 반박이 이루어져야 하기 때문이다. 또한 자기 팀에 대한 반론은 상대 팀의 반론 칸에 적고, 상대 팀의 반론은 자기 팀의 반론 칸에 적는다.

ㅈ. [상태 팀의 예상 반론과 대책 작성]: 절차와 요령은 'ㅇ'의 같다.

토론 개요서의 작성 예를 제시하면 다음과 같다(이정옥 2008: 229-230).

논제	체벌, 교육의 수단이다.	
배경 상황	한국적 교육 현실에서 학교의 역할은 지배적이다. 그 때문에 학교 안에서 일어나는 여러 가지 문제들이 '교육'이라는 명분으로 은폐되고 있다. 그중 최근 들어 체벌이 사회 문제로 부각되고 있다. 체벌은 학생에게 신체적 고통을 가함으로써 학업 태도나 행동을 개선시키고 교정하려는 교육 방침이다. 그러나 본래의 교육적 의도를 벗어나 폭행의 형태로 나타난다는 점에서 문제이다. 최근, 대구의 한 고교 교사가 학생이 지각을 했다는 이유로 몽둥이를 이용해 엉덩이를 200대 때린 사건이 언론에 보도되었다. 체벌을 당한 유 군은 속옷이 피로 물드는 등 심한 상처를 입고 병원에 입원하기에 이르렀다. 이와 같이 과도한 체벌에 대해서는 인간중심주의와 인권에 대한 인식이 부각되는 사회적 추세에 따라 사회적 인식도 바뀌어 가고 있다. 여전히 체벌은 교육의 수단이라고 주장하는 목소리와 체벌에 대한 우려의 목소리가 충돌하고 있어 체벌이 교육의 수단이 될 수 있는지 여부에 대해 진지하게 논의할 필요가 있다.	
입장	체벌은 폭력의 합리화이다(반대 입장).	
공유 점	교육의 목적은 학생의 지적 발달과 인성 발달 촉진에 있다. 그런 목적을 달성하기 위해서는 여러 가지 방법이 있을 수 있지만 궁극적으로는 잘못된 행동을 순화시켜 바른길로 인도하는 교육 방법을 추구해야 한다.	
입론		찬성 측	반대 측
	전제	체벌은 교육효과가 높은 교육 수단이다.	교육 수단은 벌이 아닌 상의 측면에서 접근해야 한다.
	핵심 개념	체벌은 학업이 부진하거나 금지된 일을 하였을 때 신체적 고통을 주는 벌을 가함으로써 격려하거나 비행을 교정하는 행위이다.	체벌은 교사가 물리적 도구나 손과 발 등 신체의 일부를 이용해 학생에게 신체적·정신적 고통을 주는 행위이다.
	논점	① 체벌은 지속적인 효과가 높다. ② 체벌은 현재와 같은 다인수 학급의 질서 유지에 효과가 높다.	① 체벌은 폭력성을 내재하고 있다. ② 체벌은 지속적 효과가 없다. ③ 체벌은 교사와 학생 간의 인격적 관계를 훼손시킨다.

		③ 교사는 교사로서의 권한을 가지고 학급을 바르게 이끌어갈 의무가 있다.	④ 체벌이 아닌 대안 체벌을 통해 보상 효과를 달성해야 한다.
	논거	① 각성을 촉구하고 잘못된 행동의 통제 수단—교육학자 페스탈로치는 가장 단순한 방법으로 확실하고 빠르게 어떤 목표로 이끄는 데 체벌이 필요하다고 인정했다. 이처럼 체벌을 통해 수업을 효과적으로 진행할 수 있다. ② 통제를 통한 간접 효과—효율적이고 쾌적한 학교 환경을 만들려면 질서가 필요하다. 체벌은 질서 유지에 도움이 되고, 다른 학생들에게 비행의 결과를 통한 간접적 통제 효과를 높일 수 있다. ③ 교사의 권한— 체벌은 교사의 책임을 수반하는 '권한'이다. 초·중등교육법 제18조 1항은 교사가 체벌을 교육적으로 사용할 수 있는 권한을 인정하고 있다.	① 체벌에 관한 연구 자료— 체벌을 가한 대다수의 교사가 '마음이 편치 않다', '후회한다.'고 응답했다. ② 심리학자 스키너의 조작적 조건화 이론—체벌은 일시적으로 행동을 억제시키는 효과는 있으나, 바람직하지 못한 행동을 제거하는 데는 비효과적인 방법이다. ③ 매일 신문 인터뷰—한 교사의 "체벌에 중독되는 것 같다."는 증언은 폭력에 익숙해지고 무감각해진 교육 현장에서 더욱 강한 형태의 체벌이 유발될 가능성을 보여준다. ④ 대안 처벌의 효과—학생 스스로 사회적 의미 및 기여를 깨우치는 것은 물론 행동 변화로 이루어진다. 특히 봉사활동은 교사와 학부모, 학생 모두가 50% 이상의 선호도를 보임으로써, 이미 그 필요성을 입증했다.
	기대 효과	체벌은 다인수 학급의 현실에 적절한 교육 수단으로 활용될 수 있다.	대안 처벌 등으로 대체함으로써 교사와 학생 간의 인격적 관계 형성을 바탕으로 교육 효과를 높일 수 있다.
교차 조사	예상 질문	체벌도 교육의 한 방법이라고 보는 것에 대해 어떻게 생각하나?	① 체벌은 언제 필요하나? ② 가정 내에서 체벌로도 변화가 없는데 학교 내에서 체벌로 학생들의 변화가 있었나?
	답변	① 수업에 피해를 줄 때 필요하다. ② 바뀌지 않았다.	교육의 목적을 정당화할 수 있는 최후의 수단이다.

	예상 반론	① 교사는 강압적인 통제로 교육을 실현해서는 안 된다. ② 체벌은 다른 학생들에게 비행의 결과를 알려주는 동시에 폭력성을 학습하도록 조장하는 위험이 있다. ③ 체벌의 효과는 체벌을 가하는 순간에만 존재할 뿐이지, 지속적이지 못하다. ④ 체벌을 가하는 교사도 사람이기에 객관적인 거리가 필요하다.	① 교사와 학생의 위치는 대등하지 않다. 학생의 인권을 지나치게 중시한 나머지 교사의 인권이 무시되고 있다. ② 체벌은 여러 가지 교육 수단 중 또 다른 하나의 교육 수단이 될 수 있다. ③ 체벌의 효과는 즉각적이고, 효율적이라는 점에서 긍정적이다. ④ 체벌은 교사의 권리로 인정받는 부분이다.
반론	대책	① 체벌을 통한 질서 형성은 학생들을 획일적으로 만들지 않는다. 질서는 효율적이고 쾌적한 학교 환경을 만드는 데 꼭 필요하다. ② 학급 분위기를 흐리는 학생을 방치한다면, 다른 학생들이 동조하거나 학습하게 된다. 비행을 학습시키는 것보다 제재를 가하는 체벌이 더 교육적이다. ③ 체벌의 즉각적인 효과는 학급을 운영하는 데 효율적이다. 지속성이 없더라도 문제가 발생할 때마다 즉시 대처가 가능하다. ④ 교사는 여러 과정을 거쳐 교육받은 사람이다. 따라서 체벌이 필요한 적절한 시기와 그 정도에 대한 판단력과 분별력을 갖추었다.	① 학생의 인권 보장은 교사와 학생의 대등한 위치를 의미하지 않는다. 교사와 학생의 위치는 엄연히 다르며 그간 무시되었던 학생의 인권을 인정해야 한다. ② 교육이 목적은 교사와 학생 간의 믿음을 바탕으로 한 상호 교류에 있다. 체벌의 폭력성은 교육의 목적을 달성시키지 못한다는 점에서 옳은 교육법이 아니다. ③ 체벌의 효과는 일시적이고, 실제 교육 현장에서 교육적 범위를 벗어난 경우가 비일비재하다. 학생들이 받아들이는 체벌의 의미 역시 인지적·정서적 측면에서 부정적인 영향을 미친다. ④ 교사도 사람이기에 체벌을 가하는 과정에서 감정적이 될 수 있고, 적정 시기와 정도 판단에 문제 발생의 소지가 있다. 교권이 학생의 인권보다 우선시될 수 없다.

(숙명여대 경제학부 1학년 양○모 학생이 작성한 것을 형식에 맞게 수정함.)

3.3.1. 토론의 핵심 과정

토론은 논제를 정하고, 찬성 측과 반대 측의 입장으로 갈라서 주어진 형식에 따라 진행된다. 이때 양측은 발언의 기회를 균등히 가지며 자기 팀의 주장을 강화하고 상대 팀의 주장을 반박하게 된다. 토론의 핵심 과정은 아래와 같다.

입론 ▶ 교차조사 ▶ 반론 ▶ 최종 발언

〈그림-3〉 토론의 핵심 과정

토론의 유형에서 다양한 토론의 형식을 소개한 바 있다. 〈그림-3〉에서 제시한 입론, 교차조사, 반론, 최종 발언을 어떻게 배치하느냐에 따라서 토론의 유형이 결정된다. 다만 최종 발언을 배정하지 않는 토론 형식도 있다. 대표적으로 교차조사 토론 형식(CEDA 방식)이다.

〈1〉 입론

입론은 논제에 대해서 자기 팀의 입장을 세우는 과정이다. 혹자는 입론을 발제라고도 하는데 '정해진 논제에 대해 자기 팀의 생각을 말한다'는 의미를 가지기 때문이다. 입론 과정에서 토론자들은 자기 팀의 입장을 충분히 표명을 해야 한다.

입론에서 양측의 토론자들은 논제의 사회적 배경을 제시하면서 논제에 대한 토론의 필요성과 중요성을 강조하여 많은 사람들이 문제에 대한 관심이 필요함을 제안해야 한다. 또한 논제에 등장하는 핵심 개념이나 용어를 자기 팀의 입장에서 정의해야 한다. 그리고 많은 논점을 나열하는 것보다 3~4개 정도의 논점을 마련하여, 논점에 맞게 논거를 준비해서 자기 팀의 입장을 논리적이고 설득적으로 주장해야 한다. 입론의 마지막에 기대 효과를 제시해야 한다. 기대 효과의 기술은 논제의 종류에 따라 다르다. 즉, 사실 논제는 사실에 대한 판단이 어떤 사회적 변화를 가져오는지를 기술하고, 가치 논제는 가치가 추구하는 결과를 분석하여 기술하고, 정책 논제는 제시한 정책이 실현될 결과를 분석하여 기술한다. 토론에서 기대 효과는 다른 토론자와 청중에게 자기 팀이 내세우는 결과가 논거의 타당성과 실현 가능성이 있다는 것을 입증해야 한다. 따라서 입론을 구성할 때 다음과 같은 요소를 고려해야 한다.

(10) 입론 구성 요소

ㄱ. 논제의 사회적 배경
ㄴ. 핵심 용어나 개념 정의
ㄷ. 논점 3~4개
ㄹ. 논거 3~4개
ㅁ. 기대 효과

〈2〉 교차조사

교차조사는 상대측의 입론이나 반론의 내용에 대한 질문을 하는 과정이다. 교차조사는 상대측이 주장한 바에 대해 질문을 한다고 하여 '교차 질문, 상호 질문, 심문'이라 하기도 한다. 교차조사는 단순한 의견 교환이 아니라 질문하는 측이 주도권을 갖기 때문에 상대방에게 중요한 정보를 이끌어내는 과정이다. 때문에 상대측의 입론이나 반박에 대해 교차조사를 포기하는 것은 토론의 주도권을 상대측에게 넘겨주게 되는 것이다. 교차조사를 할 때 다음과 같은 사항을 유의해야 한다.

첫째, 질문은 상대측이 발언한 내용에 대해서만 한다. 즉, 상대측의 발언 내용을 확인하고 반론을 하기 위한 문제 확인을 해야 한다.

둘째, 상대측의 입론이나 반박의 내용에서 허점을 찾아 질문해야 한다. 교차조사를 할 때는 상대측이 제시한 모든 내용을 확인하려고 하는 것보다 근거가 불충분하거나 논점을 이탈한 점을 찾아 질문하는 것이 바람직하다.

셋째, 논점을 뒷받침하는 논거의 타당성을 확인하여 질문해야 한다. 토론은 논증을 통해 상대측을 설득시키는 의사소통이라는 관점에서 주장을 내세울 때 논점을 뒷받침하는 논거는 타당성을 가져야만 주장이 설득적일 수 있다. 따라서 주장을 뒷받침하는 근거와 논거가 '충분히 타당한지 검토하여 질문해야 한다.

넷째, 상대측 발언 내용을 단순히 확인하지 말고, 짜임새 있게 단계적으로 질문하여야 한다. 교차조사의 목적은 반박을 하기 위한 문제 확인을 하는 것이다. 이에 단편적인 질문을 한 번에 질문하기보다는 몇 개의 질문을 여러 단계로 나누어 질문하는 것이 바람직하다. 이때 질문자가 개방형 질문을 피하고 되도록 이면 짧게 '예' 또는 '아니요'로 대답할 수 있는 질문을 하는 것이 바람직하다.

다섯째, 질문자는 질문에 답을 확실하게 이끌어내야 한다. 간혹 답변자가 답을 회피하는 경우 '그 답변은 이런 식으로 이해해도 되겠습니까?' 또는 '그것은 이렇게 해석할 수 있군요.'와 같이 질문에 대한 답을 확실하게 얻어내야 한다.

교차조사를 할 때, 질문자는 상대측에게 예의 있는 태도로 질문하고, 질문을 받은 답변자는 성실하게 답변을 해야 할 의무가 있다. 간혹 질문자가 토론의 주도권을 의식하여 호전적인 태도를 취하는 경우가 있는데 이것은 바람직하지 않다. 재치와 순발력을 발휘하여 핵심이 있는 질문을 하고, 답변을 유도하는 유연한 태도가 바람직하다. 한편 답변자가 질문에 대한 답변을 성실하게 하지 않을 경우가 있는데 이러한 태도는 입론 또는 반박의 내용에 대한 자신감이 없어서 토론을 꺼리는 태도로 비칠 위험이 있다. 따라서 답변자는 질문에 대해 명료하고 성실하게 답을 해야 한다.

〈3〉 반론

토론은 서로 대립적인 입장을 전제로 자기 팀의 주장을 정당화 하고 상대 팀을 설득하는 의사소통 과정이다. 이로 인해 토론 과정 중 가장 중요한 단계가 반론 과정임에 틀림없다. 반론은 정해진 논제에 대한 상대팀 주장의 허점이나 부족한 점을 지적하고, 그것이 왜 문제가 되고 있는지를 확인시키는 과정이다. 토론 과정에서 어느 한쪽이 반론을 그만두게 되면 토론도 끝나게 된다. 이러한 점에서 토론은 양측 주장이 완벽할 수 없고 언제든지 반박의 가능성이 열려 있다는 점을 인정해야 한다. 때문에 토론에서는 항상 자기 팀이 가진 가장 강력한 주장이나 근거를 바탕으로 상대방의 허점을 비판하게 된다. 왜냐하면 토론은 본질적으로 승패가 분명하게 나누어지는 활동이기 때문이다.

반론을 하기 위해 토론자들은 상대 팀의 입론과 반론 내용을 면밀하게 검토할 필요가 있다. 토론자들은 반론을 할 때, 다음과 같은 사항을 검토해야 한다.

첫째, 상대 팀이 내세운 논점이 무엇이고, 논제에서 벗어난 것은 없는지를 확인해야 한다. 만약 논점이 벗어났다면 어떤 측면에서 문제가 되고 있는지를 밝혀서 반박을 해야 한다.

둘째, 논점을 뒷받침하는 근거가 타당한지를 확인해야 한다. 토론은 논증의 과정이다. 따라서 논점을 뒷받침해 주는 근거나 논거가 신뢰성, 논제와의 관련성, 자료의 문제 유무 등의 관점에서 타당한지를 검토하여 타당하지 않다면 그것을 근거로 반박할 수 있다.

한편, 반론을 할 때는 상대측이 언급하지 않은 논점을 가지고 반박해서는 안 된다. 가끔 TV 토론에서 토론자들이 입론에서 논점을 다 말하지 않고 토론 과정에서 새로운 논점을 하나하나 제시하는 경우를 볼 수 있다. 이렇게 하는 토론은 질서와 규칙이 엄격하게 지켜져야 하는 교육토론의 관점에서 보면 바람직하지 않다. 왜냐하면, 교육토론은 학생들이 논제에 대한 타당한 근거와 논점을 들어 정당한 주장을 펼치는 토론 능력을 익히는 데 목적이 있기 때문이다. 그뿐만 아니라 토론자들은 효율적인 반론 전략을 세워야 한다. 반론할 때는 자기 팀의 강점을 가지고 상대팀의 약점을 반박하는 태도가 필요하다. 즉, 첫 번째 반론에서 상대팀의 취약점을 언급하고 두 번째 반론에서 빠진 내용을 반박하는 것이 효과적이다.

〈4〉 최종 발언

최종 발언은 토론한 내용을 간략하게 요약·정리하고, 논제에 대한 자기 팀의 입장을 청중들에게 다시 한 번 부각시키는 과정이다. 즉 최종 발언 단계는 청중을 설득하는 단계이다. 이에 자기 팀의 입장을 대변할 수 있는 비유나 일화 등을 들어서 청중에게 선명한 인상을 남기는 자세가 필요하다.

최종 발언의 내용 구성은 먼저 자기 팀의 입장과 논점을 간략하게 정리한다. 그리고 자기 팀에 대한 상대 팀의 반박 내용을 간략하게 정리한다. 그런 다음에 자기 팀의 전체적인 입장을 밝히고 토론 내용을 압축적이고 인상 깊게 담을 수 있는 비유나 일화를 소개하여 청중을 설득한다.

최종 발언 시간에 반론을 하는 것은 바람직하지 않다. 물론 상대팀의 주장에 대한 반론할 부분이 있을 경우 최종 발언 시간에 간략하게 반론하는 경우도 있으나 최종 발언 시간을 모두 반론하는 데 사용하는 것은 좋지 않다.

3.3.2. 토론 참여자의 태도와 역할

〈1〉 토론 참여자의 태도

토론 참여자는 토론자, 사회자, 청중이 있다. 토론 대회의 경우 심사위원 혹은 심판이 있다. 토론이 성공적이고 효율적으로 이루어지기 위해서는 토론 과정에서 참여자가 올바른 자세로 토론에 임하고 자신의 역할을 잘 수행할 때 가능하다. 더욱이 현대 민주 사회가 지향하는 토론은 토론에 참여하는 사람들에게 세분화된 역할과 태도를 요구함으로써 토론을 통해 합리적이고 효율적인 갈등의 해결을 기대하고 있다. 이에 토론에 참여하는 모든 사람이 토론 형식에 맞추어 일정한 역할을 수행하고 토론자로서 바람직한 태도를 숙지할 필요가 있다. 토론에 참여자들이 갖추어야 할 기본적인 태도는 세 가지로 정리를 할 수 있다.

첫째, 토론에 참여하는 모든 사람들은 상대방의 인격을 존중해야 한다. 토론 과정에서 토론자들이 자기주장에 빠져 상대방을 무시하는 표현이나 태도를 보이는 경우가 있다. 이러한 토론자의 태도는 윤리적 자세에 오류인 것이다. 즉, '인신공격의 오류'나 '허수아비의 오류' 등과 같은 오류는 토론 참여자의 도덕적 오류의 문제인 것이다. 따라서 상대를 이해하고 배려하는 마음가짐은 토론에 바탕이 되는 태도이다.

둘째, 토론에 참여하는 모든 사람들은 정직하고 책임감이 있어야 한다. 토론에서 사용할 자료는 반드시 그 출처를 밝히고, 조작하거나 왜곡시키는 행위를 해서도 안 되며, 표절을 해서도 안 된다. 토론에서 사용되는 모든 자료는 자신이 직접 연구하고 조사해서 사용해야 한다. 그뿐만 아니라 토론에 참여하는 사람들은 토론 과정에서 제시된 자신의 토론 내용에 대해 책임을 져야 한다. 아무리 믿음이 있는 자료가 있더라도 책임감이 없는 사람이 제시하면 자료의 신뢰도가 떨어지는 경우가 있다. 따라서 참여자들은 평소에도 책임 있는 언행으로 신뢰를 얻어야 할 것이다.

셋째, 토론에 참여하는 모든 사람들은 공공성과 공익성을 우선적으로 고려해야 한다. 토론은 현대 사회가 안고 있는 문제를 해결하는 것을 목적으로 한다. 이에 논제가 특정 집단의 이익과 관련된 것이라 하더라도 토론에 참여하는 사람들은 토론의 기대 효과가 공동체의 삶에 어떻게 작용하는지를 고려하고 올바른 판단을 내려야 할 것이다.

〈2〉토론자의 역할과 태도

　토론자는 자기 팀의 논제를 분석하고 논점을 파악하여 근거를 찾아 성실하게 토론을 준비해야 한다. 그뿐만 아니라 상대 팀의 교차조사와 반론을 예측하고 대비하여 상대 팀을 설득할 수 있는 토론 전략을 세우고 토론에 임해야 할 것이다. 토론에서 토론자의 갖추어야 할 태도는 다음과 같다.

　첫째, 토론자는 토론의 형식에 입각하여 토론의 규칙과 절차를 지켜야 한다. 자유롭게 문제에 대한 해결 방법을 찾는 토의와 달리 토론은 형식이 엄격하다. 토론의 유형과 토론 대회를 주최하는 집단의 요구에 따라 토론에서 지켜야 할 규칙과 절차는 다르다. 즉, 발언 기회와 시간 분배, 입론, 반론, 교차조사 등 토론에 임하는 역할과 방법이 다르며, 언어적 비언어적 표현에 있어서도 그 범주를 어디까지 설정하느냐에 따라 다르다. 특히 토론 과정에서 토론자가 발언 시간을 초과하여 마이크가 꺼지고 사회자가 발언을 멈출 것을 권고하는 상황이 종종 발견되는데 이러한 토론자의 태도는 바람직하지 않다.

　둘째, 토론자는 협동 정신과 리더십을 발휘해야 한다. 여러 사람들이 논제를 중심으로 대립각을 세우고 가장 합리적인 문제 해결 방법을 모색하는 것이 토론이다. 때문에 토론에서 팀원들이 어떻게 협력해서 하나의 주장을 이끌어내고 전략적으로 자기 팀의 정책이나 가치가 옳음을 입증하는 일은 매우 중요하다. 특히 교육토론에서 토론자들의 협동 정신의 발휘는 곧 토론의 승패와도 관련이 있을 뿐만 아니라 문제를 해결하는 과정에 반드시 필요하다. 토론자들의 긴밀한 협조가 없는 토론은 시간 낭비가 되고, 토론에 참여한 사람들의 불만만 많아지기 일쑤이다. 따라서 토론에서 토론자의 협동 정신과 팀원 간 힘의 균형이 유지할 수 있도록 만드는 리더십이 필요하다.

　셋째, 토론자는 적절한 언어 사용과 예의 바른 태도를 가져야 한다. 토론에서 효과적으로 발언하기 위해 토론자는 상대측 토론자와 청중을 배려해야 한다. 즉, 토론자는 어법에 맞는 말로 분명하고 정확하게 표현해야 한다. 또한 지나치게 어려운 학술 용어나 단어를 자제해야 한다. 무엇보다도 토론자가 주장하는 바를 청중이 쉽게 이해할 수 있도록 간결하게 말하는 것이 중요하다. 한편 언어적 표현뿐만 아니라 비언어적 표현 방법도 익힐 필요가 있다. 예를 들면 목소리의 크기, 발화 속도, 억양의 고조와 강약을 조절해서 청중을 집중시키고, 청중이 지루하지 않게 받아들일 수 있도록 표현해야 할 것이다.

넷째, 토론자는 토론의 최종 결과에 승복할 줄 알아야 한다. 토의는 자유롭게 문제의 해결 방법을 탐색하는 것이 목적이기 때문에 토의는 승패가 명확하지 않다. 반면에 토론은 논제에 대한 대립적인 입장을 세우고 문제 해결 방법을 찾아가는 것이 목적이므로 토론은 승패의 결과가 명확하다. 때문에 토론자는 이미 내려진 결과에 대해 번복하거나 수용하지 않는 태도는 바람직하지 않다. 자기 팀의 주장이 설득력을 발휘하지 못했다면 그 결과에 승복하고 그 이유를 분석하고 다음의 토론을 준비하는 태도가 바람직하다.

〈3〉 사회자의 역할과 태도

토론은 토론 과정을 예측하기 어려운 요인들이 많기 때문에 사회자의 역할이 고정되어 있는 것은 아니다. 그러나 토론을 이끌어 가는 존재로서 사회자의 역할은 매우 중요하다.

사회자의 역할은 토론 전에 토론 장소와 토론 참여자들의 좌석을 정한다. 이때 특정인 혹은 특정 집단에 편중된 배려가 드러나는 좌석 배치를 삼가야 하고 중립적으로 배치를 해야 한다. 교육토론이나 토론 대회에서 사회자 없이 토론이 진행되는 경우도 많다. 이러한 경우, 〈그림-4〉에서 사회자는 없는 것으로 이해하면 된다.

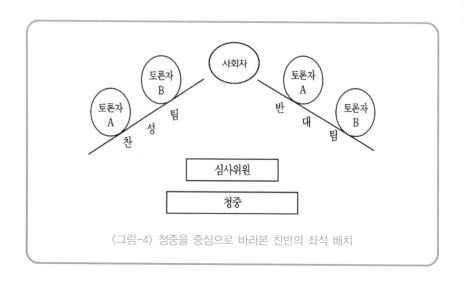

〈그림-4〉 청중을 중심으로 바라본 찬반의 좌석 배치

토론이 시작되면, 사회자는 토론의 참여자, 토론의 규칙과 방식 등을 소개하고 토론을 시작한다. 토론 과정에서 사회자는 가급적 토론에 개입하지 않는 것이 좋다. 그렇지만 토론의 규칙을 어기는 토론자의 행위를 저지하고, 토론 내용을 정리할 때는 어느 한 팀의 주장에 편향된 발언을 하지 말아야 한다. 그뿐만 아니라 토론이 원활하게 이루어지지 않을 때 사회자는 토론의 핵심적인 문제를 언급하거나 토론에서 해결하지 못한 문제에 대해 질문을 던져 주위를 환기시킨다. 토론이 끝나면, 토론의 내용과 성과를 정리하고 남은 문제를 언급한 다음 마무리를 한다.

〈4〉 청중의 역할과 태도

토론에서 청중의 역할은 매우 중요하다. 토론에서 청중은 토론자처럼 때론 자신의 의견을 주장하기도 하고, 때론 서로 대립하고 있는 토론자에게 예리한 질문을 던짐으로써 공공의 입장에서 고려해야 할 문제를 제기하기도 한다. 뿐만 아니라 청중은 토론의 결과를 판단하는 결정적인 심사위원이 되기도 한다. 따라서 토론에 참여하는 청중은 토론자와 함께 공동의 문제를 풀어 가겠다는 의식을 가지고 토론에 참여해야 한다.

　토론에서 청중은 논제에 대한 충분한 이해와 나름대로의 의견을 가지고 있어야 하고, 발언을 객관적인 입장에서 주장의 타당성, 논거의 타당성과 적절성, 자료의 정확성 등을 판단하며 경청해야 한다. 또한 청중은 토론에서 정한 토론의 진행 방식과 규칙에 대해 숙지하고 있어야 하며, 만약 토론 과정에서 발언을 할 경우 자신의 발언이 특정 토론자를 지지하거나 비난해서는 안 된다. 그뿐만 아니라 청중이 토론을 평가할 경우에는 평가 기준과 방법을 알고 있어야 한다. 무엇보다 도 청중은 사회자에게 적극적으로 협조해야 한다.

3.4. 토론의 평가 과정

〈1〉 토론의 원칙

　토론은 논제를 정하고, 대립된 두 입장으로 갈라서 주어진 형식에 따라 발언의 기회를 균등히 가지며 자신의 주장을 강화하고 상대의 주장을 반박하여 상대 팀을 설득하는 의사소통 행위이다. 이에 따라 토론에 참여자는 논제와 관련된 자기 팀의 주장을 치밀하게 분석하여 제시하고, 상대 팀의 주장을 꼼꼼하게 예측 하고 분석해서 상대 팀을 설득해야 한다.

　한편 토론은 승패가 명확하다. 토의는 토의에 참여한 사람이 상호 협조적인 관계를 가지고 진행하나 토론은 토론에 참여하는 토론자가 상호 경쟁적인 관계를 형성하게 된다. 또한, 토론 과정에서 어느 팀이 낫고 낫지 않음을 평가하는 사람은 토론자가 아니라 청중이나 심사위원이다. 이에 따라 토론을 평가하기 위해 청중 과 심사위원은 다음의 토론 원칙을 반영해서 평가해야 할 것이다(강태완 외 2001: 85-87).

　첫째, 합리성의 원칙이다. 토론은 정해진 토론 유형의 절차와 규칙에 따라 수행된다. 즉, 입론, 교차조사, 반론 등에 이르기까지 찬성 측과 반대 측은 자신의 입장을 표현할 수 있는 기회를 정해진 순서에 입각하여 동등하게 부여받는다. 기회 균등의 원리와 토론의 예절을 체득할 때, 토론은 사회적 문제를 이성적으로 해결할 수 있는 가장 합리적인 방법이 될 것이다.

둘째, 유연성의 원칙이다. 교육토론이나 토론 대회에서 논제에 대한 팀의 입장은 토론 장소에서 토론에 앞서 추첨하여 입장을 정하는 경우가 일반적이다. 때문에 토론에 참여자들은 토론을 준비할 때 논제에 대한 자기 팀의 입장이 무엇인지 모른다. 이로 인해 찬반 입장에서 모두 논제를 분석하고 이해해야 한다. 이러한 운영 방식은 찬성 측과 반대 측의 논리를 모두 익히게 함으로써 사고와 논리의 유연성을 기를 수 있다는 판단을 반영한 것이다.

셋째, 역동성의 원칙이다. 토론에 참여하는 토론자들은 논제에 대해 찬성하든 반대하든 상대측의 입장을 적극적으로 문제점을 찾아 교차조사하거나 반박해야 한다. 상대측의 허점을 분석하여 자기 팀의 입장이 옳음을 적극적으로 주장해야 한다. 토론 과정에서 참여자들은 역동적으로 논리 대결을 해야 할 것이다.

넷째, 듣기의 원칙이다. 토론에서는 주어진 논제에 대한 상대측의 논점과 논거를 정확하게 파악하는 것이 매우 중요하다. 이를 위해 토론자들은 상대측의 발언을 주의 깊게 들어야 한다. 흔히 토론은 '말을 잘하는 행위'로 이해하나 교육토론에서는 말을 잘하기보다는 오히려 상대방 말을 잘 듣는 훈련을 하도록 유도하고 있다. 이것은 토론에서 듣기가 중요시되고 있음을 시사한다.

다섯째, 설득의 원칙이다. 토론에서 상대측의 입장을 정확하게 파악해서, 교차조사나 반론을 통해서 그 허점을 잘 드러낼 수 있다. 그러나 토론자들이 상대측 토론자, 심사위원, 청중들에게 상대측의 허점을 정확하게 인식시킬 수 없거나 정서적으로 받아들이지 못하게 만든다면 제대로 설득할 수 없을 것이다. 따라서 토론에서 논제를 정확하게 이해하고 분석하여 내면화하는 논리도 중요하지만 자기주장을 설득력 있게 전달할 수 있는 능력도 중요하다. 즉, 토론 과정에서 토론자의 표현력이나 사고의 순발력이 상대측을 설득하는 데 절대적인 영향을 준다.

〈2〉 평가의 기준

토론에서 평가의 기준은 토론의 유형, 토론 대회의 목적에 따라 다를 수 있다. 토론에서 평가가 필요한 이유는 토론의 승패를 단순히 가리는 것이 아니라 토론 과정을 돌이켜 생각하며 심사위원과 토론 참여자 모두가 발전할 수 있는 계기를 마련하는 데서 그 의의를 찾을 수 있다. 종종 토론에서 승패가 명확하다보니 판정 시비가 일어나는 경우가 있다. 이는 토론의 목적이 승패가 전부라는 생각을 가진 일부 토론자들이 있기 때문이다. 이럴 때, 토론 대회의 목적과 토론 평가표를 보면서 잘한 점과 부족한 점을 설명하여 다음 토론에서 발전할 수 있는 피드백을 해주는 것이 바람직하다. 토론에서 승패는 개인이 아니라 팀의 점수이다. 따라서 토론에 참여한 토론자들은 서로 협력하여 팀의 승리를 이끌 수 있도록 노력해야 한다.

토론의 평가 기준은 일반적으로 다음과 같은 관점에서 이루어진다.

첫째, 논리적 추론 능력에 대한 평가이다. 논제에 대하여 논점을 분석하고, 논점에 대한 근거를 제시하여 논증하는 능력을 판단하는 기준이다.

둘째, 논거의 적절성에 대한 평가이다. 논점에 대한 논거들이 시의성, 신뢰성, 적절성을 갖추고 있는가를 판단하는 기준이다.

셋째, 표현력에 대한 평가이다. 문장과 어휘 선택은 적절한지, 용어나 개념 정의에 있어서 어렵고 모호한 개념들은 없는지에 대해 평가하는 기준이다. 주로 수사학적 설득 기술을 판단하는 기준이다.

넷째, 의사소통의 태도에 대한 평가이다. 상대의 주장을 경청하는지, 무례하거나 토론의 절차와 규칙을 어긴 것은 없는지에 대해 판단을 하는 기준이다. 주로 공적인 의사소통에서 지켜야 할 예절을 평가하게 된다.

토론 평가서의 평가 항목의 수와 내용은 다를 수 있지만 이상의 평가 기준은 토론 평가서에서 그대로 반영되어야 한다. 토론의 심사위원과 청중은 평가 기준과 방법을 숙지하고 토론 평가서를 작성해야 한다. 대개 수업에서 토론에 대한 평가를 수행할 때 토론 평가서만 작성하는 것보다 토론 정리표를 함께 작성하면 전체적인 토론의 흐름과 내용 파악을 함께할 수 있어서 평가의 질을 올릴 수 있다.

〈참고문헌〉

강태완 외, 『토론의 방법』, 커뮤니케이션북스, 2001.

구인환, 『Basic 고교생을 위한 국어 용어사전』, 신원문화사, 2006.

박재현, 한국의 토론 문화와 토론 교육, 『국어교육학연구』19, 한국국어교육학회, 2004, pp.289-318.

백미숙 외, 『소통의 기초 스피치와 토론』, 성균관대학교 출판사, 2014.

송창석, 『새로운 민주시민 교육방법』, 서울: 백산서당, 2011.

이성철, 배심원모의판토론 수업운영 방안-의사소통교육과 민주시민 법 교육을 위한 대학교양과정-, 『수사학』 22, 한국수사학회, 2015.

이정옥, 『토론의 전략』, 문학과지성사, 2008.

정문성, 토의토론수업의 개념과 수업에의 적용모델에 관한 연구, 『열린교육연구』12-1, 열린교육학회, 2004, pp.147-168.

한형석, 학습자를 지적으로 단련시키는 토론 수업의 기술 모색. 토론학습모형과 토론 기술, 『2003년 동계학술대회 자료집』, 열린교육학회, 2003.

Freely, A. J. & Steinberg, D. L., *Argumentation and Debate: Critical Thinking for Reasoned Decision Making.* 14th ed, Wadsworth, 2013.

Toulmin, S., *The uses of argument*, New York: Cambridge University Press, 1958.

〈토론 평가표〉

	학과	학번:	이름:
논제			
토론자	찬성 측:		
	반대 측:		
사회자			

	평가기준	찬성 측	반대 측
공통 항목	− 언어태도(목소리, 속도, 말투 등)의 적절성 − 토론의 예절과 규칙 준수 여부		
입론	− 주장과 근거를 잘 이해했는가? − 논점은 참신했는가? − 근거가 적절했는가? − 논거가 타당한가?	점수 1, 2, 3, 4, 5	점수 1, 2, 3, 4, 5
교차 조사	− 토론의 논점을 분명하게 파악하여 질문했나? − 상대방의 논리적 허점을 잘 짚었나?	점수 1, 2, 3, 4, 5	점수 1, 2, 3, 4, 5
반론	− 상대방의 문제점을 잘 지적했나? − 논제의 내용을 토대로 반론했는가? − 반론의 논거가 타당한가? − 반론거리를 모두 지적했는가?	점수 1, 2, 3, 4, 5	점수 1, 2, 3, 4, 5
	합계		
사회자	− 논제의 의의를 잘 부각시켰나? − 토론의 규칙과 시간을 잘 지키도록 했는가? − 토론의 내용을 잘 요약했는가?	점수 1, 2, 3, 4, 5	점수 1, 2, 3, 4, 5
총평			

〈토론 정리표〉

논제: _____   작성자_____

(1) 찬성 측 ① 입론	▶	(2) 반대 측 ② 교차조사	▶	(3) 반대 측 ① 입론	▶	(4) 찬성 측 ② 교차조사
보완:		보완:		보완:		보완:

(5) 찬성 측 ② 입론	▶	(6) 반대 측 ① 교차조사	▶	(7) 반대 측 ② 입론	▶	(8) 찬성 측 ② 교차조사
보완:		보완:		보완:		보완:

(9) 반대 측 ① 반론	▶	(10) 찬성 측 ① 반론	▶	(11) 반대 측 ② 반론	▶	(12) 찬성 측 ② 반론
보완:		보완:		보완:		보완:

제 3 부

독서와 토론의
실제 I
: 공통 주제

• 통섭으로서의 시 감상

시 감상과 생물학적 이해

인간의 여러 행위에서 가장 높은 단계의 정신 활동은 예술 행위이다. 그 중에서도 문학 특히 시는, 고도의 언어활동을 통하여 이루어내는 정신문화의 최고 결정체라 할 것이다. 시는 나와 인간의 삶, 그리고 자연을 비롯한 나 이외의 모든 세계에 대한 미학적 관찰과 사색이므로 과히 예술의 꽃이요, 가장 아름다운 숨결이라 할 만하다.

자신의 영혼과 인연을 맺고 있는 모든 것들에게 가장 깊고도 세밀하게 그리고 가장 애정 어린 관심을 가질수록 잘 정제된 시가 탄생한다. 시 감상 또한 그렇게 다가서면 주변 존재에 대한 새로운 의미를 발견하는 기쁨과 미처 알지 못했던 자신의 다른 내면세계를 발견하는 신선한 경험을 갖게 될 것이다. 그리고 그것은 오랫동안 미학적 감동으로 남을 것이다.

봄이 오면 만물의 아니 모든 생물이 생기를 띤다. 작은 풀꽃, 이름을 몰라서 에먼 이름으로 불리워지는 잡초, 벌레들까지도. 이제 소쩍새 울음도 곧 들릴 것이다. 아마 이 소쩍새가 울지 않는다면 가을 국화꽃은 피지 못할 것이다. 한 송이 국화꽃을 피우기 위해 천둥도 덩달아 먹구름 속에서 또 그렇게 울 것이고 서정주 시인은 '국화 옆에서' 그렇게 노래했다.

한 송이의 국화꽃을 피우기 위해
봄부터 소쩍새는
그렇게 울었나 보다

한 송이의 국화꽃을 피우기 위해
천둥은 먹구름 속에서
또 그렇게 울었나 보다.

그립고 아쉬움에 가슴 조이던
머언 먼 젊음의 뒤안길에서
인제는 돌아와 거울 앞에 선
내 누님같이 생긴 꽃이여.

노오란 네 꽃잎이 피려고
간밤엔 무서리가 저리 내리고
내게는 잠도 오지 않았나 보다.

〈서정주, 국화 옆에서〉

이 시를 어떻게 볼 것인가? 이렇게 생각해보자. 한 총각이 있었다. 밭을 일구기로 작심한 날 비가 많이 왔다. 밭일을 포기하고 마침 장날이라 읍내에 가서 곡괭이 한 자루를 사러가기로 하고 집을 나섰다. 마을 동구 앞 버스를 기다리던 중 이웃 김씨네 황소가 고삐가 풀려 빗속에 날뛰고 있기에 김씨네 집에 소를 몰아주고 오느라 그만 버스를 놓치고 말았다. 그리하여 하는 수 없이 지나가는 삼륜차를 얻어 타고 읍내에 갔다. 그리고 한편, 삯바느질을 하던 한 처녀가 있었다. 바늘이 부러지는 바람에 장날이고 하여 바늘을 사러 골목길을 나서던 중개 한 마리가 캉캉 짖는 바람에 놀라 우산을 놓치고 어귀에서 꼼짝 못하고 있었다. 이때 지나던 한 총각이 개를 쫓고 우산을 들려주었다. 이 총각과 처녀는 이것이 인연이 되어 결혼하게 되고 철수라는 자식을 두었다.

그렇다면 '한송이 국화꽃을 피우기 위해 / 봄부터 소쩍새는 / 그렇게 울었나 보다'는 '철수가 태어나기 위하여 / 그날 따라 봄비가 / 그렇게 내렸나보다.' 와 같지 않은가. 철수가 태어나기 위해 황소 고삐가 풀렸고, 바늘이 부러졌고, 똥개는 짖었다. 다음의 글은 어떤 인연을 말할까?

〈읽기 자료 2〉

"안녕"
여우가 말했다.
"안녕"
어린 왕자가 공손히 대답하고 둘러보았으나 아무 것도 보이지 않았다.
"나, 여기 있어, 사과나무 아래......"
사과나무 아래에서 작은 목소리가 들렸다.
"넌 누구니? 참 예쁜 짐승이구나."
어린 왕자가 물었다.
"나는 여우야."
"이리 와서 나하고 놀자. 난 아주 쓸쓸하단다."
"난 너하고 놀 수 없어. 길이 안 들었으니까."
"그래? 미안해."
조금 생각하다가 어린 왕자가 덧붙였다.
"길들인다는 게 무슨 말이니?"
"길들인다는 말을 모르고 있는 걸 보니 넌 여기 아이가 아니구나. 무얼 찾고 있니?"
"사람들을 찾고 있어. 그런데 길들인다는 게 무슨 말이니?"
"부리기 좋게 한다는 뜻이야. 부리기 좋게 하려면 너는 나와 특별히 친한 관계여야 하지. 오늘 우리가 만난 것은 인연이야. 수많은 사람 중 '너'와 수많은 '여우' 중 '나'를 만난 것은 인연(因緣)이 있었던 거야. 그런데 그 인연도 너와 내가 서로에게 관심이 없다면 소용없지. 관심을 가져주었을 때 좀더 알고 지내는 친한 관계가 맺어지는 거야"

여우가 천천히 설명해주었다.

"친한 관계를 맺는다구?"

"응, 그래. 지금 너는 다른 애들 수만 명과 조금도 다름없는 사내애에 지나지 않아. 나도 아주 많은 여우 중 하나일 뿐이야. 지금 네가 보기엔 나도 다른 수만 마리의 여우와 똑 같잖아? 그리고 너도 그렇다는 거지. 나에게는 네가 필요 없고, 너는 내가 아쉽지도 않아."

여우는 어린 왕자 곁에 다가서면서 계속 말했다.

"그렇지만 네가 나를 길들인다면 우리는 특별한 인연 관계가 되지. 그래서 우리는 서로 필요하고 곁에 없다면 아쉬워질 거야. 그건 내게는 네가 세상에서 하나밖에 없는 존재가 될 것이고. 너에게도 내가 이 세상에서 하나뿐인 여우가 될 거야."

그리고 곁에 앉으면서 말을 이어갔다.

"이를 테면, 네가 오후 네 시에 온다면 난 세시부터 행복해지겠지. 네 시에는 너를 만난다는 기쁨으로 흥분해서 안절부절못할 거야."

〈앙뚜완느 드 쎙 떽쥐뻬리, 어린왕자와 여우〉 중에서

문학을 수학이나 생물학적 입장에서 살펴보면 문학의 의미를 희석시킬까? 꼭 그렇지는 않다. 어쩌면 문학을 더 흥미롭게 할 수도 있다.

수학 문제를 하나 풀어보자. 약 1천 년 전 조상부터 지금의 내가 있기까지 그간 얼마나 많은 조상이 필요했을까? 대충 33대 조상부터라 보고 한 수학자에게 자문하여보니 2의 33승, 곧 무려 85억 9천만 명의 조상이 존재함으로써 내가 있게 된 것이라 한다. 그도 그럴 것이 내가 있기까지 부, 부의 부모, 또 부의 부모의 부모...모, 모의 부모, 그 모의 부모의 부모...가 필요하기 때문이다. 가령 할머니의 할머니뿐만 아니라 할머니의 외할머니의 외할머니까지도 존재하여야만 내가 존재할 수 있는 것이다.

'길에 돌도 연분이 있어야 찬다.'라는 우리 속담이 있다. 그러고 보면 만물의 영장이라 하는 한 생명의 탄생과 존재는 결코 가벼이 볼 수 없는 크나큰 은혜요 역사요 존엄함이 깃들여 있다. 더욱이 내 가까이 있는 가족과 이웃, 동료와 지기라면 그 인연이 깊디깊을 수밖에 없다. 서로를 존중하고 사랑해야 할 원리가 어쩌면 여기에 있지 않을까? 그보다 내 스스로의 생명과 타인의 생명에 대한 가치를 귀중하게 여기는 것이 우선됨은 말할 것도 없다.

비약이 심한 시인 자신의 개인적 상상력이 아니라 지극히 가능한 인연의 결과일 수 있다. 앞서 국화꽃은 곧 나 자신을 비유한 바도 된다.

나와 인연을 맺은 것들은 참으로 소중하다. 불교에 '겁(怯)'이라는 말이 있다. 겁파(劫波)라고도 한다. 하나의 세계가 성립되어 존속하고 파괴되어 공무(空無)가 되는 하나하나의 시기를 말하는데 도저히 인간의 숫자로서는 그 시간을 측정할 수 없는 시간을 일컫는다. 잡아함경(雜阿含經)》에서는 그리하여 비유하여 설명하기를 사방과 상하로 1유순(由旬: 약 15km)이나 되는 철로 된 성(鐵城) 안에 겨자씨를 가득 채우고 100년마다 겨자씨 한 알씩을 집어 전부 다 꺼내어도 겁은 끝나지 않는다 했다. 또, 사방이 1유순이나 되는 큰 반석(盤石)을 100년마다 한 번씩 흰 천으로 닦아도 그 돌이 다 닳아도 겁은 끝나지 않는다 하였다. 이러한 겁이 억겁이 되어야 하나의 인연을 맺는다 했으니 스치는 그 무엇이 소중하다 아니할 수 없다. 더 나아가 연(緣)은 그 개와 황소의 에미도 되는 것이요 그 동물과 부모와 부모의 조상이 숨쉬고 살아갈 수 있는 40억년 광합성의 역사를 통해 이루어진 21%의 지구의 산소 농도도 되는 것이다.

성경에서 태초에 하나님이 세상과 당신의 모습과 같이 아담과 이브를 만든 것도 그리고 무화과 열매와 뱀을 둔 것도 나를 존재케 한 연이 된다. 나 자신의 존재는 그렇게 보면 얼마나 고귀한 존재인가? 그런 만큼 나 아닌 다른 이도 무한한 역사로 이루어진 존엄한 생물이 아닌가?

나의 지식이 독한 회의(懷疑)를 구(救)하지 못하고
내 또한 삶의 애증(愛憎)을 다 짐지지 못하여
병든 나무처럼 생명이 부대낄 때
저 먼나면 아라비아의 사막으로 나는 가자.

거기는 한 번 뜬 백일(白日)이 불사신같이 작열하고
일체가 모래 속에 사멸한 영겁(永劫)의 허적(虛寂)에
오직 알라의 신만이
밤마다 고민하고 방황하는 열사(熱沙)의 끝.

그 열렬한 고독 가운데
옷자락을 나부끼고 호올로 서면
운명처럼 반드시 '나'와 대면케 될지니.
하여 '나'란 나의 생명이란
그 원시의 본연한 자태를 다시 배우지 못하거든
차라리 나는 어느 사구(沙丘)에 회한 없는 백골을 쪼이리라.

〈유치환, 생명의 서〉

그렇다면 생물(living organism, 生物)이란 무엇일까? (한국민족문화대백과) 비생물(非生物: 무생물)에 대응되는 말이다. 자연계를 생물계와 무생물계로 나누는 것은 아리스토텔레스의 분류에서 비롯되지만 바이러스의 발견과 그 밖의 사실로 미루어볼 때, 생물과 무생물과의 경계는 처음에 생각하였던 만큼 간단한 것이 아님이 점차 뚜렷해지고 있다. 아울러 생물이 지니고 있는 생명이란 과연 무엇인가 하는 점에 대해서도 예전부터 가지각색의 해석이 내려지고 있으나 생명에 대한 개념을 엄밀히 정의한다는 것은 거의 불가능에 가까운 상태에 있다. 이처럼 생명 자체를 정의하기는 불가능하지만, 그 생명을 지니고 있는 물체, 즉 생물의 특성을 열거하고, 그 특성을 밝히는 것은 그리 어렵지 않다. 즉, 생장·생식·진화·자극 반응성 등이 생물이 무생물과 다른 특징이고, 생명과 생물의 개념을 규정해보려는 연구도 이러한 것으로부터 출발하여 이루어지고 있다. 생물은 동물과 식물로 크게 나누는 경우와, 동물·식물·미생물로 나누는 경우, 또는 동물·식물·균류의 세 무리로 나누는 경우도 있다. 세 번째 분류방식은 균류가 동물과 식물의 양쪽과 유사성을 가질 뿐만 아니라 그 자신의 뚜렷한 특성을 보이는 점에서 연유된다. 생물계에는 오늘날까지 알려진 종만 해도 200만 종이 넘는데, 이러한 생물의 다양성은 생물의 중요한 특색이라고 할 수 있다. 그러나 생식·유전·호흡·진화 등의 현상은 대다수의 생물에 공통되어 있으며, 또한 동물계에 있어서의 발생양식에는 일정한 규칙성이 있고 녹색식물이 영양을 섭취하는 방식이 같은 것처럼, 다양성이 있는 중에도 통일성을 찾아볼 수 있다. 이 밖에도 세대를 거듭하면서 계속되는 유전과 진화의 현상을 볼 수 있다는 생명의 연속성도 생물의 중요한 특징으로 들 수 있다. 이와 같이 생물의 생명현상은 다양성·통일성·연속성이라는 세 가지 측면에서 다룰 수가 있다.

사전에 의하면, 한반도에는 약 10만 종의 자생생물이 분포하는 것으로 추정되고 있다. 2012년에 기록된 생물종 수는 동물 2만 2651종, 식물 9731종, 균류·지의류 4104종, 원생생물 1573종, 원핵생물 1236종 등 총 3만 9295종이다. 생물지리학상으로 식물의 경우 우리나라는 중일구계(中日區系)에 속하며, 난대아구계(暖帶亞區系)와 온대아구계(溫帶亞區系)로 나누어진다. 난대아구계는 연평균기온이 14℃ 정도인 북위 35° 이남의 남부 해안지대와 남해 도서지방이고, 온대아구계는 그 이북 지방이다. 산림의 식물자원 종 수는 자생종 4942종, 외래종 84종으로 전체 5026종으로 알려져 있다. 동물의 경우 우리나라는 구북구(舊北區)에 속하며 동북소구와 서남소구로 나누어진다. 동북소구는 시베리아아구에 속하며 함경도의 고지대를 포함하는데 북방형의 동물이 많다. 바다의 경우 해조나 갑각류의 분포상태로 보아 동해·남해·서해·제주도 해역으로 구분할 수 있다. 전체적으로 볼 때 한대성 또는 난대성 생물도 있지만 온대성 생물이 많다. 해양 생물종 수는 육상생물에 비해 현저히 적게 밝혀졌지만, 해양생물의 분류 체계는 34문 83강으로 그 다양성이 풍부하다. 현대인들이 수산물을 통해 공급받는 단백질이 약 16%를 차지할 만큼 해양 생물자원은 인류의 중요한 식량원이며 해양 생물자원 과 관련된 고용 창출 효과 또한 크다. 우리나라의 해양 생물종은 총 9534종으로 이 중 해양 동물이 6110종(64.1%), 해양 식물이 1048종(11.0%), 식물성 플랑크톤 이 2172종(22.8%), 동물성 플랑크톤이 204종(2.1%)이다. 해양 동물 중 해양 무척 추동물이 4989종, 미삭동물이 97종, 어류가 987종, 해양 파충류 및 포유류가 37종 으로 해양 무척추동물이 차지하는 비중은 81.7%로 가장 높다. 생물은 지구생태계 를 구성하는 요소로서 생태계의 물질순환에 매우 중요한 역할을 한다. 1992년에 발표된 생물다양성협약은 자국 내에 서식하는 생물자원에 대한 주권적 권리를 인정하되, 가입국에 대해 자국 생물종의 자세한 목록 및 주기적인 감시 체계를 의무화하고 있다. 생물은 각 나라의 자원이 되기도 하며 생물자원 주권의 인정으 로 생물자원 확보를 위한 국가 간 경쟁이 심화되고 있다. 이러한 현실 속에 우리나라는 국가 생물주권 확립의 핵심요소로서, 고유종의 보호 및 국가차원의 탐색 · 확보 · 기반연구를 하고 있다.

시, 낯설게 하기 속의 혐오 동물 다시보기

문학은 카타르시스 기능을 한다. 또한 사물과 현상을 고정관념에 벗어나게 하기도 한다. 시의 경우 좋은 시는 내 마음의 대리 행위를 해주는 공감의 감동을 일차적으로 주지만 두고두고 읊조릴수록 갈무리되어 있던 다른 의미를 발견하게 한다. 자신의 상상력 밖에 존재하고 있는 새로운 세계와 만나는 신선한 충격과 경이로움을 갖게 한다.

꽃이
피는 건 힘들어도
지는 건 잠깐이더군
골고루 쳐다볼 틈 없이
님 한번 생각할 틈 없이
아주 잠깐이더군

그대가 처음
내 속에 피어날 때처럼
잊는 것 또한 그렇게
순간이면 좋겠네

멀리서 웃는 그대여
산 넘어 가는 그대여

꽃이
지는 건 쉬워도
잊는 건 한참이더군
영영 한참이더군

〈최영미, 선운사에서〉

꽃이 피는 이유를
전에는 몰랐다.
꽃이 필 적마다 꽃나무 전체가
작게 떠는 것도 몰랐다.

꽃이 지는 이유도
전에는 몰랐다.
꽃이 질 적마다 나무 주위에는
잠에서 깨어나는
물 젖은 바람 소리.

사랑해 본 적이 있는가.
누가 물어 보면 어쩔까.

〈마종기, 꽃의 이유〉

한편의 시는 이렇게 인간의 감정이나 사상 또는 자연의 비밀스러운 내면을 드러내는 작업이다. 단정을 거부하는 만상의 세계이기에 모두를 아니면 한 가지 사실을 정면으로 탐색한다는 것은 불가능하다.

그러므로 시인은 현상세계에 대해 정면으로 탐색하거나 묘사하기보다 우회적으로 비유하여 '돌려 말하기'를 하되 정작 이모저모를 상상케 하여 진실된 세계에 자신과 독자를 좀더 접근시키려 한다. 조심스럽게 단면을 탐색함으로써 전체를 유추케 하거나, 감정을 숨기거나 모호한 자세를 취하기도 하지만 오히려 호기심과 탐색을 이끌어내어 미처 사람들이 인식하지 못하였거나 드러내지 못한 현상들을 발견케 한다.

어린 눈발들이, 다른 데도 아니고
강물 속으로 뛰어내리는 것이
그리하여 형체도 없이 녹아 사라지는 것이
강은,
안타까웠던 것이다
그래서 눈발이 물 위에 닿기 전에
몸을 바꿔 흐르려고
이리저리 자꾸 뒤척였는데
그때마다 세찬 강물 소리가 났던 것이다
그런 줄도 모르고
계속 철없이 눈은 내려,
강은,
어젯밤부터
눈을 제 몸으로 받으려고
강의 가장자리부터 살얼음을 깔기 시작한 것이었다

〈안도현, 겨울 강가에서〉

이렇게 시인은 자신의 관찰과 사색을 통해 그리고 숙련된 감각의 촉수를 뻗어 얻은 새로운 세계를 한 편의 시로 형상화한다.

이러한 시는 비록 시인이라는 타인의 존재가 노래한 것이라 할지라도 독자들 또한 만상(萬象)의 감정을 지녔고 그중 한 가지 이상의 정서와 공통분모를 형성하게 되므로 공감이나 미적 감흥을 공유하게 된다.

북한산이 다시 그 높이를 회복하려면
다음 겨울까지는 기다려야만 한다.
밤사이 눈이 내린,
그것도 백운대나 인수봉 같은
높은 봉우리만이 옅은 화장을 하듯
가볍게 눈을 쓰고,
왼 산은 차가운 수묵으로 젖어 있는,
어느 겨울날 이른 아침까지는 기다려야 한다.(후략)

〈김종길, 고독(孤高)〉 중에서

산의 높이, 또는 그 고고한 자태가 뚜렷이 드러나는 것은 언제일까? 봉우리
꼭대기에만 살짝 눈 내린 아침일수록 산도 다 같은 산이 아님을 깨달을 것이다.
인간의 자태도 이와 같지 않을까? 이렇듯 자연을 바라보는 독특한 시인의 시각도
독자의 공감을 불러일으킬 수 있는 것은 무심코 지나친 체험의 기억을 떠올릴
수 있기 때문이다. 그 내면에 담겨진 삶의 의미를 넌지시 제시하고 있음을 발견할
때 그 기쁨은 배가되는 것이다. 나아가 나의 마음을 대신 읊은 동지애를 느끼기까
지 한다.

때로는 나의 편협한 시각이나 일상에서 벗어나지 못한 사고의 틀을 여지없이
깨는 시를 만났을 때는 전율마저 느끼게 한다. 우리가 얼마나 고정 관념에 사로잡
혀 살아왔는지를 깨닫는 동시 새롭게 창조되는 세계와 만나는 환희와 함께 말이
다.

다음의 시를 감상해보고 뱀과 기러기와 호랑이에 대한 인식을 다시 생각해보
자.

<읽기 자료 8>

물건을 훔친 사람아
사람을 때린 사람아
속인 사람아 미워한 사람아
모욕한 사람아 나를 죽인 사람아
내가 그대들을 물어뜯었다면
그건 내 죄악이 아니야
뒤로 물러날 수 없는
슬픈 발 때문이야
사랑이라곤 한 번도 받아본 적이 없는
미움만 받은 나는 미움이
독이 된 독이 되어 몸뚱이에
번져 나온 슬픈 몰골로
돌부리 가시밭길
물러설 수 없어서 앞으로 쫓긴다
오늘도 가시덤불 별빛 아래서
온몸이 성기인 채
나와 동족인 아내와 헝클어져
그대들보다 긴 사랑을
나누고 있는 거야.

〈권석창, 사족(蛇足)〉

<읽기 자료 9>

아버지 송지호에서 좀 쉬었다 가요
시베리아는 멀다
아버지 우리는 왜 이렇게 날아야 해요
그런 소리 말아라 저 밑에는 날개도 없는 것들이 많단다

〈이상국, 기러기 가족〉

　　문수골에서 교통사고가 났네 났어. 천천히, 천천히 가로수 사이 야광 표지판은 장승 눈깔 으름장으로 버티어도 질주의 쾌감으로 표지를 삼키고 날마다 허리 꺾인 차들이 견인차 등에 업혀 사라졌네.

　　황톳길 완행버스는 만원이었네. 문수골 훤히 내려다보이는 화전 밭 노적가리에서 죽순 돋듯 반달이 오르고 버스 불빛 삼켜버린 호랑이 한 마리 홀쩍 신작로를 막았네. 남이야타불 동냥 스님 썩 나섰지. 저 호랑이 배고프니 아이 하나 내놓으라고. 아낙은 울부짖었네. 차라리 나를 줄 테니 삼대독자 아이만은 살려달라 차창 열어 뛰어내렸네. 어쩌나 어쩌나 설레설레 호랑이 불똥만 커졌지. 아이를 내어라 내어주어라. 어미는 떠밀린 아이 안고 길가에 웅크리고, 붉은 입을 쩍 벌린 호랑이 그제야 길을 내었네. 놓칠세라 버스는 배기통 먹빛 한숨을 토하며 떠나고 중천 달빛은 푸른 구름 속에 숨어버렸네. 날이 새자 문수골 벼랑은 보았네. 허리 꺾인 버스를. 그날 그해부터 화전 수수밭 대궁이란 대궁 속이 붉고, 산너머 너머 호랑이, 샘가마다 있었네 사랑방마다 있었네.

　　탱잣집 할배도 우물집 할매도 저녁마다 허리 꺾인 고속도로 뉴스를 볼 때마다 호랑이 등에 업힌 모자를 보았노라고 문수골 견인차가 떠날 때마다 보았노라고 붉은 수숫대처럼 술렁거렸네.

〈이하 이만식, 설화의 형성〉

　　시는 내 마음과 별개의 것이 아니다. 시적 상황은 나의 인생 그 단면의 하나일 뿐이다. 내 마음에 가까운 시편이나 시집 한 권을 지닌다는 것은 순결한 행복이다. 지겨운 일상적 언어를 넋두리처럼 풀어 놓거나, 알량한 비유적 수사 몇 마디로 버무려 놓은 시가 아니라, 농축된 언어가 엮어내는 감칠 맛 나는 묘사나 삶과 자연 세계에 대한 신선한 개안(開眼)이 담긴 시를 만났을 때 더욱 그러하다.

　　그렇다고 우리가 만나는 나와 너, 그리고 내면의 세계와 현상을 시가 다 규명하거나 풀어내지는 못한다. 진리는 그대로이지만 우리는 늘 닿지 못하고 다가서기 위해 흐르고 있는지도 모른다. 그러나 시인의 깊은 사색과 예민한 직관력이 빚어 낸 한편의 시, 긴 산고 끝에 태어난 언어 예술의 감촉, 그리고 두고 두고 우러나는 심연의 맛을 느끼게 하는 시 한 구절은 세상의 내밀한 진실을 다 발견한 듯 나를 설레게 한다.

<책 보따리 – 주제를 이해하기 위한 참고문헌 찾아보기>

이승범, 『인문학적 자유 vs 과학적 자유』, 우물이있는집, 2012.
최재천·주일우, 지식의 통섭, 학문의 경계를 넘다, 『통섭원총서1』, 2007.
권석창, 『눈물 반응』, 둥지, 1989.
권석창, 『쥐뿔의 노래』, 모아드림, 2005.
이만식, 『89억명이 탄생시킨 존재』, 한올출판사, 2007.

<생각 보따리 – 논제를 찾기 위한 질문하기>

1) 다음 (   )안에 자신이 생각하는 시어를 넣고 이유를 말해보자.

    〈그냥 있는 까닭 / 손동연〉

    꼬리로 한 번
    탁! 치면
    모조리 달아날걸

    쇠파리가 들끓어도
    그냥 있는
    소.

    꼬리로
    쫓아낼 줄
    누가 모르나?

    (?   )까 봐
    그렇지.

(?) 에게 / 최돈선

"밥은 먹고 다니니?"
"끄덕끄덕"

2) 자신의 전공과 관련한 통섭의 세계는 어떠한 것이 있을까?

3) 시에 있어서 식물적인 이미지를 지닌 것을 감상하고 시적 상황과 의미를 제시하면?

4) 시에 있어서 동물적인 이미지를 지닌 것을 감상하고 시적 상황과 의미를 제시하면?

5) 알고 있는 고정관념을 깬 시를 찾아 낭송해보자.

〈발표 보따리 – 토론을 위한 논제 세우기〉

1) _____

2) _____

3) _____

4) _____

5) _____

〈토론 개요서〉

논제			
배경 상황			
입장			
공유점			
입론		찬성 측	반대 측
	전제		
	핵심 개념		
	논점		
	논거		
	기대 효과		
교차조사	예상 질문		
	답변		
반론	예상 반론		
	대책		

<〈토론 정리표〉>

논제: _____   작성자_____

(1) 찬성 측 ① 입론	▶	(2) 반대 측 ② 교차조사	▶	(3) 반대 측 ① 입론	▶	(4) 찬성 측 ② 교차조사
보완:		보완:		보완:		보완:

(5) 찬성 측 ② 입론	▶	(6) 반대 측 ① 교차조사	▶	(7) 반대 측 ② 입론	▶	(8) 찬성 측 ② 교차조사
보완:		보완:		보완:		보완:

(9) 반대 측 ① 반론	▶	(10) 찬성 측 ① 반론	▶	(11) 반대 측 ② 반론	▶	(12) 찬성 측 ② 반론
보완:		보완:		보완:		보완:

〈토론 평가표〉

	학과　　　　　학번:　　　　　이름:		
논제			
토론자	찬성 측:		
	반대 측:		
사회자			

	평가기준	찬성 측	반대 측
공통 항목	− 언어태도(목소리, 속도, 말투 등)의 적절성 − 토론의 예절과 규칙 준수 여부		
입론	− 주장과 근거를 잘 이해했는가? − 논점은 참신했는가? − 근거가 적절했는가? − 논거가 타당한가?	점수 1, 2, 3, 4, 5	점수 1, 2, 3, 4, 5
교차 조사	− 토론의 논점을 분명하게 파악하여 질문했나? − 상대방의 논리적 허점을 잘 짚었나?	점수 1, 2, 3, 4, 5	점수 1, 2, 3, 4, 5
반론	− 상대방의 문제점을 잘 지적했나? − 논제의 내용을 토대로 반론했는가? − 반론의 논거가 타당한가? − 반론거리를 모두 지적했는가?	점수 1, 2, 3, 4, 5	점수 1, 2, 3, 4, 5
	합계		
사회자	− 논제의 의의를 잘 부각시켰나? − 토론의 규칙과 시간을 잘 지키도록 했는가? − 토론의 내용을 잘 요약했는가?	점수 1, 2, 3, 4, 5	점수 1, 2, 3, 4, 5
총평			

• 한국 문화의 멋

우리 삶의 근원과 한국의 멋을 아는가?

청(請)이 있었다. 공교롭게도 의사소통의 기계장치를 모두 통해서다. 메일, 문자, 전화. 각 한 번씩. 또 공교롭게도 청도 같은 내용이다. "독서할 만한 책을 추천 해주세요."라는 청이었다. 말로 대답하는 거야 수고롭지 않지만 글로 보내야 하는 경우는 게으름이 원인이기도 하지만 번거롭고 부담이 적잖다. 좀 아는 척도 논리적으로도 해야 하니 더 그러하다. 또 그리 청하는 분이 독서에 일가견이 있는 분이거니와 미천한 나의 독서 이력을 짐작하는 터라 사양해야 하건만, 어쩌랴 무리해서라도 권하고 싶은 것을. 실상 독서에 천하고 귀하고가 어디 있을까만은 '독서할 만한' 것이라 했으니 추천도 일정한 기호와 눈높이에 따라 다 맞추면 좋겠지만 대상을 알 리 없으니 그냥 주관적인 추천 도서일 수밖에 없다.

독서는 교양인의 필수 품목이자 생활 그 자체라는 것은 이미 다 인정하는 바다. 인간이 속물주의에서 벗어나 마음을 조화롭게 가꾸고 질서와 가치 있는 삶으로 가고자 하는 데는 그 필수 항목으로 교양을 쌓는 일이고 거기에는 독서만큼 영향력을 지닌 것도 찾기 어렵다. 매슈아놀드(Mathew Arnold)는 〈교양과 무질서〉에서 그랬다. 가장 중요한 것은 우선 조화로운 인간이 되게 하는 것이며 내면적 지성을 완성시키는 것이라고. 그렇다면 이 권유에 의해 한 사람이라도 책을 대할 수 있다면 수고의 응분한 대가지 싶다.

그렇다고 거창한 목록이 아니다. 다만 근래 외래 번역 소설이나, 처세, 판타지, 현대 생활의 편린들이 조합된 소설이 장황하다 보니 독서 메뉴도 편식을 할까 싶어 나름대로 고르고 고른 도서를 권하는 것이다.

우리는 알게 모르게 서구화된 의식과 문화의 영향을 받고 있다. 젊은이들은 더욱 그러하다. 우리 문화에 대하여 그저 과거 회귀적인 기성 의식이나 국수주의적인 보수 정도로 여기는 철부지들도 있는 게 사실이다. 그러나 인간의 삶은 자신의 동시대적 둘레로부터 유무형적으로 영향을 받지만 동시에 원형적인 문화 의식으로부터도 그 지대한 영향을 받는다. 그 원형이란 다름 아닌 이 땅 위의 삶과 누대로 구축해 온 앎의 체계와 전승된 의식 그리고 태도이다. 이 중 앎의 체계를 이 도서의 머리말에서 '국학(國學)'이라 했고 이에 대한 관심은 '우리 삶의 원형질을 찾아 떠나는 여정이다'라 한다.

여정이라는 비유가 나왔으니 기왕에 이 도서와 함께 여행이나 관람을 해보는 것은 어떨까? 여행이라면 어디 전통 건축물이 없는 곳이 있을까? 사상과 사유, 미학적 요소를 배제한 여행이 있을까? 관람이라면 현대물이 아닌 전통 문화에 관심을 둬 보면 국악, 민속극, 서예, 한국화, 공예 등이 대상이 된다. 그런데 이러한 여가는 회자되는 말을 활용하면 '알면 더 잘 보이는 것이고 더 잘 보이면 더 즐기게 되는 것'이다. 자신은 물론 자녀를 포함한 가족들이 책의 내용을 확인해 보는 지식 공유의 가족적 경험도 갖기 좋을 것이고 때로는 해설자나 선생의 역할도 기대되는 지침서가 될 터이니 설레는 독서가 아니겠나 싶다.

국학 교양서인 〈국학교양총서〉 10권, 한국국학진흥원이 편찬한 책이 그것이다. 참 그러고 보니 딱딱한 제목이다. 고루하기도 할 것 같기도 하다. 그러나 기우이다. 국립기관인 이 기관이 국학의 대중화 작업에 심혈을 기울여 일반인 독서를 목표로 쉽고 재미있는 국학 관련 교양서 간행사업으로 이 시리즈를 내었다.

우선 권하는 목록은 두 권이다. 먼저 제2편인 〈한국의 멋과 아름다움〉을, 그리고 1편인 〈우리 삶의 근원을 찾아서〉를 느긋하게 읽어보자. 우리 전통문화를 알기 쉽게 아름다움을 공감케 하는 미려한 글맛을 만나게 된다. 컬러 사진이 함께 곁들여 있고 옛 교과서 크기의 국판 판형, 그 두께가 부담을 주지 않아 친근한 독서가 된다.

〈한국의 멋과 아름다움〉은 읽으면서, 읽고 난 후 관람이나 탐방 여행에 동반하기에 매우 적절하다. 윤택한 관람을 이끌 '신명의 국악, 해학과 풍자의 한 마당

민속극, 손으로 빚은 장인 혼 전통공예, 절제와 격조의 문인화, 뜻과 이미지의 조화인 서예미학'편들이 그것이다. 한편 '삶과 자연의 대화—유교건축 읽기, 깨달음을 향한 구도의 불교예술, 풍류—한국인의 미의식과 한시 기행, 이야기 세계와 지향의 한국의 구비문학'에서는 여행길에선 만날 수 있는 음률이자 풍성한 이야기 거리가 된다. 구조물 경관만 존재한 것들이 생명의 숨소리를 지닌 미학적 의미를 지닌 생활예술로 생활철학으로 내 안에 안길 것이다. 가깝게는 신흥사, 낙산사, 석봉도자기나 시립박물관, 왕곡마을, 의상대, 오죽헌, 간성향교 등에 새로운 발걸음을 재촉하고 싶을 것이다.

〈우리 삶의 근원을 찾아서〉에서는 한국 사람에 관한 내용이 주된 편성이다. 한국의 전통 가족, 한국인의 인생의례, 공동체 의식과 그 체재, 예로서 대표되는 한국의 규범문화, 서원과 선비 교육으로 대표되는 한국의 교육제도, 선비와 관료의 책임의식, 그리고 한국인의 역사의식, 전통 속의 여성과 규방문화도 만나게 된다.

그러다가 좀 더 지식의 갈증이 있다면 제3권 사상편, 제4권 국학 입문편을 추가로 읽어 보자. 더욱이 '더 참고하면 좋은 자료'를 각 편마다 제시했으니 이를 통해 교양에서 나아가 전문가 욕심을 내 봄직한 것은 덤이 된다.

분명 모든 책장을 덮는 순간 이제 한국인이면서 한국문화를 제대로 알지 못했던 것들을 알게 된 행복감을 지니게 될 것이다. 〈유식의 즐거움〉이라는 편저도 있지 않은가? 제목처럼 지식의 즐거움을 만끽할 뿐 아니라 그것도 평생 대할 수밖에 없는 우리 원형의 유산들에 대해 두고두고 아는 체는 물론 진정 친근하면서도 지적 호기심을 더 부풀게 할 것이니 그 투자 가치는 산출이 불가능 하지 않겠는가. 그러니 숙독해보라.

<책 보따리 - 주제를 이해하기 위한 참고문헌 찾아보기>

김열규,『상징으로 말하는 한국인 한국문화』, 일조각, 2013.
신근식,『국학: 우리가 몰랐던 우리나라의 문화 역사 철학 이야기』, 책과나무, 2015.
편집부, 한국의 멋과 아름다움,『국학교양총서10권』, 한국국학진흥원, 2003.

<생각 보따리 - 논제를 찾기 위한 질문하기>

1) 한국의 멋을 대표적으로 소개한다면 어떻게 요약할 있을까?

2) 만약 한국의 대표적인 문화 10가지를 제한하여 소개한다면 무엇을 선정할까?

3) 한국 정신을 설명할 수 있겠는가?

4) 자신이 발견한 한국 문화의 아름다움을 제시하여 보자?

5) 한국인으로서 자긍심과 고쳐야할 점을 이국인 입장에서 살펴보면 어떨까?

<발표 보따리 - 토론을 위한 논제 세우기>

1) _____

2) _____

3) _____

4) _____

5) _____

〈토론 개요서〉

논제			
배경 상황			
입장			
공유점			
입론		찬성 측	반대 측
	전제		
	핵심 개념		
	논점		
	논거		
	기대 효과		
교차조사	예상 질문		
	답변		
반론	예상 반론		
	대책		

⟨토론 정리표⟩

논제: _____   작성자_____

(1) 찬성 측 ① 입론	▶	(2) 반대 측 ② 교차조사	▶	(3) 반대 측 ① 입론	▶	(4) 찬성 측 ② 교차조사
보완:		보완:		보완:		보완:

(5) 찬성 측 ② 입론	▶	(6) 반대 측 ① 교차조사	▶	(7) 반대 측 ② 입론	▶	(8) 찬성 측 ② 교차조사
보완:		보완:		보완:		보완:

(9) 반대 측 ① 반론	▶	(10) 찬성 측 ① 반론	▶	(11) 반대 측 ② 반론	▶	(12) 찬성 측 ② 반론
보완:		보완:		보완:		보완:

〈토론 평가표〉

	학과 학번: 이름:
논제	
토론자	찬성 측:
	반대 측:
사회자	

	평가기준	찬성 측	반대 측
공통 항목	− 언어태도(목소리, 속도, 말투 등)의 적절성 − 토론의 예절과 규칙 준수 여부		
입론	− 주장과 근거를 잘 이해했는가? − 논점은 참신했는가? − 근거가 적절했는가? − 논거가 타당한가?	점수 1, 2, 3, 4, 5	점수 1, 2, 3, 4, 5
교차 조사	− 토론의 논점을 분명하게 파악하여 질문했나? − 상대방의 논리적 허점을 잘 짚었나?	점수 1, 2, 3, 4, 5	점수 1, 2, 3, 4, 5
반론	− 상대방의 문제점을 잘 지적했나? − 논제의 내용을 토대로 반론했는가? − 반론의 논거가 타당한가? − 반론거리를 모두 지적했는가?	점수 1, 2, 3, 4, 5	점수 1, 2, 3, 4, 5
	합계		
사회자	− 논제의 의의를 잘 부각시켰나? − 토론의 규칙과 시간을 잘 지키도록 했는가? − 토론의 내용을 잘 요약했는가?	점수 1, 2, 3, 4, 5	점수 1, 2, 3, 4, 5
총평			

세계화에 대한 관심

세계화란 말처럼 오늘날 단골 메뉴로 등장하는 기사가 없을 것이다. 시사 및 대중 잡지들이 앞 다투어 세계화를 특집 기획으로 다루고 있으며, 국제적인 메시지를 담은 연설문이나 담화치고 세계화를 언급하지 않은 것도 드물다. 최근에 나온 많은 책 중에 '글로벌 시대의 사회학', '글로벌 시대의 문화정책', '세계화 시대에 맞는 교육정책' 등으로 시작하는 것이 많다. 그것은 세계화가 그동안 과거 그 어떤 사회변화나 제도와는 비교할 수 없을 정도로 매우 광범위하고 심도 있게 변화를 유발하고 있기 때문이다.

오늘날 사회의 모든 영역이 하나의 세계 속에 포괄되어 있다는 주장은 새롭게 들리지 않는다. 경제, 정치, 문화는 물론이고 사회, 교육, 지구 환경 등에 이르기까지 세계는 하나의 울타리 안에서 서로 긴밀하게 연결되어 있다. 경제는 더 이상 국가단위가 아니라 자본의 수요에 따라 세계적인 단위로 운영된다. 공간적, 물리적 거리도 점점 무의미해져 가고, 개인 간, 사회 간 범위와 내용을 새롭게 바꾸어가고 있다. 그렇다고 세계화가 모든 분야에서 동일하게 이루어지거나 일정한 방향성을 보이는 것도 아니다. 그 구성과 내용도 매우 다차원적으로 진행되어간다. 세계화 속에서도 국민국가는 지난 시대와 마찬가지로 여전히 강력한 영향력을 발휘하고 있어서 한 마디로 정의하기 어려운 면이 있다.

실제로 오늘의 세계화가 새로운 현상인가 아닌가 하는 근본적인 물음에서부터 세계화의 결과와 향후 전망에 대한 낙관과 비관에 이르기까지 매우 다른 견해들이 공존하고 있는 실정이다.

세계화에 의해 구성되는 새로운 시스템이 우리 인류에게 새로운 풍요를 가져다 줄 것이라는 낙관론과 정치적, 경제적, 사회적, 문화적으로 소외되는 층이 확대되며 사회공동체는 퇴조하고 이를 조정하는 사회적 비용이 경제적 풍요보다 훨씬 많이 소요된다고 주장하는 비관론도 만만치 않다.

세계화란 무엇인가?

세계화를 한 마디로 규정하는 것은 무리이다. 세계화의 구성영역이 다차원적이고 중층적인 양상을 지니고 있기 때문이다. 경제 영역에서의 세계화와 문화영역에서의 세계화는 각기 다른 의미 규정을 요구하고 있으며 문화영역에서도 문화산업의 분야는 경제영역의 세계화와 비슷한 시장화나 동질화가 강조되고 있는 반면에 생활양식의 총체로서의 가치와 규범과 관련된 문화 개념에서는 다양성과 혼융화가 강조되기도 한다(박길성 2004: 23).

세계화는 넓게 정의하자면 전 지구적 상호의존의 심화를 말한다. 상호의존이 전 지구적으로 연결되고 그 속에서 상호의존이 더욱 심화됨을 말한다. 이를 이해하기 위해 두 가지 차원에서 접근하면 관계 영역의 확장이라는 범위의 측면과 관계 내용의 다양화와 심화라는 심도의 측면에서 정의할 수 있다.

그리고 범위의 측면을 다시 경제, 조직, 문화라는 세 영역을 가지고 살펴보면 다음과 같다(한국산업사회학회, 2004).

- 경제의 세계화

경제적인 수준에서 세계화는 국경을 넘나드는 교역 · 투자 · 통신 · 교류가 확대되어 국가 간 상호의존적인 관계가 증대하고 국제적으로 다자간의 협의 · 조정 · 협력이 강화되는 현상을 의미한다. 시장개방을 지향하는 세계무역기구(WTO) 체제의 성립이나 최근 문제가 되고 있는 자유무역협정(FTA)은 그 대표적인 사례이다. 경제영역의 세계화를 실질적으로 주도한 주체는 초국적기업이다. 초국적기업은 생산부문을 전 지구적으로 재배치하는 신국제분업으로 기존 국경의 의미를 축소시켜왔다. 그런데 자본은 기업활동에 유리한 조건을 찾아 자유롭게 국경을 넘나들지만 노동자들은 자유롭게 이동할 수 없기 때문에, 노동조합의 교섭력이 약화되고 고용불안이 가중되는 현상이 나타나고 있다.

경제의 세계화에서 주목해야 할 것은 초국적 금융자본의 비약적인 성장이다. 세계 무역거래의 수십 배에 달하는 규모의 금융거래를 주도하고 있는 초국적 금융자본은 전 세계적 연결망과 전략적 제휴관계를 통해 국민경제에 커다란 영향력을 행사하고 있다.

– 조직의 세계화

초국적 조직 및 제도의 등장 또한 세계화의 중요한 측면이다. UN, GATT, IMF, WTO 같은 정부 간 조직 이외에 엠네스티 인터내셔널, 그린피스, 등 비정부조직(NGO)의 비중 또한 크게 강화되었다. 한 자료에 따르면, 1950년 정부 간 조직은 123개였으나 1984년에는 365개로 증가했으며, 같은 기간 비정부조직은 832개에서 4,615개로 크게 증가했다. 이러한 초국적 조직과 제도는 초국적 문제를 해결하기 위해 국경을 초월하는 정책을 제시하고 국제적 활동을 전개함으로써 개별 국민국가에 적지 않은 영향력을 행사하고 있다.

– 문화의 세계화

문화의 세계화도 주목해야 할 대상이다. 뉴스, 영화, TV 프로그램, 광고, 대중음악, 컴퓨터 소프트웨어 등을 누구나 이용할 수 있도록 세계시장에서 판매하고 있다. 이렇게 문화의 생산·분배·소비가 국제적인 시스템을 형성하고 있어서 현대적인 문화 및 생활양식이 전 세계로 신속하게 확산되는 반면에, 선진국의 문화적 지배를 심화하는 결과도 낳고 있다. 전 세계적 차원에서 진행되는 문화의 세계화는 일상생활의 의식에 커다란 영향을 미치고 있다.

심도의 측면이라 함은 현대 세계 공동체의 구성이 국가나 사회들 간의 다중적 연결고리로 이어지면서 이들 간의 상호의존이 깊어짐을 의미한다. 비록 삶의 외적 형태는 지역적 공간에 의해 제약받지만 이들이 맺는 사회관계는 지역공간의 제약으로부터 자유롭게 되었다는 것이다. 재화, 자본, 인력은 물론이고 문화, 신념, 정보, 정책, 유행, 환경, 심지어는 법적, 도덕적 규제에 이르기까지 거래나 소통이 가능한 것이면 무엇이나 지역적 경계를 초월하여 교류 및 거래, 소통이 이루어진다. 이 공간적 거리가 무의미하게 되는 사회관계의 네트워크가 만들어지면서 사람과 물자뿐만 아니라 의미의 흐름이 국민국가의 경계선을 자유롭게 넘나드는 보편적 소프트웨어를 공유한다는 것이다. 이와 같이 국가의 경계를 넘어서는 초국가적 네트워크가 인간 활동의 거의 모든 영역으로 매우 체계적으로 확산되어 가고 있다. 이에 따라 사회적 활동과 판단의 기준을 과거 시대처럼 내부와 외부, 국내와 국외의 영역으로 구분하는 것 자체가 무의미해지고 있다. 이전 시대는 정부의 권위가 지고의 권력을 가지고 있는 국민국가 시대였다. 그러나 최근 세계화 시대에서는 지구적·지역적 수준에서 다양한 초국가 체제들을 증가시키고 이 초국가 체제들이 기존의 국민국가의 주권을 다양한 형태로 제약하는 현상이 일어나기도 한다.

세계화에 대한 긍정적 시각

국민국가의 권위를 심대하게 위협하기 시작한 세계화 과정은 1990년대 이후 급속도로 발전하고 있는 정보통신 기술과 긴밀하게 접목되면서 지구상의 어느 나라, 어떤 세력도 거스를 수 없는 시대적 대세가 되고 있다. 유·무선 전화, 팩스, 위성통신, 위성방송, 인터넷 등의 발달에 따라 '시간과 공간의 압축' 현상이 일어나면서 인류 탄생 이후 지금까지 사람들의 삶을 구속해 온 시간과 공간의 압제가 종말을 고하게 되었다(Harvey, 1989; Cairncross, 1997). 그 결과 전 지구가 하나의 경제·교류·생활단위로 통합되는 새로운 시대가 개막되었다.

세계화를 촉진시키는 다른 요인은 경제적 상호의존의 확대에 발맞추어 개별 국가들 사이의 정치적 상호의존이 빠르게 증가해 온 것이다. 먼저 다양한 지역공동체(예: EU, APEC, NAFTA, MERCOSUR 등)가 등장하고 새로운 국제체제(예: WTO)가 결성된 것은 모두 경제적 영역에서 진행되는 세계화에 부응하여 개별 국가들이 '주권의 결합'을 통해 정치적 통합성을 증진시켜 온 것을 의미한다. 이와 함께 초국적 자본의 활동을 감시하고 기후와 환경, 인권 등 세계적 차원의 공공선을 추구하기 위해 수많은 초국가적 비정부기구가 등장한 것은 각국의 시민사회도 글로벌 수준에서 통합되기 시작했음을 의미한다. 이처럼 개별 국가들을 분절시켜 왔던 정치적·사회적 장애물을 없애고 있다.

그뿐 아니라 세계화는 문화적 측면에서도 인간의 의식지평을 크게 확대하고 있다. 특히 전 세계를 대상으로 이루어지는 위성방송과 위성통신 그리고 세계 구석구석을 거미줄처럼 연결하고 있는 인터넷망을 통해 세계 각지의 뉴스와 문물들이 실시간으로 전달됨으로써 자신이 살고 있는 위치에 구속됨이 없이 세계를 폭넓게 인지하고 이해할 수 있게 된 것이다. 영국이나 독일, 스페인에서 실시간 진행되는 축구 경기를 관전할 수 있을 뿐만 아니라. 미국의 MLB에서 활약하고 있는 한국 선수들의 경기 상황을 언제든 확인할 수가 있다. 그뿐 아니라 사람들은 글로벌 미디어와 인터넷을 통해 전달되는 각종 문화상품을 소비하고, 글로벌화된 기호를 형성하며, 이런 과정을 통해 글로벌화된 실물상품의 소비를 증가시켜 나가고 있다. 예전에는 어떤 물건을 사고 싶어도 가격이 맞지 않거나 국내 시장에서 물건을 살 수 없는 경우가 많았다. 그러나 이제는 인터넷망을 통해 지역이나 국가를 초월하여 직접 그 제품을 구매할 수 있는 길이 활짝 열려 있다. 최근 한국 소비자들이 미국이나 유럽 의류매장에서 직접 옷을 구매하거나 중국 소비자들이 한국 제품을 중국에서 직접 구매하는 비중이 훨씬 높아졌다. 그 결과 동질성을 갖는 소비문화 중심의 글로벌 문화가 등장하고 있다.

이제 인간의 활동은 특정 공간과 역사적 맥락, 특정 문화와 전통 등을 초월하여 이루어질 수 있고, 이로 인해 지구촌 전체에 대한 '세계의식'이나 '지구촌의식'이 발전할 수 있다고 한다. 다시 말해 인간의 의식이 특정 국가의 영토 경계와 민족의 경계를 벗어나 세계적 수준으로 확대되어 의식의 탈영토화와 의식지평의 세계화가 일어나게 된다는 것이다. 이렇게 볼 때 교통통신기술의 급속한 발달과 자본주의 시장경제의 공간적 확산에 의해 본격화된 세계화는 물리적 장애물과 정치적 장애물을 극복하고, 이어 사람들의 의식이 개별 국가와 사회의 경계에 구속되는 문화적 장애물까지 극복하는 단계로 발전하게 된다고 볼 수 있다.

세계화에 대한 부정적 시각

글로벌 경제 중심, 성장 중심의 세계가 도래하면서 인류가 전보다는 물질적 풍요를 누리고 비이성적이고 비합리적인 제도와 규범에서 벗어날 수 있는 기회도 많아졌다. 그러나 이와 함께 국가는 물론이고 전 세계적으로 부의 불평등이 심각한 문제로 대두되고 있다. 나라마다 차이가 있지만 전체 인구의 10%가 국민 전체 수익의 대부분을 차지하는 현 상황은 더 나아지지 않을 것이라고 본다. 소득의 증가와 동시에 재분배가 이루어지지 않는다면, 빈곤층보다는 이미 많은 것을 가진 부유층에 훨씬 더 큰 혜택을 가져다주고, 빈부 간의 절대적 격차는 더욱 벌어질 것이다.

글로벌 사회에서는 불공정한 경쟁이 보다 심화될 수 있다. 다른 사람들보다 많은 것을 가진 참가자는 자신의 이익을 극대화하기 위해 자신이 가진 자금력과 정보력, 권력을 이용해서 기존의 제도나 규정을 유리하게 고칠 수 있게 된다. 이런 과정에서 경쟁자들은 자기들만의 리그를 만들며 기업 담합이나 전략적 제휴를 통해 서로 결탁하고 가장 효율적인 적정선 이상에서 시장 가격을 설정하여 수익을 늘려나가기도 한다. 이에 따라 시장은 독점을 더욱 용인하게 되고 경쟁에서 밀린 소규모 기업이나 경제력이 약한 개별 국가들은 공정한 경쟁을 할 기회조차 잃어버리게 될 것이다.

국제사회의 통합과 세계시장에서의 격심한 경제전쟁으로 인해서 국민국가가 주도하던 복지 정책이 후퇴하게 될 것이라 보고 있다. 그 이유는 다음과 같다(조영훈 2004: 22-28).

첫째, 금융 세계화는 국내 및 외국 자본에 대한 국가의 의존도를 강화시킨다. 이에 따라 국가는 자율성을 잃게 되고 자본의 이익에 반하는 복지정책을 실행하기 어렵게 된다. 둘째, 세계화로 인해서 자본이동의 가능성이 높아졌고, 자본이탈에 대한 우려로 인해서 각국 정부들은 많은 기업부담을 요구하는 복지확대정책을 유지할 수 없게 된다. 나아가서 국제자본을 유치하기 위한 국가 간 경쟁이 치열해지면서 사회적 덤핑이 발생한다. 셋째, 금융통합은 국민국가가 실업을 완화하기 위해 확대경제정책을 추구할 가능성을 감소시키고 긴축재정을 추구하도록 이끈다.

이러한 과정에서 각국 정부는 경제정책 및 사회정책의 결정에서 자율성을 상실하게 되며, 국제경쟁의 요구에 순응하여 재분배 정책 혹은 시장에 대한 국가의 개입을 줄일 수밖에 없게 된다. 따라서 모든 복지국가들은 똑같이 쇠퇴의 길을 밟고 있으며 궁극적으로는 가장 낮은 수준의 복지국가가 될 것이라 보았다.

〈읽기 자료 1〉

국경을 가리지 않는 다국적기업

세계화의 흐름 속에서 불과 수년 만에 다국적기업과 이들 자회사의 수가 네 배나 증가했다. 유엔무역개발회의는 1990년대 초 다국적기업이 약 3만 7,000개, 그 자회사는 17만 5,000개로 추산했으나, 지금은 전 세계를 포괄하는 다국적기업 가운데 3/4가량이 산업 선진국에 본사를 두고 있다. 그 사이 한국, 중국, 인도, 브라질 회사의 외국투자도 느는 추세이다. 지난 수년 동안 중국에 소재한 다국적 기업의 자회사가 특히 폭발적으로 늘고 있다. 중국에 있는 약 20만 개 회사가 외국계 기업인 것으로 알려지고 있다.

다국적기업들이 세계무역에서 차지하는 비중은 무려 2/3에 이른다. 이 자회사들이 수출하는 제품과 서비스업만도 무려 4조 달러를 웃돌고 있다. 대규모 다국적기업들의 매출액은 중간 규모 국가의 예산과 맞먹는다. 제너럴일렉트릭(GE), BP, 보다폰(Vodafone) 이 세 회사의 매출액만도 사하라 남부 아프리카 국가 전체의 국민총소득보다 훨씬 많다.

그러나 다국적기업이 일자리 창출에 이바지하는 기여도는 극히 미약하다. 국제노동기구는 거대 다국적기업이 소규모 회사를 인수하는 과정에서 많은 사람의 일자리를 빼앗고 있다고 밝힌다. 더욱이 거대 외국계 기업의 투자는 주로 융자나 해당국의 보조금으로 운용되는데, 이로 인해 해당국 중산층에 대한 지원액이 턱없이 부족한 실정이다.

다국적기업의 경제권력은 정치적 영향력을 통해서도 유감없이 발휘되고 있다. 이를테면, 세계무역기구 중재위원회를 상대로 한 소송 등에서 이들의 경제권력은 막강하다. 여기서는 대개 소규모 기업을 보호하고 일자리를 지켜내려는 해당국 정부의 주장보다도 무제한적인 거래를 요구하는 기업의 이해가 걸린 사안이 훨씬 비중 있게 받아들여진다.

국경을 넘나드는 다국적기업의 활동은 국가법의 적용 범위를 넘어선 지 이미 오래이다. 국제적으로 구속력이 있는 규정과 통제도 없는 형편이다. 어쨌든 지금까지 3,000개 기업이 2000년 당시 코피 아난 유엔 사무총장이 제창한 '글로벌 콤팩트'에 가입했다. 이 글로벌 콤팩트에는 각 기업이 인권과 노동, 환경 기준 및 부패방지와 관련한 중요 원칙에 대한 의무사항이 포함되어 있지만 구속력이 없어서 어떤 제재도 불가능한 상황이다.

<카를 알브레히트 이멜(2009), 『세계화를 둘러싼 불편한 진실』>

*〈읽기 자료 1〉은 다국적기업이 급증하고 있는데, 이들이 각 나라의 일자리 창출이나, 노동환경을 개선하거나 환경 보호, 부패방지 등에 크게 기여하지 않는다고 하였다.

세계화 시대에 대비한 준비

데이비드 C. 코튼(2014)에서는 세계화 과정에서 생기는 문제를 해결하기 위해서 경제 부문, 정부 부문, 시민사회 부문에서의 대비가 필요함을 역설하고 있다.

– 경제 부문

경제 부문은 재화와 용역을 생산한다는 특징을 갖는다. 시장 경제는 소비자의 요구에 부응한다. 따라서 시장 그 자체를 적대적인 것으로 간주하거나 시장이 지닌 긍정적인 측면을 부정해서는 안 된다. 그러나 경제의 세계화는 힘을 한 곳에 집중하고 지역의 자원을 식민화하고, 지역에 대해 아무런 충성심도 없이 따로 떨어져 존재하는 세계적 기관들에 대한 지역의 의존도를 심화시킨다. 그리고 지역의 외부 의존도가 증가하면 증가할수록 지역이 자신의 경계 내에서 스스로의 문제들에 대해 만족스러운 해결책을 찾을 수 있는 능력은 더 감소한다. 따라서 지역에 뿌리박은 자립적인 경제 체제를 유지시켜야 한다. 이러한 경제 체제는 사람들이 자신들만의 열망과 역사, 문화, 생태계와 일치하는 미래로 나아가는 길을 찾도록 해 주는 정치, 경제, 문화적 공간을 창조한다. 지역과의 연계가 끊어진 세계화된 경제 체제는 대규모적인 것, 세계적인 것, 경쟁적인 것, 자원 추출적인 것, 단기적인 것, 그리고 가진 자들의 요구를 우선시하는 편향성을 가진다. 그러나 지역 경제 단위들로 구성된 글로벌 시스템은 단일한 글로벌 경제로는 이룰 수 없는 것, 즉 원기 왕성한 지역 문화의 풍부한 다양성을 북돋우고 전체의 풍요를 위해 폭넓은 경험과 배움을 만들어 낼 수 있다.

– 정부 부문

세계화가 진행됨에 따라 국민국가는 이전 시대보다는 그 권위가 약화되고 있으며 학자들에 따라서는 이러한 국민국가 형태는 조만간 소멸될 것이라고 주장한다. 그러나 세계화가 빠르게 진전된다 하더라도 시장 그 자체에 과도하게 의존하는 것은 매우 위험한 일이다. 시장은 사회가 필요로 하는 보다 광범위한 우선순위를 수용할 능력이 없다. 시장은 또한 비양심들이 많으며 환경을 훼손하고 근로자들을 위험한 상황에 빠뜨리는 것을 막을 수 없다. 글로벌 투자자들은 언제, 어디서라도 투자환경이 좋은 곳으로 자본을 이동시킬 수 있다고 국가나 정부를 위협하기도 한다. 따라서 정부는 주요 금융센터의 은행, 보험, 법률회사, 회계회사가 정한 조건을 받아들여서라도 외국자본을 유치하려고 애를 쓰며 이를 통해 경제성장과 국제수지 균형을 유지하려고 노력한다.

그렇다고 해도 국민국가는 여전히 중요한 역할을 담당해 오고 있다. 마이클 만에 의하면 국민국가는 다음과 같은 다섯 가지 역할을 담당해 왔다고 하였다. 첫째, 국민국가는 막대하고 반복되는 정쟁을 수행해 왔다. 둘째, 군사주의와 자본주의에 의사소통 체계 하부구조를 제공해 왔다. 셋째, 정치적 민주주의가 재생산되는 영역을 제공해 왔다. 넷째, 사회적 시민권을 보장해 왔다. 다섯째, 거시적인 경제개발 계획을 주도해 왔다. 이와 함께 형평의 원칙에 따라 그리고, 다른 공공의 요구에도 부합하도록 사회적 자원을 재분배하는 매우 중요한 기능도 수행해 왔다. 따라서 앞으로도 시장의 효과를 극대화하고 시장의 파괴력을 최소화하는 방안을 마련하기 위해서는 국민국가가 국가 권력을 효율적이고도 민주적으로 잘 활용할 수 있어야 한다.

- 시민사회 부문

세계화 시대에 위축된 국가와 불완전한 시장을 적절히 조절할 수 있는 대안으로 시민사회가 떠오르고 있다. 원자화된 개인의 사적 이익을 공동체의 공공이익을 위에 두려는 시장주의는 민주적 공동체에 대한 충성심을 약화시키고 있으며 경쟁의 미덕만을 강조하고 '승자독식의 사회'를 낳아 계급, 인종, 종족, 지역, 성, 세대 간의 불평등을 심화시킴으로써 민주적 사회통합의 틀을 위협하고 있다.

따라서 세계화의 도전으로부터 민주주의를 보호하고 발전시키기 위한 노력이 뒤따라야 한다.

그런데 과거 시장지상주의를 견제해야 할 국민국가의 역할이 약해지고 때로는 국가가 시장주의에 굴복당하거나 시장주의가 가져오는 폐해를 묵인하거나 가속화하는 일까지 생기게 되면서 새로운 대안이 필요하게 된 것이다.

민간 혹은 시민 사회 부문은 다른 부문들에 비해 덜 조직화되어 있다. 이것은 각각의 개인들에게 삶과 사회 공동체에 대한 내적, 정신적 연결성을 갖고 행동할 가장 창조적인 자유를 준다. 다른 부문들과 구별되는 눈에 띄는 역할이 있다면 그것은 시민 사회 부문이 건강한 사회의 일관성과 진정성의 기초가 되는 문화적 정체성의 의미와 상징들을 만들어 내고, 지키고, 새롭게 한다는 것이다. 건강하게 제 역할을 다하는 시민 사회는 사회의 양심이고, 그 사회의 문화적 활력과 쇄신의 원천이며, 정부와 경제 체제에 의한 권력 남용의 반작용이다. 세계화 시대에 초 개인주의적 시장주의에 의해 점점 더 약화되고 있는 사회적 연결고리를 다시 회복하기 위해서는 시민사회의 결속이 어느 때보다 중요하다.

특히 비정부기구(NGO)는 글로벌 질서 형성의 새로운 동력으로 공공선의 창출 기제로서 의미하는 바가 크다. 세계사회 문제를 사적 영역에서 자발성을 바탕으로, 비영리적으로, 초국적 차원에서 접근하는 것이다. NGO는 국가나 자본에 의존해서 오늘날 세계사회가 안고 있는 문제를 해결하기에는 내재적인 한계가 있다는 문제인식에서 비롯되었기 때문에 그 의의를 결코 과소평가할 수 없다. 국제적으로 발생하거나 전 지구적으로 확산되는 인류 공동 문제들을 해결하려는 출구 찾기 역할을 하고 있다.

이와 같은 시장과 정부, 시민사회의 힘을 한데 융합해서 이 세 가지 부문이 종종 서로 경쟁하는 사회적 요구들 사이에서 역동적인 균형을 유지하게 하는 것이다. 과거와 달리 공공선의 창출이나 공존의 윤리를 책임지기에는 국가의 제약이 너무 많다. 여기에 시민사회의 새로운 자리매김이 필요하며 이들 사이에 균형적 긴장이 필요하다.

〈책 보따리 - 주제를 이해하기 위한 참고문헌 찾아보기〉

데이비드 C.코튼,『경제가 성장하면 우리는 정말로 행복해질까』, 김경숙 옮김, 사이,
    2014.
박길성,『한국사회의 재구조화―강요된 조정, 갈등적 조율』, 고려대출판부, 2004.
이종식,『글로벌 시대와 시민 사회』, 한국학술정보, 2015.
임형백,『세계화 시대의 민주주의』, 나남, 2000.
카를 알브레히트 이멜,『세계화를 둘러싼 불편한 진실』, 서정일 옮김, 현실문화, 2009.
한국산업사회학회,『사회학』, 한울 아카데미, 2004.

〈생각 보따리 - 논제를 찾기 위한 질문하기〉

1) 세계화는 한국사회에서 대세가 되었다고 생각하는가?

2) 세계화란 무엇인지 정리해 본다.

3) 세계화에 대한 긍정적 시각에 동의하는가? 동의한다면 더 추가하거나 심화된 내용을
    제시해 본다.

4) 세계화에 대한 부정적 시각에 동의하는가? 동의한다면 더 추가하거나 심화된 내용을
    제시해 본다.

5) 세계화 시대에 대응하여 한국 정부가 해야 할 일은 무엇이 있는지 생각해 본다.

6) 세계화 시대에 대응하여 내가 해야 할 일은 무엇이 있는지 생각해 본다.

〈발표 보따리 - 토론을 위한 논제 세우기〉

1) 다국적기업이 국내에 진출하는 것을 찬성할 것인가 반대할 것인가?

2) 아이폰을 살 것인가, 갤럭시 휴대폰을 살 것인가?

3) 세계화를 거부할 것인가 받아들일 것인가?

4) _____

5) _____

〈토론 개요서〉

논제			
배경 상황			
입장			
공유점			
입론		찬성 측	반대 측
	전제		
	핵심 개념		
	논점		
	논거		
	기대 효과		
교차조사	예상 질문		
	답변		
반론	예상 반론		
	대책		

〈토론 정리표〉

논제: _____ 작성자_____

(1) 찬성 측 ① 입론	(2) 반대 측 ② 교차조사	(3) 반대 측 ① 입론	(4) 찬성 측 ② 교차조사
▶	▶	▶	
보완:	보완:	보완:	보완:

(5) 찬성 측 ② 입론	(6) 반대 측 ① 교차조사	(7) 반대 측 ② 입론	(8) 찬성 측 ② 교차조사
▶	▶	▶	
보완:	보완:	보완:	보완:

(9) 반대 측 ① 반론	(10) 찬성 측 ① 반론	(11) 반대 측 ② 반론	(12) 찬성 측 ② 반론
▶	▶	▶	
보완:	보완:	보완:	보완:

〈토론 평가표〉

	학과　　　　　　학번:　　　　　　이름:	
논제		
토론자	찬성 측:	
	반대 측:	
사회자		

	평가기준	찬성 측	반대 측
공통 항목	− 언어태도(목소리, 속도, 말투 등)의 적절성 − 토론의 예절과 규칙 준수 여부		
입론	− 주장과 근거를 잘 이해했는가? − 논점은 참신했는가? − 근거가 적절했는가? − 논거가 타당한가?	점수 1, 2, 3, 4, 5	점수 1, 2, 3, 4, 5
교차 조사	− 토론의 논점을 분명하게 파악하여 질문했나? − 상대방의 논리적 허점을 잘 짚었나?	점수 1, 2, 3, 4, 5	점수 1, 2, 3, 4, 5
반론	− 상대방의 문제점을 잘 지적했나? − 논제의 내용을 토대로 반론했는가? − 반론의 논거가 타당한가? − 반론거리를 모두 지적했는가?	점수 1, 2, 3, 4, 5	점수 1, 2, 3, 4, 5
	합계		
사회자	− 논제의 의의를 잘 부각시켰나? − 토론의 규칙과 시간을 잘 지키도록 했는가? − 토론의 내용을 잘 요약했는가?	점수 1, 2, 3, 4, 5	점수 1, 2, 3, 4, 5
총평			

• 한 · 일 간의 독도 문제

독도 문제를 논리적으로 말할 수 있을까?

'시치미'의 원래 뜻은 매의 꽁지나 발목에 다는 명패이다. 삼국시대부터 매 사냥은 벼슬아치나 풍류를 좀 아는 한량이면 거의 매사냥을 즐긴 모양이다. 13세 기 말 고려 충렬왕에 이르러서는 '응방(鷹坊)'이란 매 사육 기구를 두고 종3품의 벼슬인 도감을 둘 정도로 소중히 여겼다. 특히 사냥을 할 수 있는 보라매로 키워내기란 여간 까다로운 것이 아니었다. 훈련을 위한 전문적인 기술이 필요하 였고 오랜 시간이 걸렸다. 그런 만큼 귀한 대접을 받았다. 그러다보니 사냥매를 탐하는 일이 종종 생기게 되었고, 송사도 잦았다. 매의 주인은 도둑맞거나 서로 뒤바뀌는 것을 막기 위하여 자신만의 특별한 표지가 필요했다. 그리하여 사냥에 지장이 없도록 소뿔로 얇게 만든 단장판이라고도 하는 명패를 꽁지 털 속 매달았 는데, 이것을 '시치미'라고 한다. 그런데 이러한 시치미가 고려시대 응방에서는 매의 주인의 이름을 달지 못하고 원(元)나라의 강권에 못 이겨 조공으로 바쳐진 적도 있었다.

주인의 시치미가 없거나 떼이면 누구의 매인지 알 수가 없다. 설령 매의 주인이 자신의 매임을 확신하더라도 이를 증명하기 위하여 요모조모를 살펴 판관이나 주변에 입증해야 하는데 송사가 벌어질 것을 대비한 상대자도 그 정도는 대비하고 있었을 터이다. 주인의 입장에서 보면 참으로 난감하고 답답할 노릇이다. 그리하 여 요즘에도 흔히 쓰는 "정말 그렇게 시치미 딱 잡아 뗄 거야?"라는 말은, 자기가 하고도 하지 아니한 체하거나 알고도 짐짓 모르는 체할 때 쓴다.

지금의 독도 문제를 보면 이미 일본은 일본제 시치미를 만들어 놓은 것이 아닌가 하는 생각이 든다. 아주 교묘하고도 정밀한 독도 영유권을 위한 시나리오 말이다. 그렇다면 이제 그들에게 남은 과제는 세 가지일 것이다. 한국의 시치미가 스스로 지워지기를 기다리거나, 조금씩 지워나가거나, 떼어버리고자 하는 도발일 것이다.

첫째의 것은 희박하다. 다만 한국이 자충수를 두는 경우가 더러 있으니 그들의 입장에서는 포기할 일이 아니다. 또 눈치에 들끓었다가 슬그머니 철회하는 한국 정부의 일관성 없는 자세도 기대할 만하다. 우선 자충수는 1998년 체결한 2차 한일 어업협정이 그것이다. 독도가 아닌 울릉도를 기점으로 배타적경제수역(EEZ)을 잡음으로써 독도는 '중간수역'에 편입하게 된 것이다. 물론 협정서에는 어업에 관한 사항 외 국제법상 다른 어떤 문제와도 관련 없음을 밝히고 있고, 이 수역에서의 우리 어획량이 상대적으로 1.5배가량 많다고는 하나 지금에 와서 보면 일본의 한 수 높은 전략에 우리 정부가 당한 꼴임을 부인하기 어렵게 되었다. 우선 일본은 각종 자료에 영유권자가 확실하지 않다는 뜻에서 '잠정수역'이라 명기하여 왔고 이는 일본이 국내외에 독도를 다케시마로 하여 그 위치를 설명할 때 요긴하게 쓰고 있기 때문이다. 특히 일본은 일본 자국민의 무관심이나 부정적 태도를 우선 계몽해야하는 과제가 있었던바 이 잠정수역 지도는 매우 유효한 홍보 수단이었을 것이다. 시마네현 홈페이지나 일본 교과서 명기와 관련하여 위치 설명 자료에는 이 잠정수역이 명기된 지도가 등장한다.

이는 한 치 앞도 내다보지 못한 정부의 미숙한 판단에서 기인한 바이고 보면 과히 자충수라 할 만하다. 더욱이 주한 일본대사관과는 달리 주일대사관의 경우 스스로 독도 관련 자료를 삭제하기도 하니 일본의 입장에서는 더욱 포기 못할 일이다.

둘째 것은 매우 교묘하고 질기다. 일본의 시치미 조금씩 지우기는 전방위적으로 부지불식간에 이루어지고 있다. 그 대상에 한국인도 예외일 수 없다. 가령 시마네현(島根縣)의 홈페이지에서 독도를 설명한 대목을 발췌해서 보자. "이 섬은 마실 수 있는 식수가 부족하여 사람이 상주하기에는 적합하지 않으나, 섬 주변 일대는 남쪽에서 올라오는 쓰시마난류와 북쪽으로부터의 리만한류가 교차하여 어패류의 종류도 수량도 매우 풍부합니다. 배타적경제수역 200해리 시대를 맞은 지금, 주변 해역은 수산업 발전과 수산자원의 확보라는 관점에서 매우 큰 가치가 있다고 할 수 있습니다." 친절하게도 한국인을 겨냥한 이 한글 사이트의 독도 설명에 의의를 달 한국인은 별로 없을 것이다. 식수가 없으면 주거할 수 없고 사람이 없으니 무인도인 것은 당연하다. 그러나 유엔 신해양법 121조 3항 "인간이 거주할 수 없거나 독자적인 경제 활동을 유지할 수 없는 암석은 배타적경제수역이나 대륙붕을 가지지 아니한다"와 연결하면 사정은 달라진다. 그 암석은 국제법에 따른 발견이나 선점에 따른 법적 요건을 갖추어 영토에 편입시킨 국가가 영유하는 것이므로 무심코 일본의 설명에 동조하다보면 독도의 임자는 모호해져 버린다.

특히 이 시치미 떼기는 일본이 일정한 성과를 가시적으로 거두고 있는 부분이기도 하다. 동해 표기를 일본해로, 독도를 '주권 미지정 지역의 리앙쿠르암(Liancourt Rocks)' 여기에 잠정수역까지 그리고 정작 우리가 표방했던 조용한 외교를 통해 한국의 불법점거를 인지시키고 자국민 영유권 교육이나 국제재판소 제안 등의 평화적 방법을 모색하는 일본정부라는 인상까지 덤으로 얻고 있다.

최근 미 국방부 산하 국립지질정보국(NGA)이 독도의 영유권 표기가 최근 미확정 상태(Undesignated Sovereignty)로 변경된 것도 이러한 일본의 독도 시치미 조금씩 지우기의 결과임을 배제할 수 없을 것이다. 여기에 미국의 입장에서 제발 저린 탓도 있으리라 보면 지나친 생각일까? 전후 연합국총사령부 당시 훈령(SCAPIN)에는 독도를 명시하여 일본 관할구역에서 제외시켰으나 일본의 로비에 의한 대일강화조약에서는 그 명시를 뺀 것이나 1952년 독도를 주일미군의 폭격훈련지로 삼았다가 한국의 항의로 해제한 바 있는 미국의 전력에 비추어 볼 때 그들이 가진 오류를 희석시키기에는 '잠정구역'이 적의하고 장차 분쟁시 모호하게 취해야 하는 입장을 고려하면 내심 중간적 태도를 견지하고도 싶을 것이다. 이 또한 일종의 시치미를 떼는 행위이다.

셋째의 것은 먼 장래의 일일 수 있다. 그러나 일본의 재무장과 우경화 속도로 볼 때 이 개연성을 지나친 우려로 본다면 과거 침탈의 역사도 이러한 안일함에서 온 것임을 되새겨 볼 필요가 있다. 개연성 있는 분쟁의 시작을 짚어보자. 한국은 2001년 남쿠릴열도(북방 4개섬)에서 이 지역의 실효지배국인 러시아와 협정을 맺고 조업을 한 바 있었다. 이때 일본은 "이 지역이 러시아와 영유권 분쟁이 있는 곳으로서 주권적 권리를 일본이 주장하고 있으므로 일본의 허가를 취득하지 않고 불법 점거하고 있는 러시아의 허가를 얻어 조업하는 것은 어업 문제에 그치지 않고 극히 심각한 법적, 정치적 문제이다."라고 한국 정부에 강력히 항의한 바 있다. 이러한 태도가 장차 독도 수역에도 적용하지 않으리라는 법이 없다. 우리 속담에 '염치와 담 쌓은 놈'이라는 말이 있다. 전범의 죄를 뉘우치기는커녕 제2의 영토 침탈의 야욕을 버리지 않는 한 일본은 담 쌓은 정도가 아니라 아예 염치 자체가 없는 나라라 해도 좋으니 언제 독도의 시치미를 통째로 떼려고 할지 모를 일이다.

이제부터 우리의 시치미를 잘 갈무리하는 데에서 더 나아가 우리의 시치미를 능동적으로 알려야 한다. 흔히 독도를 분쟁지역화하려는 일본의 의도에 말려들지 말자는 전략으로 대응의 수위를 늘 낮췄던 정부는 이제 깨달아야 한다. 이미 세계가 다 분쟁지역으로 알고 있는데 정부만 쉬쉬 하고 있었음을. 그러므로 전시성이 아니라 지속적이고 적극적인 처방과 장기적인 전략과 구체적인 매뉴얼이 있어야 한다. 여기에 제2의 영토 침탈의 야욕을 이슈화하여 세계평화와 도덕성 문제로 전략화할 필요가 있다. 또한 분쟁에서 우위를 점하는데 가장 필요한 학술적 차원에서의 대처가 긴요하므로 신진학자를 양성하고 학술단체 간의 유기성을 조직화하여야 한다. 각종 단체도 한일교류의 무조건적 단절, 폭력적 시위 같은 지나친 감정적 대응보다 의연하고도 합리적 항의 수단을 강구할 때이다. 더욱이 일본이 교과서로서 독도 문제를 다루는 만큼, 자라나는 세대에게 정신적으로나 논리적으로 뒤지지 않도록 체계적이고도 정치한 교육이 필요한 시대가 되었다. 독도의 당위성이 홍보 또한 일목요연하게 정리된 자료를 접할 수 있도록 유관기관 모두가 참여하는 실무협의체가 있어야 한다. 가령 비교적 잘 정리되어 있는 우리 정부의 공식 연구기관인 동북아역사재단의 〈일본 외무성의 독도 홍보 팜플렛에 대한 반박문) 링크를 공통적으로 하는 등 국민과 일본인들에게 우리의 논거를 명료하게 전달할 필요가 있다.

한국인 입장에서 일본 시마네현 홈페이지를, 일본인 입장에서 경상북도 홈페이지를 각각 살펴보더라도 일본은 전문점처럼 느껴지고 우리 것은 잡화점식 나열로 느낀다면 나 또한 그들의 시치미 지우기에 말려들고 있지 않은지 염려된다.

<책 보따리 – 주제를 이해하기 위한 참고문헌 찾아보기>

이진호, 독도 영유권 분쟁, 과거 현재 그리고 미래,『내일을 여는 지식 사회 56』, 한국학술
　　정보, 2011.
강준식,『독도의 진실, 독도는 우리 땅인가』, 소담출판사, 2012.

<생각 보따리 – 논제를 찾기 위한 질문하기>

1) 독도 영유권에 대하여 역사적 사실을 문헌에 근거하여 설득할 수 있는가?

2) 독도의 중요성은 무엇인가?

3) 일본의 주장은 무엇이며, 우리의 주장에 대하여 어떤 논거로 반박하는가?

4) 우리는 일본의 주장에 대하여 어떤 논거로 반박할 수 있는가?

5) 양국의 입장에서 토론 역할극을 해보자.

6) 독도 영유권 분쟁을 대하여 양국의 우호를 위한 해법이 있을까?

<발표 보따리 – 토론을 위한 논제 세우기>

1) 독도는 한국 땅이다._____

2) _____

3) _____

4) _____

5) _____

〈토론 개요서〉

논제			
배경 상황			
입장			
공유점			
입론		찬성 측	반대 측
	전제		
	핵심 개념		
	논점		
	논거		
	기대 효과		
교차조사	예상 질문		
	답변		
반론	예상 반론		
	대책		

〈토론 정리표〉

논제: _____   작성자_____

(1) 찬성 측 ① 입론	(2) 반대 측 ② 교차조사	(3) 반대 측 ① 입론	(4) 찬성 측 ② 교차조사
▶	▶	▶	
보완:	보완:	보완:	보완:

(5) 찬성 측 ② 입론	(6) 반대 측 ① 교차조사	(7) 반대 측 ② 입론	(8) 찬성 측 ② 교차조사
▶	▶	▶	
보완:	보완:	보완:	보완:

(9) 반대 측 ① 반론	(10) 찬성 측 ① 반론	(11) 반대 측 ② 반론	(12) 찬성 측 ② 반론
▶	▶	▶	
보완:	보완:	보완:	보완:

〈토론 평가표〉

	학과 학번: 이름:
논제	
토론자	찬성 측:
	반대 측:
사회자	

	평가기준	찬성 측	반대 측
공통 항목	− 언어태도(목소리, 속도, 말투 등)의 적절성 − 토론의 예절과 규칙 준수 여부		
입론	− 주장과 근거를 잘 이해했는가? − 논점은 참신했는가? − 근거가 적절했는가? − 논거가 타당한가?	점수 1, 2, 3, 4, 5	점수 1, 2, 3, 4, 5
교차 조사	− 토론의 논점을 분명하게 파악하여 질문했나? − 상대방의 논리적 허점을 잘 짚었나?	점수 1, 2, 3, 4, 5	점수 1, 2, 3, 4, 5
반론	− 상대방의 문제점을 잘 지적했나? − 논제의 내용을 토대로 반론했는가? − 반론의 논거가 타당한가? − 반론거리를 모두 지적했는가?	점수 1, 2, 3, 4, 5	점수 1, 2, 3, 4, 5
	합계		
사회자	− 논제의 의의를 잘 부각시켰나? − 토론의 규칙과 시간을 잘 지키도록 했는가? − 토론의 내용을 잘 요약했는가?	점수 1, 2, 3, 4, 5	점수 1, 2, 3, 4, 5
총평			

제 4 부

독서와 토론의
실제 Ⅱ
: 계열별 주제

교육·예술 계열

• 교육과 교사

대한민국이 지금까지 고도의 발전을 이어온 것은 지리적, 환경적 요인이 아니라 교육의 힘이라고 말하는 사람들이 많다. 그렇다면 이러한 교육은 무엇이고 어떻게 이루어져야 하는지 궁금하다.

교육(敎育)이란 말은 한자어에서 왔다. 이를 어원적으로 살펴보면, 가르칠 '敎'자는 '효(爻)+자(子)+복(攵)'으로 이루어진 글자이다. 효(爻)자는 점을 칠 때 사용하는 막대를 말하기도 하지만 가르침의 교자를 뜻한다는 설도 있다. 또 효(爻)자는 교(敎)자의 음의 요소이다. 복(攵)자는 한자 부수에서는 둥그럴 문이라고도 하는데, 칠(때릴) 복자이다. 따라서 교(敎)는 아이를 때려서 가르친다는 의미이다. 여기서의 때림은 실제로 매를 든다는 의미보다는 학습자의 생각을 자극시켜 올바르게 판단할 수 있도록 훈련시키는 과정을 의미한다.

한편으로 '육(育)'자는 자(子)가 거꾸로 된 형상 아래 고기 육(肉)을 뜻하는 부수인 육달월(月)이 합쳐진 글자이다. 아이가 어머니 뱃속에서 나올 때 머리부터 나오기 때문에 자(子)가 거꾸로 된 형상을 취하고 있으며, 육달월(月)은 육(肉)자의 음의 요소라는 설과, 어머니가 아이에게 살이 붙도록 기른다는 설이 있다.

따라서 교육(敎育)을 글자 그대로 한다면 '아이를 잘 가르치고 기른다'는 의미가 된다. 교(敎)와 육(育)이 함께 쓰인 교육(敎育)은 맹자의 군자(君子) 삼락(三樂)에서 처음 나온다고 한다. '得天下英才而 敎育之 三樂也(천하의 영재를 얻어서 교육하는 것이 셋째의 낙이도다).

영어의 교육(education)은 라틴어의 'educo' 또는 'educare'에서 유래한 말이다.

'밖으로(e)'와 '끌어내다(duco)'의 뜻이 결합된 단어이다. 즉, 교육이라는 말은 피교육자의 재능이나 숨은 능력을 밖으로 끌어낸다는 의미이다.

〈읽기 자료 1〉

창조자의 손에서 나올 때는 모든 것이 선하나 사람의 손에서 모든 것이 타락한다. 사람은 그 땅에서만 자랄 수 있는 농산물을 다른 땅에다 씨를 심고 자라기를 기다리고 다른 나무에서만 자랄 수 있는 과일이 그 나무에서 열리기를 바란다.

사람은 기후, 풍토, 계절의 차이를 무시하고 뒤섞어 버린다. 사람은 자기의 개나 말 그리고 노예를 그대로 두지 않고 장애자로 만든다. 사람은 모든 것을 뒤엎고 모든 것에 손을 대어 장애자로 만든다. 자연이 만든 상태 그대로는 무엇 하나 마음에 드는 것이 없다. 심지어 사람까지도 그렇다. 마치 승마용 말을 길들여 놓듯이 인간을 만들고, 정원의 나무처럼 주인의 취향에 맞도록 뒤틀어 놓는다.

그러나 그렇게라도 교육하지 않으면 사태는 더욱 악화될 것이다. 게다가 인간은 어중간하게 만들어지는 것을 바라지 않으니까. 현재의 상황에서는 태어난 순간부터 오직 홀로 다른 사람들 사이에 내던져지면 사람은 무엇보다도 흉한 것이 될 것이다.

사람이 이렇게 모든 것을 자연 그대로, 있는 그대로 보지 못하고 손을 써서 망가뜨리는 것은 사람이 만든 사회적 편견이나 선입견, 권위, 필요성이나 여러 사례에 따르기 때문이고 이런 것이 제도화되어 그 속에서 사는 동안 우리의 본래의 자연은 질식되어 가는 것이다. 〈중간 생략〉

자연을 잘 관찰해야 한다. 그리고 자연이 당신에게 지시하는 길을 가야 한다. 자연은 끊임없이 아이를 훈련한다. 자연은 모든 종류의 시련으로 아이의 체질을 단련한다. 아프다든가 괴롭다는 것이 무엇인가를 일찍부터 일러준다. 이가 날 때는 열이 나고 배가 아플 때는 경련이 일어난다. 기침을 오래하면 목이 막히고 벌레는 아이를 괴롭힌다.……유년기는 대체로 병과 위험의 연속시대라고 보아야 한다.…… 이 시련기를 보내면 아이에게는 힘이 생긴다. 그리고 아이가 그 생명력을 써 먹을 수 있게 되면 생명의 기초는 점점 더 단단해진다. 이것이 자연의 질서다. 이 질서는 사람의 손으로 어찌할 수 없는 것으로 만일 억지로 손을 대면 오히려 더 위험하게 된다는 것을 알아야 한다. 〈중간 생략〉

12세까지는 육체적 성장에 주력하고 감각 훈련에 힘써야 한다. 다만 정신은 가능한 한 쉽게 하는 것이 좋다. 아이의 판단력이 생기기 전까지의 감정은 거의 외부의 자극에 좌우되는 것이다. 어른들은 시간을 다투어 무엇이든 좋은 결실이 나오기를 바라지만 처음부터 선을 행하지는 못한다. 선은 이성의 빛으로 밝혀지기 전에는 결코 선이 될 수 없기 때문에 이성의 능력이 생길 때까지 기다릴 수밖에 없다. 다만 악에서 구하는 교육으로 어린이 시기의 성숙만을 기대해야 한다.

〈에밀(1990), 『루소의 교육론』〉

* 장 자크 루소(Jean-Jacques Rousseau): 루소는 1712년 스위스 제네바에서 출생하였다. 태어나던 해 어머니를 여의고 10살 때에는 아버지와도 헤어져 숙부의 집에서 소년기를 보냈다. 그 후 파리로 진출한 루소는 1750년 디종의 아카데미 현상 논문에 『학문 및 예술에 관한 논고』가 당선되어 크게 인정을 받게 되었다. 1775년에는 그의 두 번째 주요저작인 『인간 불평등 기원론』을 발표하기도 했다. 이후 인간의 자유와 평등을 논한 『사회계약론』(1762), 소설 형식의 교육론 『에밀』(1762) 등의 대작을 차례로 출판했다. 『에밀』에 쓰인 종교적 내용 때문에 유죄 선고와 함께 체포령이 내려져 루소는 스위스 · 영국 등으로 도피하였다. 그러나 당시 유럽의 많은 사람들에게 영향을 끼쳤던 교육이론서이다. 『에밀』은 성선설에 기반을 두고 있으며, 어린이의 성장발달은 자연법칙에 따르고 인위적으로 수정하는 것은 옳지 않다고 본다. 그리고 어린이의 자연발달 단계에 합당하게 서두르지 않는 교육을 주장하며 이를 소극적 교육이라고 하였다.

오늘날 '교육이란 인간행동의 계획적인 변화'라고 정의하는 경우가 많다. 여기에는 적어도 세 가지의 중요한 개념이 들어있다. 즉 '인간행동', '계획', '변화'의 세 개념이 들어있다. 여기서는 이 세 가지 개념어를 살펴봄으로써 교육의 의미를 이해하도록 한다.

교육은 우선 인간을 대상으로 한다. 채소나 과일, 또는 TV나 냉장고가 관심의 대상이 될 수는 없다. 채소나 과일을 많이 생산하고 새로운 휴대폰을 제작하는 사람은 교육의 대상일 수 있어도 사람에게서 생산되는 물건이 교육의 대상은 아니다. 그런데 그것은 단순히 인간이 아니라 인간이 가지고 있는 행동특성을 다루고 있다. 그리고 이때의 행동은 외적으로 표출되는 운동·기능적 영역 외에도 지적, 정의적 영역을 모두 포함하는 개념이어야 한다. 운동능력이 뛰어나도록 지도할 수도 있지만, 빠른 사고력을 지닐 수 있도록 할 수 있으며, 사회적 적응 능력이나 이성적 통제 능력이 뛰어나도록 지도할 수도 있다.

어린 아이의 성장 과정을 보면 그 어떤 동물보다도 무기력하고, 무능력하며 쓸모없는 존재이다. 그리고 이 미숙한 상태가 가장 오래 지속되고 있다. 그러나 시간이 지날수록 점점 성장하여 모든 동물을 지배하는 인간이 된다. 이러한 과정을 인간의 성장, 발달 등으로 부르는데 이를 포괄적인 개념으로는 인간행동의 변화라 할 수 있다.

그런데 교육은 이러한 인간행동의 변화에 따라 다시 세 가지로 나눠볼 수 있다. 첫째, 좋은 변화를 일으키는 교육과 나쁜 변화를 일으키는 교육으로 나눠볼 수 있다. 여기서 '좋은'과 '나쁜'은 가치관에 따라 다르다. 어떤 사람에게는 좋은 일처럼 보이는 것도 다른 사람에게는 나쁜 일로 보이는 경우는 허다하다. 둘째, 인간행동을 효과적으로 변화시키는 교육이 있고, 그렇지 못한 교육이 있다. 창의적 사고 능력을 기른다고 해도 짧은 시간에 이루어내는 경우도 있고, 그렇지 못한 경우도 있다. 셋째, 길러낸 변화가 시간적으로, 공간적으로 지속성(持續性)과 전이성(轉移性)이 커야 한다. 영어를 배우기는 했지만 쉽게 잊어버린다면 그 효과는 반감된다. 또 배운 것을 다른 영역에서도 응용할 수 있다면 더욱 좋은 교육이라 할 수 있다.

한 인간이 성장하면서 비교적 저절로 일어나는 인간행동의 변화를 교육이라고 하지 않는다. 걸어 다니게 된다든지, 졸릴 때 하품을 하거나, 목이 마를 때 물을 마시는 행동 등은 본능적이고 생득적인 경우가 많다. 또, 어떤 경우에는 의식하거나 의도하지 않은 상태에서도 학습이 일어나는 경우가 있다. 가족 친지 중 어떤 사람의 죽음을 보면서 사람은 언젠가 죽을 수 있다는 것을 깨닫는다. 그러나 이러한 지적 변화는 계획적이거나 의도해서 이루어진 것은 아니다. 따라서 '교육'

이란 말은 분명한 의도와 계획, 일정한 과정을 바탕으로 시행되는 인간행동의 변화를 말한다.

교육과 교사는 어떤 관계인가?

인간행동의 계획적인 변화를 위해서 이루어지는 교육은 다음의 네 가지가 갖추어져야 한다.

① 가르치는 자(교육자)
② 가르침을 받는 자(피교육자, 학습자)
③ 가르칠 내용(교육내용, 교육자료)
④ 가르치고 배우는 장소(교육장)

교육을 하는 사람을 교육의 주체라고 한다. 좁은 의미로는 교육자만을 가리키지만 루소는 자연, 인간, 사물 등을 모두 포함시키기도 한다. 교육은 주체자의 주도적 활동과 주체의 힘, 권위에 따라 성립한다. 그렇다고 교육자가 객체인 피교육자를 권위적으로 대하면서 무조건적인 복종을 요구해서는 안 된다. 이 둘의 관계는 성숙시키고자 하는 사람과 성숙하고자 하는 사람으로서 인격적인 상호신뢰의 관계이다.

최근의 교육이론에서는 아동을 교육의 주체로 생각하고 그 자주성을 육성하는 방향을 부모나 교사 및 사회가 협력해야 한다고 주장하기도 한다. 그러나 교육이 가르침을 받는다는 사실에 의해서 성립되고, 배우는 사람에 의해서 이루어지는 것이라면, 교육의 대상인 피교육자, 즉 학습자는 교육의 객체가 된다. 피교육자가 교육의 객체라 해서 교육자를 단순히 추종하거나 소극적으로 모방만 하는 대상을 의미하는 것은 아니다. 그들은 새로운 미래의 세계를 향해서 적극적으로 그리고 주체적으로 성장할 수 있는 존재들이다.

교육을 위해서는 교육의 내용이 필요하다. 교육자에게는 '무엇을 가르칠 것인가?'에 해당하고 피교육자에게는 '어떤 것을 배울 것인가?'에 해당한다. 인간을 육성하기 위해서 어떤 재료를 누가, 어떻게 편성할 것인가라는 문제는 중요하다.

교육의 재료를 가지고 교육의 주체와 객체가 서로 만나서 교육이 이루어지는 곳을 '교육장'이라고 한다. 이러한 환경은 좁은 의미로는 학교환경이 해당하고 보다 넓은 의미로는 사회환경이 여기에 해당한다.

어떤 교사가 되어야 하는가?

교육이 이루어지기 위해서는 가르치는 사람과 배우는 사람, 배울 내용, 배우는 환경이 필요하다. 이 문제를 고루 살펴봐야 하겠지만 여기서는 가르치는 사람을 중심으로 논의를 해 보기로 한다.

교직은 주로 미성숙자를 대상으로 하여 그 바람직한 인간적 성장을 도모하며, 나아가서는 사회발전을 지향하는 전문직이다. 교직활동이 고도의 지성을 필요로 하는 정신적 활동이며, 장기간에 걸친 교육과 훈련을 쌓지 않고서는 그 직업에 종사할 수 없다는 점과, 의사, 변호사, 목사직 등과 같이 고도의 자율성과 사회적 책임감을 가져야 한다는 점이 더욱 특별하다.

〈읽기 자료 2〉

조벽 교수님께

……학업에 대한 열의가 있는 학생이 얼마 되지 않습니다. 아주 기초적인 학습 자질이 부족한 학생들도 상당수 있습니다. 그들은 수업에 집중하지도 않거니와 미리 포기하는 경우가 많습니다. 여러 방법을 시도해 보았지만 학생들은 도무지 참여하지

않고 관심마저 보이지 않습니다. 이런 상태에서 강의에 대한 열정을 잃는 것은 당연지사가 아닙니까? 그 와중에 연구해야 한다는 압박에 엄청난 스트레스를 받고 있습니다. 연구비를 따온 후에도 쓸데없는 잡무에 시달리게 됩니다. 저는 새 학기가 시작되면 달력을 맨 먼저 보게 됩니다. 제 강의 시간이 공휴일에 떨어지기를 바라면서…….

〈조벽(2010), 『나는 대한민국 교사다』〉

* 조벽 교수는 위스콘신대학에서 기계공학을 전공한 후, 노스웨스턴 대학에서 석·박사를 마치고 미시간 공과대학에서 20년간 교수로 재직하며 창의력을 위한 혁신센터와 학습센터의 소장, 학생성공센터 소장을 역임하였다. 미 과학재단 연구상, 미시간 주 최우수교육상, 미국 공학교육학회 교육자상, 한국 공학한림원 해동상, 한국공학교육학회 공로상 등을 수상했다. 대한민국 교육의 희망을 위해 우리 교육계가 나아가야 할 방향을 제시하고자 노력하고 있다.

현재 타 분야는 물론이고 교육분야에서도 탈전문화가 진행되고 있다. 현대사회에서는 지식, 정보, 기술이 급증하고 있기 때문에 교사가 이 속도를 따라잡기가 쉽지 않다. 그리고 지식이 급격히 발전하기 때문에 이미 가지고 있는 지식도 일찍 폐기처분될 수 있다. 또 교사가 취급하고 있는 지식과 정보를 일반인도 쉽게 접근할 수 있다. 컴퓨터와 인터넷의 발달로 어떤 학부모는 교사보다도 더 다양하고 새로운 교육 정보를 소유하기도 한다. 최근 학부모의 학력이 급속도로 상승함에 따라 교사와 학부모 사이에 있었던 학력격차가 크게 줄었다. 학력이 사회적 위세에 미치는 영향이 큰 한국사회에서 이러한 현상은 교사의 상대적 지위를 하락시키는 요인으로 작용하고 있다.

그러나 한국 교육계는 아직까지 이러한 문제의 심각성을 깨닫지 못하고 있으며, 교사의 전문성을 보장받아야 할 특권처럼 생각하고 있다. 교육대학이나 사범대학의 졸업장이 교육활동의 전문성을 보장해 주지는 않는다. 더구나 현실적으로, 교육대학과 사범대학의 교수진은 유치원, 초등학교, 중학교, 그리고 고등학교

의 학급에서 일어나는 일상과 비일상에 대한 경험이 적으며, 이들 가운데 상당수
는 교사 경력을 갖고 있지 않다. 따라서 교실 현장에서 일어나는 일을 상상하기가
쉽지 않다.

　교사가 되는 과정도 전통적 전문직들에 비해서는 느슨한 편이다. 교직은 다른
기술직, 전문직, 숙련직에 비해서 수습교육 기간이 짧고, 수습과정이 엄격하지도
않을 뿐만 아니라. 수습교육제도도 체계적이지 않다. 이 때문에 초임 교사들은
부임 후 한동안 당혹스러운 상황에 직면한다. 아직 가르칠 준비도 되어 있지
않은 상황에서 경력이 풍부한 교사와 같은 수업 부담과 학생 지도, 일반 행정사무
까지도 똑같거나 혹은 더 많은 일들을 해야 할 때가 있다. 12월까지는 학생이었던
사람이 3월부터는 모든 책임을 져야 하는 교사가 된 것이다.

　전문성을 높이기 위해서 교사는 일상적으로 일어나는 사태에 대해서 항상
질문하고 답해 보아야 한다. 때로는 그 질문을 주제로 하여 다른 교사들과 토론도
해 보아야 한다. 아래에 교사가 가질 수 있는 질문거리들을 몇 가지 예시하였다(오
욱환 2005: 116). 교사들은 아래의 문항들과 같은 물음들을 수시로 제기해야
하며 동의 또는 반대의 의사를 밝혀야 한다. 비록 바람직한 견해가 아니더라도,
자신의 의사를 분명하게 밝히는 교사들이 응답을 회피하는 교사들보다 교육적일
수 있다. 그 의견을 가진 교사들은 무관심한 교사들보다 대화, 토론, 논쟁에
참여할 가능성이 더 높고 자신들의 견해를 수정할 수도 있기 때문이다.

⑴ 타고난 재능에 따른 학력 격차는 어쩔 수 없다.

⑵ 제대로 가르치면, 누구나 배울 수 있다.

⑶ 아무리 열심히 가르치려고 해도 어쩔 도리가 없는 아이도 있다.

⑷ 가정의 교육적 환경이 학업성적에 미치는 영향은 거의 절대적이다.

⑸ 예습이 복습보다 더 중요하다.

⑹ 수학의 경우, 쉬운 문제부터 어려운 문제로 차근차근 풀어나가는 것이 좋다.

⑺ 학생들에게 오답의 경험을 갖지 않게 하는 것이 중요하다.

(8) 공부는 어차피 혼자 하는 것이다.

(9) 학급당 학생수가 학생들의 학업성취에 미치는 영향은 거의 절대적이다.

(10) 교육측면에서는 수월성이 평등성보다 더 중요하다.

(11) 교육효과를 높이려면, 능력별로 집단을 나눌 필요가 있다.

(12) 교육적 효과 측면에서 칠판은 오버헤드 프로젝트나 파워포인트를 따라갈
수 없다.

(13) 교육적 효과를 높이려면, 칭찬은 필수이다.

이와 함께, 토드 휘태커(2009)는 훌륭한 교사의 14가지 특성을 다음과 같이
제시하고 있다.

(1) 훌륭한 교사는 학교의 질을 결정하는 것은 프로그램이 아니라 사람이라고
믿는다. 유치원에서 대학에 이르기까지 학교의 질을 결정하는 것은 바로
교사의 질이다.

(2) 훌륭한 교사는 학년 초에 희망찬 목표를 세우고 1년 내내 일관되게 추진한다.

교사가 희망을 갖는 것은 학생을 위한, 그리고 교사 자신을 위한 훌륭한 투자이
다. 훌륭한 교사는 학급 운영을 어떤 식으로 접근하는가? 대답의 핵심은 '희망'에
초점을 맞춘다는 것이다. 반면 보통의 교사들은 교칙에 초점을 맞추고, 가장
무능한 교사들은 규칙을 어긴 결과, 즉 벌칙에 집착한다.

(3) 훌륭한 교사는 학생이 잘못된 행동을 할 때 처벌이 아닌 예방에 집중한다.

학생을 화나게 하는 것은 해결책이 아니다. 학생이 잘못된 행동을 할 때, 훌륭한
교사는 그 행동이 되풀이되지 않도록 해야 한다는 목표를 갖지만 무능한 교사는

처벌하겠다는 목표를 갖는다. 유능한 교사는 잘못된 행동을 예방하려 노력하지만 유능하지 못한 교사는 학생이 잘못을 한 후에야 뒤늦게 그 학생에게 벌을 주려 애쓴다.

(4) 훌륭한 교사는 학생에게 높은 기대치를 가지며, 스스로에게는 훨씬 더 높은 기대치를 갖는다.

무능한 교사는 학생들에 대한 기대치는 높은 반면, 스스로에게는 별반 기대를 갖고 있지 않다. 자신이 무엇을 바꿀 수 있으리라고 기대하지 않는다. 반면 주변 사람 모두에게 비현실적으로 높은 기대를 갖는다. 완벽한 교장, 결점 없는 학부모, 자신을 존경하는 교사들을 만나기를 기대한다.

(5) 훌륭한 교사는 교실의 변수가 학생이 아니라 바로 교사 자신임을 안다. 외부의 환경보다 자신이 제어할 수 있는 요소에 초점을 맞추고 끊임없이 점검한다.

시험을 보거나 과제물을 내주었는데, 학생들이 잘해 내지 못했을 경우, 학교에서 가장 우수한 교사라면 누구를 탓하겠는가? 예상 답안은 자기 자신이다.
시험을 보거나 과제물을 내주었는데, 학생들이 잘해 내지 못했을 경우, 학교에서 가장 형편없는 교사라면 누구를 탓하겠는가? 예상 답안은 학생들, 학부모, 관리자, 작년 담당 선생님, 마약, 아이돌 가수 등이다.

(6) 훌륭한 교사는 교실과 학교에서 긍정적인 분위기를 만들려고 애쓴다. 존경심을 갖고 긍정적인 분위기를 만들려고 애쓴다. 존경심을 갖고 모든 구성원을 대하며 칭찬의 중요성을 이해한다.

(7) 훌륭한 교사는 주변의 부정적인 요소들을 걸러내고 긍정적인 태도를 공유한다.

교사는 학교 현장에서 필터의 역할을 한다. 교사의 평소 행동은 교실 전체의 분위기에 영향을 끼친다. 아침에 집안에 문제가 있어서 기분이 정말 좋지 않은 상태이다. 복도에서 학생이 밝은 목소리로 "선생님, 안녕하세요?"라고 말한다. 교사도 밝은 목소리로 "예, 고마워요."라고 말한다. 나의 걱정을 학생이 알아야 할 필요는 없다.

(8) 훌륭한 교사는 관계 개선에 늘 힘쓴다. 상대에게 상처를 주지 않도록 애쓰며 혹 실수가 있었더라도 '미안하다'고 먼저 말할 줄 안다.

열정적인 교사는 월요일에 실수한 일이 있다면, 화요일 오전 수업을 이렇게 시작한다. "여러분, 제가 어제 다소 성급하게 행동했다면 사과할게요. 컨디션이 좋지 않았고 시간에 쫓겨서 그랬어요. 그 때문에 여러분께 혹시 실수를 저질렀다면 미안합니다." 훌륭한 교사는 대인관계를 원만하게 유지하려고 최선을 다한다. 또한 개인적인 상처를 주지 않으려고 노력하며 혹시 있을지도 모를 상처를 보듬으려고 성심을 다한다.

(9) 훌륭한 교사는 사소한 소란은 무시하면서, 부적절한 행동에 대응하고 그 상황을 악화시키지 않는 능력이 있다.

교사가 "좀 조용히 하자."는 말에 "우리만 말한 거 아닌데요."라고 반박한다. 잘못된 행동을 하는 학생 중에는 종종 관심을 끌기 위해 그런 행동을 하는 경우도 있다. 교사는 그러한 행동에 쉽사리 말려들지 말아야 한다. 문제 행동의 요인을 잘 파악해서 감정적인 대응을 피하고 상황에 맞는 조치가 필요하다.

⑽ 훌륭한 교사는 매사에 계획과 목적을 갖는다. 일이 잘 수행되지 않을 때는 다르게 했더라면 어떻게 되었을까 생각하고 계획을 조절한다. 상황이 계획했던 대로 되지 않으면, 미진한 점을 반성하고 그에 맞춰 계획을 조정한다.

⑾ 훌륭한 교사는 어떤 결정을 내리기 전에 중간층 학생보다 우수한 학생들을 염두에 둔다. 또한 이들에 대한 고려가 편애로 비치지 않도록 신경 쓴다.

한두 명의 문제아에게 써야 할 방법을 잘하고 있는 학생에게까지 적용한다면 쓸데없는 죄의식을 갖게 된다. 최악의 경우, 모욕감을 느낄 수도 있다. 그들은 "그런 말을 왜 우리에게 하세요? 그런 말은 쟤네들한테 하세요."라고 말할 것이다.

⑿ 훌륭한 교사는 어떤 결정을 내릴 때 누가 가장 편해지고 누가 가장 불편해질 지를 먼저 고려한다. 노력하는 사람을 불편하게 만들 결정은 반드시 피한다.

몇몇 아이의 행동 때문에 단체기합을 주는 교사는 어떤가. 평소 책임감 있는 학생들은 화가 나서 그 교사에 대한 존경심이 훨씬 줄어들 것이다. 행실이 바르지 못했던 학생이라고 편했을까? 교사들은 항상 '우수한 학생들은 내 결정을 어떻게 생각할까?'를 고려해야 한다. 그러면 매번 적절한 훈육을 할 수 있을 것이다.

⒀ 훌륭한 교사는 학력평가를 '학생의 학습'이라는 총체적 관점에서 바라보며, 학교 교육 전체가 학력평가에 휘둘리는 것을 경계한다.

학력평가에서 좋은 성적을 내는 학교들에 대한 논문의 결과이다. 성적이 좋지 않은 학교는 학생이 이룬 성취를 오직 시험 점수로만 판단했다. 그러나 성적이 좋은 학교는 여느 학교와 마찬가지로 시험 점수를 언급하기는 했지만, 학생의 사회적 기술과 자긍심, 행동, 책임감, 학교 활동 참여도 및 학업 성취도 등의 요소도 함께 기술했다.

(14) 훌륭한 교사는 학생을 배려한다. 훌륭한 교사는 행동과 믿음이 감정과 연계되어 있으며, 감정의 변화에 불을 지피는 힘이 있음을 이해한다.

가장 어렵고도 꼭 해내야 하는 도전은 교실에서 일어나는 일에 대해 모든 학생이 신경 쓰고 배려하도록 분위기를 만들어 주는 것이다. 그것을 해낸다면 모든 것이 가능해진다. 그렇게 되기 전에는 어떤 장애물도 정복할 수가 없다.

〈책 보따리 – 주제를 이해하기 위한 참고문헌 찾아보기〉

김종량, 『교육이란 무엇인가』, 한양대학교 출판부, 2011.
에밀, 『루소의 교육론』, 안인희 옮김, 서원, 1990.
오욱환, 『교사 전문성–교육전문가로서의 교사에 대한 논의』, 교육과학사, 2005.
정범모, 『교육과 교육학』, 배영사, 1991.
조벽, 『나는 대한민국의 교사다』, 해냄, 2010.
토드 휘태커, 『훌륭한 교사는 무엇이 다른가』, 송형호 외 옮김, 지식의 날개, 2009.

〈생각 보따리 – 논제를 찾기 위한 질문하기〉

1) 교육이란 무엇인가 정의해 본다.

2) 교육의 네 가지 요인을 정리해 본다.

3) 루소의 《에밀(읽기 자료 1)》의 교육 방식에 대해 어떻게 생각하는가?

4) 오욱환(2005)에서 제시한 질문에 답을 해 본다.

5) 어떤 교사가 좋은 교사인지 자신의 생각을 정리해본다.

6) 어떤 교사가 되고 싶은지 말해 본다.

〈발표 보따리 – 토론을 위한 논제 세우기〉

1) 《읽기 자료 1》에 나타난 교육 방식이 현재 한국의 교육현실에서도 여전히 유효하다고 보는가?

2) 《읽기 자료 2》에 나타난 문제점을 분석해 보고 그 원인과 대책은 무엇이라고 보는가?

3) _____

4) _____

5) _____

<보론 개요서>

논제	
배경 상황	
입장	
공유점	

		찬성 측	반대 측
입론	전제		
	핵심 개념		
	논점		
	논거		
	기대 효과		
교차조사	예상 질문		
	답변		
반론	예상 반론		
	대책		

<토론 정리표>

논제: _____   작성자_____

(1) 찬성 측 ① 입론	▶	(2) 반대 측 ② 교차조사	▶	(3) 반대 측 ① 입론	▶	(4) 찬성 측 ② 교차조사
보완:		보완:		보완:		보완:

(5) 찬성 측 ② 입론	▶	(6) 반대 측 ① 교차조사	▶	(7) 반대 측 ② 입론	▶	(8) 찬성 측 ② 교차조사
보완:		보완:		보완:		보완:

(9) 반대 측 ① 반론	▶	(10) 찬성 측 ① 반론	▶	(11) 반대 측 ② 반론	▶	(12) 찬성 측 ② 반론
보완:		보완:		보완:		보완:

〈토론 평가표〉

	학과 학번: 이름:
논제	
토론자	찬성 측:
	반대 측:
사회자	

	평가기준	찬성 측	반대 측
공통 항목	− 언어태도(목소리, 속도, 말투 등)의 적절성 − 토론의 예절과 규칙 준수 여부		
입론	− 주장과 근거를 잘 이해했는가? − 논점은 참신했는가? − 근거가 적절했는가? − 논거가 타당한가?	점수 1, 2, 3, 4, 5	점수 1, 2, 3, 4, 5
교차 조사	− 토론의 논점을 분명하게 파악하여 질문했나? − 상대방의 논리적 허점을 잘 짚었나?	점수 1, 2, 3, 4, 5	점수 1, 2, 3, 4, 5
반론	− 상대방의 문제점을 잘 지적했나? − 논제의 내용을 토대로 반론했는가? − 반론의 논거가 타당한가? − 반론거리를 모두 지적했는가?	점수 1, 2, 3, 4, 5	점수 1, 2, 3, 4, 5
합계			
사회자	− 논제의 의의를 잘 부각시켰나? − 토론의 규칙과 시간을 잘 지키도록 했는가? − 토론의 내용을 잘 요약했는가?	점수 1, 2, 3, 4, 5	점수 1, 2, 3, 4, 5
총평			

• 진정한 미의 가치

"당신은 아름답습니다." 이 말을 듣는 대부분의 사람들은 기분이 좋거나 나아가 뿌듯함까지 느낄 것이다. 왜냐하면 인간은 '아름다움'의 높은 가치를 알고 있기 때문이다. '아름다움'은 인간이 추구하는 미적인 것들 중에 우세한 것으로 서양 근대 사회 이후부터 최고의 미적 가치로 찬양되어 왔다. '아름다움'은 인간이 추구하는 가치의 문제와 밀접한 관련이 있기 때문에 아름다움에 대한 논의에 앞서 '가치'에 대해 살펴보면 다음과 같다.

'가치'는 사람이 어떤 것을 다른 어떤 것보다 더 낫다고 확신을 갖게 하는 기본적인 생각으로 옳고 그름, 좋고 나쁨을 판단하는 기준이 된다. 가치에는 크게 정신적 가치와 감각적 가치가 있다. 정신적 가치는 정신적 존재로서 사고(생각)에 의하여 공감할 수 있는 객관적이고 보편성을 가진 가치들이고, 감각적 가치는 우리의 신체와 관계하는 물질적인 모습의 존재로서 주관적이고 상대성을 지닌 가치들을 말한다. 인간은 정신적 가치와 감각적 가치에 따라 개인생활과 사회생활을 해 나가면서 개인과 사회에 서로 영향을 주며 살아간다.

셸러(M. Sheler, 1874-1928)는 '가치' 중에서도 서열이 있다고 주장하며 다섯 가지 가치 서열 기준을 제시하였는데 그 기준을 송영진(2006: 129)에서 인용하면 다음과 같다. 첫째, 가치는 더 오래 지속될수록 더 높은 가치들이다. 둘째, 가치들은 적게 분할될수록 더 높은 가치이다. 예를 들면 빵은 분할될 수 있는 가치인데 반해 정신적 가치들은 분할될 수 없는 가치로 그것을 지닌 사람이 온전히 향유할 수 있는 가치이다. 따라서 빵의 가치보다 정신적인 가치가 더 높은 가치라고 할 수 있다. 셋째, 가치의 총체성은 무한한 인격적 정신의 가치와 그 앞에 서 있는 가치들의 세계 위에 설립된다. 따라서 가치가 파악되는 활동 영역은 정신과 신체 안에서의 세계이다. 넷째, 미래적 성취를 가져오는 만족도가 큰 가치들일수록 더욱 더 높은 가치들이다. 다섯째, 어떤 가치의 높이에 대한 최종적 기준은 그 가치의 상대성의 정도에 놓여 있다. 예를 들면 다른 사람을 위한 윤리적 행위라도 간단하게 물질로 자선을 행하는 행위와 목숨을 걸고 상대방을 구하는 행위에는 상대적 가치의 차이가 있다는 것이다.

인간은 셸러(M. Sheler)가 구분한 가치 서열 기준 등과 같이 어떤 가치 기준에 서열(선호, 우선)을 갖고 삶의 방법을 선택하며 그중 보다 더 높은 가치를 실현하였을 때 더 큰 만족감과 행복감을 얻는다. 다시 말해 인간은 인간으로서의 본능적인 삶 외에 정신적, 신체적으로 더 높은 가치를 지향하면서 삶을 창조, 실현하고 거기서 행복과 존재의 의의를 찾으며 개인의 삶과 공동체의 삶을 조화롭게 영위하면서 삶을 완성해 나간다.

진선미(眞善美)

동양과 서양의 철학에서 기본이 되는 '진선미'는 흔히 인간이 추구해야할 중요한 덕목 중 하나로 꼽힌다. 진선미에 대한 구제적인 정의와 관점은 사람마다 다를 수 있지만 그것이 무가치하고 무질서한 사회 속에서 보다 나은 가치를 꾸준히 탐구하게 하며 더 넓은 삶을 이끌어주는 것은 부인할 수 없다.

철학에서 말하는 '진선미'는 셋으로 쪼개진 것이 아닌 하나의 모습으로 이성(양심, 로고스)에 존재하는 참된 가치이다. 홍익학당 대표 윤홍식 선생의 말을 인용해 보면 인간의 자아는 스스로 진선미에 대한 판단을 내리지 못하고 이성(양심)이 전달하는 느낌으로 진선미를 판단한다고 한다. 진선미에 대한 울림(느낌)은 근원적 성격을 갖고 있기 때문에 인간이라면 누구나 느낄 수 있다. 따라서 인간이 삶을 살아갈 때 옳고 그름을 판단하기 위해서는 진(眞)의 지성(인식능력)을 따르고, 선하고 악한 행동에는 선(善)의 의지(실천능력)을 따르며, 아름답고 추한 것을 가릴 때에는 미(美)의 감성(심미능력)을 따를 수 있다.

우리는 순간순간 이성(양심)의 느낌으로 삶 속에서 또는 부차적인 학문이나 예술에서 진, 선, 미를 표현한다. 이러한 표현들이 점차 근원적 이성(양심)에 가까워지면 진선미가 하나로 모아지는 것이다. 그러나 간혹 자아가 이성(양심)의 판단을 분명하게 못 느낄 때가 있는데 그것은 이성(양심)의 문제가 아니라 자아가 갖고 있는 욕심(욕망) 때문에 이성(양심)을 왜곡하는 것이라고 한다.

다중지능론의 창시자로 유명한 하워드 가드너(Howard Gardner, 1943~)는 인류의 전통적 가치 진선미를 현재 상황에 맞게 재생하여 후손 세대에 잘 전달해야 한다고 주장하면서 『진선미(원제: Truth, Beauty, and Goodness reframed)』라는 책을 발간했다. 이 책에서 제시하는 진, 선, 미를 간단하게 살펴보면 다음과 같다(김한영 옮김, 2013).

첫째, 진은 하나의 진리로 바라보지 말고 개별 영역에 적합한 다양한 진리로 받아들이면서 지속적으로 다듬기와 개선을 거쳐 각각의 진리가 모인 복수의 진리에 의존하자고 주장하고 있다. 이러한 노력은 이상화된 형태로 진을 복원할 수는 없지만 고전적 가치 진의 핵심 자질(옳음)들을 지키면서 앞선 세대보다는 더 진실하고 적절한 것을 후손들에게 전달할 수 있다고 보고 있다.

둘째, 선은 각각의 나라와 시민, 전문인들이 저마다의 규정과 관습에 따라 독립적으로 유지할 수 있지만 그것은 여러 가지로 상호 연결되어 있는 글로벌화 현대사회에서는 바람직하지 못하다고 주장하고 있다. 다양한 의미를 갖고 독립적으로 해석되는 선은 지구가 계속 생존할 수 있도록 도움을 줄 수 없다는 것이다. 국경을 초월하는 요즘 이미 노동모델, 과학의료, 항공여행 분야 등에서 공통적인 규정들을 실현하고 있다. 이와 마찬가지로 세계의 다양한 사람들이 수용할 수 있는 시민성 모델의 선(윤리)을 발전시킬 필요가 있다고 주장하고 있다. 각자의 역할에서 선을 충실하게 실천하고 나아가 상대까지 배려하는 윤리가 필요하다는 것이다. 이러한 방법과 노력은 전 세계적 사람들이 지구에서 모두 좋은 삶을 영위하는 방향으로 나아갈 수 있도록 한다고 이야기하고 있다.

셋째, 미는 진(진리)과는 상당히 다른 것으로 이전 전통적인 개념들에 의존하기 보다는 흥미 유발, 기억할 만한 추가적인 탐구를 유발하는 객체와 자신의 창조적 경험에 더 많이 의존하여 실현된다고 주장하고 있다. 다시 말해 미는 이전 시대의 선호 성향들과 다르게 점점 더 개인적으로 다양하게 해석되고 있다는 것이다. 다시 말해 현재의 사람들이 무엇을 아름답다고 판단할지 미리 예측할 수 없게 되었다는 것이다. 따라서 우리는 현재 상황에 맞는 미를 재생하기 위해서 우연이나 설계를 통해 발생하는 변주 형태들에 주목하고 어떤 형태들이 각각의 개인들을 매혹시키는가를 지켜봐야 한다고 설득하고 있다. 인류는 진(진리)에는 더 가까이 가겠지만 개개인의 미적 경험들은 다른 사람들과 점점 더 멀어질 것이라는 전망이다.

'진선미'는 철학적 관점이나 현재 상황에 맞게 재생한 관점이나 인류가 추구할 중요한 가치임에는 틀림이 없다. 따라서 우리는 보다 나은 삶을 영위하기 위해서 진(眞, 진리 · 진실), 선(善, 착한 행실), 미(美, 아름다움)에 대해 다시금 되돌아보며 그것들을 삶 속에서 어떻게 실현하며 살아갈 것인지를 고민해 봐야 할 것이다.

아름다움

아름다움이란 무엇일까? 우리는 예쁜 외모를 보았을 때도 선한 마음을 보았을 때도 나아가 착한 행실을 보았을 때도 '아름답다'라고 표현한다. 그 밖에 사람뿐만 아니라 동물이나 식물, 물체 속에서 아름다운 무엇인가를 발견하거나 느꼈을 때 '아름답다'라고 말한다. 이렇게 아름답다고 표현할 때는 아름다움에 대한 대상의 모습이 매우 다양하며 그것을 보고 느끼는 감정들도 매우 개별적인 것임을 알 수 있다. 따라서 '아름답다'라는 똑같은 술어를 사용하더라도 그 판단의 의미들은 서로 다른 것들이다.

다양한 의미로 사용되고 있는 '아름다움'에 대한 이해와 해석은 고대철학에서

부터 논의되어왔으며 서양뿐만 아니라 동양에도 있었다. 플라톤(Plato, BC 428/427 ~ BC 348/347)은 아름다움이란 자연적 우수성이라고 정의하고 미는 초감각적 존재이며 균형·절도·조화 등이 미의 원리라고 하였다. 그리고 미와 선이 하나가 된 상태 칼로카가티아(kalokagathia: 아름답고 선한 것)라는 이상을 내세웠다. 인생에 유용한 것과 목적에 합치된 것이 선인 동시에 미라고 여긴 것이다. 칸트(Immanuel Kant, 1724 ~ 1804)는 어떤 대상을 지각하는 순간 아름답다고 느끼며 기분이 좋아지는 것을 미라고 보았다. 이때 아름답다는 판단과 기분 좋은 감정은 동시에 일어나는 마음의 현상이라고 하였으며 미를 독자적인 감성적 인식의 영역에 두었다. 그러나 칸트의 미적 판단은 전적으로 주관적인 쾌락과는 달리 일종의 보편성·객관성을 요구한다. 왜냐하면 어떤 것을 아름답다고 하는 것은 주관적이고 개별적이지만 일단 그것이 아름다운 것이라고 승인될 때는 일반사람들의 지지와 동의를 얻을 수 있는 것이어야 하기 때문이다.

아름다움에 대한 관점과 기준도 동양과 서양이 다르다. 서양 역사에서는 아름다움을 절대적 가치로 보았으며 외면성에 대한 시각이 컸다. 따라서 절대적인 미에 대한 기준들을 탐구하고 묘사하였으며 황금비율과 같은 균형, 절도, 조화 등이 미의 원리라고 보았다. 반면 동양 역사에서는 아름다움을 상대적 가치로 보고 외면성보다는 내면성에 더욱 큰 관심을 가졌다. 동양에서는 절대적 아름다움이란 존재할 수 없다는 생각이 컸으므로 외면의 구체적이고 확정된 모습을 탐구하기보다는 내면의 가치 즉 성품에 대한 탐구가 깊었으며 아름다움은 여러 사물과 잘 어울리는 조화 자체로 보았다.

이상으로 아름다움에 대한 다양한 정의와 생각들을 살펴보았다. 아름다움(미)에 대한 생각은 고정되지 않고 변화해 왔으며 구체적인 하나의 답으로 말할 수 없음을 알게 되었다. 반면에 치우쳐 있던 아름다움의 고정관념에서 벗어나 다양하고 폭넓은 아름다움을 이해를 할 수 있는 좋은 기회를 갖게 되었다.

이러한 상황 속에서도 많은 사람들은 여전히 아름다움을 좋아하고 아름다운 것을 보고 느끼길 원하며 스스로 아름다워지길 바라고 타인에게 아름답게 보이기를 원한다. 송영진(2006)은 아름다움이란 인간적 삶의 한 표현 양식이며 이에 대한 감성적 인성이라고 정의한 바 있다. '아름다움'이 삶의 한 표현 양식이라면 앞으로 우리는 우리의 삶 속에서 앞서 이해한 아름다움의 다양성과 폭넓은 이해를 갖고 보다 풍부하게 표현하며 살아가야 할 것이다.

외모지상주의

외모지상주의란 외모(용모)가 개인과 개인 간의 우열을 나타내고 인생의 성공과 실패까지 좌우한다고 믿으면서 외모에 지나치게 집착하는 경향이나 또는 그러한 사회적 풍조를 말한다. 우리는 사람을 무엇으로 평가하고 있는가? 최근 한국 사회의 단면 중 하나는 겉모습(외모)에 대한 유별난 집착 현상이다. 사람의 됨됨이보다 생김새를 먼저 따지고 획일화된 생김새 기준에 맞게 우열을 가리며 그 평가로 다른 능력의 영역까지 평가받는 현상 이것이 한국 사회에서 벌어지고 있는 외모지상주의의 일면이다.

아름다움은 많은 사람들이 선호하는 것으로 다양한 의미와 영역이 있는데 현재는 획일화된 외양 중심의 아름다움만을 추구하는 경향이 있다. 개인의 행복을 위한 아름다움의 취향과 방법은 타인에게 부정적인 영향을 주지 않는 범위 내에서 가능하지만 외모가 신체의 특성과 개성을 넘어서서 개인의 능력 평가 기준이 된다고 믿고 따르는 방법은 자아형성에도 부정적인 영향을 끼칠 뿐만 아니라 사회적으로도 부정적 풍토를 조성하는 원인이 된다.

다음에 제시하는 〈읽기 자료 1〉은 외모에 대한 사회적 관심의 정도가 매우 급증하고 있음을 보여주는 구체적인 자료의 글이다. 〈읽기 자료 1〉를 통해 현재 우리가 얼마나 외모에 신경을 쓰고 있는지 객관적으로 파악하면서 과연 이러한 현상이 바람직한 것인지 생각해보자.

〈읽기 자료 1〉

전 세계적으로 아름다운 외모에 대한 관심이 높아지고 외모를 가꾸는 데 소비되는 금액도 지속적으로 성장곡선을 그리고 있다. 예를 들면 2007년 기준으로 미국 내 뷰티 관련 제품의 소비량은 10년 전에 비해 32.3% 상승했고, 중국의 경우도 2005년 화장품 판매량이 전년 대비 63% 성장했다.

2006년 우리나라 국내의 경제 상황이 심각한 불황으로 거의 모든 업종의 소비 지표가 마이너스를 기록했을 때 여성 1인당 화장품 소비율이 세계 2위라는 조사 결과가 있다. 이는 우리나라가 아름다운 외모에 대해 매우 강렬한 열망을 갖고 있음을 보여준다. 한국인들의 소비 트렌드를 분석한 설문조사에서 '나를 꾸미는 데 쓰는 돈은 아깝지 않다'는 문항에 응답자의 65.5%가 동의하였다고 한다.

아름다운 외모를 향한 열망은 화장과 같은 꾸미기 행동에서부터 미용성형과 같은 수술에 이르기까지 일반화되고 있는 추세다. 인터넷의 한 조사에 따르면 대학생 664명 중 92%가 '성형수술을 하고 싶다고 생각했다'고 응답하였으며, 특히 여학생의 33.9%가 '매우 심각하게 성형수술을 고민했다'고 응답한 것으로 나타났다. 신체 결함을 없애거나 치유하기 위한 치료적 성형이 아닌 미용성형을 고집하는 대부분의 사람들은 자기만족을 위한 적극적인 외모 관리의 한 방법으로 성형수술을 택한다.

최근 한 성형외과에서 2001년과 2008년 각각 시행한 성형수술 1천 건에 대해 시술 받은 환자의 연령을 분석하였다. 그 결과 2001년에는 20~30대의 비율이 전체의 90.7%에 달하고 50대 이상의 비율은 4.3%에 불과했는데, 2008년에는 20~30대의 비율이 66.3%로 줄어든 반면, 50대 이상의 비율은 9.5%로 상승한 것을 나타났다고 한다.

뿐만 아니라 최근에는 남성들의 외모에 대한 관심도 급증하고 있다. 남성용 화장품 시장의 규모가 2000년에 비해 2005년에는 3배 이상 증가한 것으로 집계되었고, 앞선 인터넷의 한 조조사결과에서도 남자 대학생의 9.1%가 '심각하게 성형수술을 고민해봤다'고 응답했다. 이런 결과는 이 시대 남성들도 피부 관리나 화장, 미용성형 등 외모 관리에 관심과 노력을 기울이고 있음을 보여준다.

〈성영신·박은아(2009), 『아름다움의 권력』〉

위와 같은 현실은 외모에 대한 관심의 수준을 넘어 개인의 일상적인 삶과 사회 전반에 영향을 미치는 단계이다. 이러한 현실 속에서는 많은 사람들이 외모 꾸미기를 경쟁의 수단으로 사용하여 전략적 선택을 하게 되고 아름답지 않다고 여겨지는 사람들은 실제로 편견의 대상이 되거나 무관심의 대상이 될 가능성이 높다. 따라서 우리는 사회 전반적으로 나타나는 외모에 대한 지나친 열망을 묵과 해서는 안 되며 바람직한 사회를 위해 현재의 외모에 대한 지나친 집착 현상들을 반성해 볼 필요가 있다.

다음 〈읽기 자료 2〉는 외모에 대해 알아야 할 진실들을 진술한 글에서 외모에 대한 집착에서 생기는 강박관념은 끝이 없다는 이야기를 발췌한 글이다. 이 글을 읽으면서 외모 집착이 가져오는 강박관념의 현상을 이해하고 외모 집착에서 벗어나는 방안을 생각해보자.

〈읽기 자료 2〉

'외모'가 아무리 타인에 의한 평가라고 해도 그것이 절대적인 척도가 된다면 조금 은 자신감을 갖게 될 수도 있다. 예를 들어 이 세상에 '완벽한 몸매'란 것이 존재한다면 몸을 다듬어 그런 몸매를 유지하면 분명 자신감을 갖게 될 것이다. 그러나 그것도 순간, 완벽한 몸매의 척도가 바뀌면 사라진다.

한 예로 3킬로그램 감량의 다이어트 목표를 달성했다고 가정해 보자. 그때까지 입지 못했던 옷을 멋지게 입을 수 있고 자신감이 생긴 듯한 기분도 들 것이다. 그러나 집밖으로 한걸음 내딛으면 '나보다 더 마른 사람' '나보다 더 스타일이 좋은 사람'은 얼마든지 만날 수 있다. 그렇게 되면 다이어트의 성공으로 생긴 자신감은 순식간에 사라지고 만다.

'나보다 더 스타일이 좋은 사람'이 세상에서 모두 사라진다는 것은 있을 수 없는 일이므로 '스타일만 좋아지면 자신감이 생길 것'이란 생각은 환상에 지나지 않는다는 것을 깨닫게 된다. 더욱이 마른 몸매를 유지하는 것도 무리한 다이어트로 만든 것이라면 오래 가기 어렵다. 왜냐하면 조금만 방심해도 순식간에 요요현상이 찾아오고 그렇게 되면 "뚱뚱해졌다!" "좀 더 살을 빼야 한다!"라며 끊임없는 다이어트 노력에 돌입하게 된다.

이렇게 생활이 다이어트를 중심으로 돌아가면 '다이어트 의존증' 상태가 된다. 다시 말하면 생활이 다이어트를 중심으로 이루어지거나, "마르기만 하면 최고가 될 수 있는데" 하는 생각에 사로잡혀 현재 해야 하는 일조차 못하게 된다는 것이다. 이러한 현상은 외모에 집착해서 자신을 잃게 되는 전형적인 예라고 할 수 있다.

'다이어트 의존증'에 걸린 사람이 모두 적극적으로 살을 빼려고 하지는 않을 것이다. 하지만 제한된 식사로 일상이 피곤하거나, 다이어트로 일관되는 인생에서 탈피하기 위해 살을 빼려는 노력을 그만 두지는 못한다. 이런 상태가 극단적으로 되면 '섭식장애'라고 하는 질병까지 발병시킨다.

타인이 내리는 '상대평가'만큼 불안정한 것은 없다. 이 불안정은 타인의 평가라고 하는 차원을 넘어서 "혹시 나쁜 평가를 받으면 어떡하지?"라는 식으로 강박관념이 되어 자신을 짓누르고 의혹과 불안감을 한없이 커져 나가게 한다.

〈마즈시마 히로코(2014), 『나는 절대 외모에 집착하지 않는다』〉

위의 〈읽기 자료 2〉는 외모의 아름다움을 추구할 때 타인의 시선과 타인과의 비교에서는 만족감을 얻기는커녕 정신적으로 매우 위험한 강박관념을 일으킬 수 있고 계속적인 의혹과 불안감에 휩싸일 수 있음을 알려주고 있다.

외모가 중요하든 중요하지 않든 간에 현실 사회 속에서 외모지상주의는 우리에게 직접, 간접적으로 큰 영향을 주고 있다. 다음의 〈읽기 자료 3〉은 외모의 불균형을 해소할 수 있을지에 대한 의문을 품고 실제의 사례를 살펴 본 글로서 그 일부분을 발췌한 글이다. 〈읽기 자료 3〉을 읽으면서 사례 속에 나온 제니퍼의 행동에 많은 공감을 하게 될 것이다. 이 글을 통해 나에게도 외모에 대한 유해한 행동이 나타나고 있는지 되돌아보고 외모지상주의를 저지할 수 있는 긍정적 방안들을 생각해 보자.

〈읽기 자료 3〉

제니퍼는 대학졸업자이며, 든든한 일자리, 사랑하는 남편을 가진 쾌활한 28세 여성이다. 객관적 측정치로 볼 때 그녀의 키는 보통이고 몸무게도 평균으로 균형 잡혀 있음이 분명하다. 사람들은 제니퍼를 일 잘하고, 옷 잘 입고, 근사해 보이는 멋진 사람으로 생각한다. 제니퍼는 분명 임상적으로 비만이지는 않다.

그녀는 자기 외모의 유쾌하지 못한 특징에 대해 이따금 언급하긴 해도 자신이 느끼는 진짜 비호감의 정도는 숨긴다. 체중계 위에 올라설 때마다 눈금은 종잡을 수 없는 그녀의 체중 목표치를 초과한다. 모습을 비쳐주는 유리창 곁을 지나면서 걸을 때 그녀는 규칙적으로 자기 이상과는 다른 몸매를 의식한다. 그녀는 특정한 의복 형태가 신체의 비호감 부위를 강조하는 듯해 마음이 불편해진다. 허벅지로 인해 가장 불쾌한 느낌이 들기 때문에 '만일 사람들이 날 수영장이나 헬스클럽에서 쳐다본다면 당황스러워 죽고 싶을 거야. 이 빌어먹을 허벅지 때문에 난 절대로 아름다워지지 못할 거야. 강력한 지방흡입시술을 받아야할 필요가 있어'라고 그녀는 생각한다.

그녀는 사교적 상황이든 일터의 상황이든 새로운 사람을 만나게 되는 때 언제나 자기 외모 가운데 호감이 덜 가는 부위를 감추거나 가리려 한다. 그런 부위는 입일 경우가 가장 많은데, 어두침침한 빛이 도는 치아 때문이다. 그녀는 어떻게든 더 희게 만들고 싶어 한다. 광고를 통해 그녀의 마음속에는 치아가 윤기 나는 백색에 가깝지 않으면 미소가 오히려 부정적 인상을 심어준다는 생각이 확고히 자리 잡았다. 마찬가지로 주름살 방지주사를 선전하는 매체보도와 제품홍보는 점심식사 대화에서 보톡스와 주름제거제 레스틸렌에 관해 이야기를 나눈 제니퍼와 그녀의 친구들에게 영향을 끼친다. 제니퍼가 아침에 일어나 거울 가까이로 가 이마에 잔주름이 한두 개씩 눈에 띌 때마다 이런 주사를 맞음으로써 얻을 수 있는 잠재적 혜택에 대한 간절함이 마음속으로 쇄도해 들어온다.

제니퍼는 자기 외모에 대한 부정적 감정을 어떻게 처리할까? 썩 잘 처리하지 못하는 편이다. 이런 좋지 않은 감정처리는 좋지 않은 행동으로 바뀐다. 외모에 대한 제니퍼의 반응과 생각은 불건강한 태도와 행동으로 이어진다. 자기 머리나 눈에 대해 느끼는 호감을 비롯한 어떤 긍정적인 생각도 봉쇄해버린다. 이렇게 외모에 관련된 부정적인 면을 부각시키는 경향으로 인해 그녀의 자존심과 자신감이 저하된다. 그녀는 사람들이 자기 외모를 유심히 바라보고 부정적 결론을 내릴 것이라 추측한다. 그 결과 수영복이 단점을 그대로 노출시키리란 생각에 수영장을 피하기 시작했고, 많은 회원들이 몸에 꼭 맞는 옷을 입고 있는 운동하는 헬스클럽도 피하기 시작했으며, 욕실에서 체중계도 완전히 없애버린 상태다.

제니퍼는 자기 외모에 대한 불만을 완화시키는 한 가지 해결책으로 분수에 맞지 않게 비싼 브랜드의 의류, 헤어관리 제품, 화장품을 구매함으로써 보상받고자 한다. 동시에 보톡스 주입이 그녀에게 미래의 우선순위로 높은 자리를 차지한다. 가장 최근에 구입한 선호하는 의류 스타일은 자신이 특별히 싫어하는 신체 부위를 감추어 주는 듯한 헐렁한 스타일이다.

제니퍼는 자신의 외모를 한층 더 낫게 만드는 듯한 제품들과 값비싼 브랜드 제품을 더욱더 편애하면서 금전 문제까지 겪게 된다.

〈고든 팻쩌(2009), 『상상 이상의 힘 룩스(LOOKS)』〉

위의 글은 자신의 외모에 불평을 갖고 있는 사람들이 자기 스스로를 유해한 행동으로 몰아가고 있는 모습을 구체적으로 기술하고 있다. 〈읽기 자료 3〉의 저자는 발췌한 부분 외에서 제니퍼가 자기 내면으로부터 외모지상주의 영향력을 가장 잘 극복하기 위한 방법을 제시하고 있는데 그 방법은 객관적인 자기평가를 통해서 외모에 대한 자기 생각과 태도를 재교육시키는 것이다. 예를 들면 "나는 내 현재 외모가 직업이나 결혼 그 어느 것도 위협하지 않는다는 사실을 깨달을 필요가 있다."와 같이 자기 생각을 긍정적 사고와 태도로 인도할 수 있는 목록을 작성하는 방법이다(고든 팻쩌 2009: 327).

아름다움(미)은 인간과 분리될 수 없는 중요한 가치이다. 그러나 현대 사회에서는 외모 중심의 아름다움이 과도하게 높아지고 있으며 그것이 미치는 부정적 영향력도 크다. 이러한 시점에서 우리는 앞서 살펴본 인간이 추구해야할 가치들을 고려하면서 아름다움에 대해 토론해 보고 현재 우리 사회에 만연한 외모지상주의를 저지할 수 있는 보다 나은 행복한 삶을 영위하기 위한 긍정적이고 구체적인 생각과 태도들을 제시하여 보자.

〈책 보따리 – 주제를 이해하기 위한 참고문헌 찾아보기〉

고든팻쩌, 『외모, 상상 이상의 힘 룩스(LOOKS)』, 한창호 옮김, 한스미디어, 2009.

미즈시마히로코, 『나는 절대 외모에 집착하지 않는다』, 김영주 옮김, 부광, 2014.

성영신 외, 『아름다움의 권력』, 소울메이트, 2009.

송영진, 『인간과 아름다움』, 충남대학교 출판부, 2006.

하워드 가드너, 『진선미: 되살려야 할 인간의 가치』, 김한영 옮김, 북스넛, 2013.

〈생각 보따리 – 논제를 찾기 위한 질문하기〉

1) 가치란 무엇인가?

2) 인간이 지향해야할 가치에는 어떤 것들이 있는가?

3) 내가 생각하는 아름다움의 정의는 무엇인가?

4) 내면적 아름다움과 외면적 아름다움 어느 것이 더 중요하다고 생각하는가?

5) 외모의 아름다움이 사회적 지위가 될 수 있을까?

6) 개인의 행복과 전체의 행복 중 어느 것을 우선으로 생각해야 할까?

〈발표 보따리 – 토론을 위한 논제 세우기〉

1) 이력서에 붙이는 사진 첨부는 사라져야 한다.

2) 능력에 상관없이 외모 평가로 인해 얻은 이익도 정당하다고 생각한다.

3) _____

4) _____

5) _____

〈토론 개요서〉

		찬성 측	반대 측
논제			
배경 상황			
입장			
공유점			
입론	전제		
	핵심 개념		
	논점		
	논거		
	기대 효과		
교차조사	예상 질문		
	답변		
반론	예상 반론		
	대책		

〈토론 정리표〉

논제: _____   작성자_____

(1) 찬성 측 ① 입론	(2) 반대 측 ② 교차조사	(3) 반대 측 ① 입론	(4) 찬성 측 ② 교차조사
▶	▶	▶	
보완:	보완:	보완:	보완:

(5) 찬성 측 ② 입론	(6) 반대 측 ① 교차조사	(7) 반대 측 ② 입론	(8) 찬성 측 ② 교차조사
▶	▶	▶	
보완:	보완:	보완:	보완:

(9) 반대 측 ① 반론	(10) 찬성 측 ① 반론	(11) 반대 측 ② 반론	(12) 찬성 측 ② 반론
▶	▶	▶	
보완:	보완:	보완:	보완:

〈토론 평가표〉

	학과　　　　　　학번:　　　　　　이름:		
논제			
토론자	찬성 측:		
	반대 측:		
사회자			

	평가기준	찬성 측	반대 측
공통 항목	− 언어태도(목소리, 속도, 말투 등)의 적절성 − 토론의 예절과 규칙 준수 여부		
입론	− 주장과 근거를 잘 이해했는가? − 논점은 참신했는가? − 근거가 적절했는가? − 논거가 타당한가?	점수 1, 2, 3, 4, 5	점수 1, 2, 3, 4, 5
교차 조사	− 토론의 논점을 분명하게 파악하여 질문했나? − 상대방의 논리적 허점을 잘 짚었나?	점수 1, 2, 3, 4, 5	점수 1, 2, 3, 4, 5
반론	− 상대방의 문제점을 잘 지적했나? − 논제의 내용을 토대로 반론했는가? − 반론의 논거가 타당한가? − 반론거리를 모두 지적했는가?	점수 1, 2, 3, 4, 5	점수 1, 2, 3, 4, 5
	합계		
사회자	− 논제의 의의를 잘 부각시켰나? − 토론의 규칙과 시간을 잘 지키도록 했는가? − 토론의 내용을 잘 요약했는가?	점수 1, 2, 3, 4, 5	점수 1, 2, 3, 4, 5
총평			

의료 · 보건 계열

• 생명 윤리

죽음

인간은 태어나서 언젠가는 죽는다. 죽음에 대한 의식을 갖고 있는 것은 인간만이 소유하고 있는 소중한 인식이다. 따라서 우리는 죽음에 대해 개인적인 편협한 생각에서 조금 벗어나 보다 넓은 안목으로 죽음을 바라봐야 하며 진지하게 죽음에 대해 고민하는 시간을 가져야 할 것이다.

인간은 고령으로 인해 신체의 조직과 기간들이 자연히 쇠퇴하여 사망하는 자연사의 경우 외에 전쟁, 피난, 천재지변, 굶주림, 질병 등으로 갑작스러운 또 다른 죽음을 맞이할 수 있다. 따라서 인간은 죽음에 대해 미리미리 대비할 필요가 있다. 프랑스 철학자이며 사상가이고 수필가였던 미셸 에켐 드 몽테뉴(Michel Eyquem de Montaigne, 1533~1592)는 그의 『수상록 隨想錄』에서 "어디에서 죽음이 우리들을 기다리고 있는지 모른다. 곳곳에서 기다리지 않겠는가! 죽음을 예측하는 것은 자유를 예측하는 일이다. 죽음을 배운 자는 굴종을 잊고, 죽음의 깨달음은 온갖 예속과 구속에서 우리들을 해방시킨다."라고 말했다(한국민족문화대백과 참고). 몽테뉴의 말에 의하면 죽음에 대한 생각은 인간의 삶 속에서의 예속이나 구속에서 자유를 줄 수 있는 좋은 삶의 태도라고 볼 수 있다.

다음에 제시하는 〈읽기 자료 1〉은 고대 그리스 철학자로서 소크라테스의 제자였던 플라톤(Platon, B.C.428?~B.C.347?)이 쓴 『소크라테스의 변론』 중 일부 내용이다. 소크라테스(Socrates, B.C.470?~B.C.399)가 사형 판결이 확정된 후 배심원들 앞에서 당당하게 죽음을 맞이하는 모습이다. 이 글을 통해 죽음에 대해 이미 진지하게 생각한 사람은 어떤 죽음 앞에서도 자유롭고 당당할 수 있음을 보여준다. 〈읽기 자료 1〉을 읽어보면서 지금 나에게 죽음이 다가온다면 나는 과연 어떤 태도를 취할 수 있을까 생각해 보자.

〈읽기 자료 1〉

죽음이란 다음 둘 중의 하나입니다. 정말 아무것도 아니어서 죽은 자는 감각조차 없는 것이거나, 사람들 말대로 영혼이 이곳에서 다른 곳으로 옮겨 가는 변화이겠지요. 만약 죽음이 꿈도 꾸지 않을 정도로 깊은 잠과 같다면 죽음은 정말 신나는 이익일 겁니다.

누구라도 꿈도 없이 깊은 잠에 빠졌던 밤을 하나 골라 자신의 생애 중 다른 밤낮과 비교해 깊이 생각한 다음 자신의 삶에서 이러한 밤보다 즐거웠던 때가 과연 얼마나 되는지를 말한다면, 쉽게 손에 꼽을 정도에 불과함을 알게 될 것입니다. 한낱 보통사람들이건 페르시아의 저 위대한 왕이건 이 점은 마찬가지일 것이다. 만약 죽음이 이런 거라면 저는 그것을 이득이라 하겠습니다. 영원한 세월도 하룻밤보다 길지 않을 것이기 때문입니다.

다른 한편으로 우리가 듣곤 하는 것이 사실이어서 죽음이란 이곳에서 다른 곳으로 옮겨 가는 것이라면 재판관들이여! 이보다 더 좋은 것이 어디 있겠습니까? 만약 스스로 재판관이라 주장하는 자들을 이곳에 남겨 둔 채 하데스로 가서 그곳에서 판결을 내린다는 진정한 재판관들을 만난다면 곧 미노스나 라다만토스, 아이아코스와 트립톨레모스, 그리고 자신의 삶이 정의로웠던 다른 반신(半神)들 모두를 찾을 수 있다면 이렇게 옮겨 가는 것이 과연 하찮은 것이라 할 수 있을까요? 게다가 오르페우스와 무사이오스, 헤시오도스와 호메로스까지 만날 수 있다면 그대들 중 누군가는 과연 얼마를 지불하려 할까요? 만약 이것이 사실이라면 저는 몇 번이라도 죽으려 할 겁니다. 저한테는 그곳에서 보내는 시간이 멋질 테니까요. 팔라메데스와 텔라모의 아들 아이아스, 그 밖에 옳지 못한 판결로 죽음을 맞이한 옛날 사람들을 많이 만나서 제가 겪은 일과 그들에게 일어났던 일을 서로 비교해 보면서 말입니다. 생각건대, 아마 무척 재미있겠지요.

그리고 무엇보다도 굉장한 것은 죽은 사람들한테 캐묻고 질문하며 시간을 보낼 수 있다는 점입니다. 누가 정말로 지혜롭고, 누구는 사실은 아니면서도 스스로 지혜롭다고 생각하는지에 대해서 말이지요. 재판관들이여! 그대들 중 누군가 트로이에 맞서 대군을 끌고 갔던 사람이나 오디세우스에게, 또는 시시포스에게, 또는 수많은 남녀에게 질문할 수 있다면 과연 대가가 얼마이든 문제가 될까요? 그네들과 함께 대화하고 시간을 보내며 캐묻는 것은 말할 수 없을 만큼 즐거운 일일 겁니다. 여하튼, 그곳에서는 이렇게 한다고 사람을 죽이지는 않을 테니까요. 재판관들이여! 그대들은 죽음에 대해 희망찬 기대를 지녀야 합니다. 그리고 이 점을 명심해주십시오. 선한 사람에게는 살아서나 죽어서나 결코 악한 일이 일어나지 않으며, 신 또는 그네들과 관련된 일을 소홀히 여기지 않으신다는 것을 말입니다.

〈문유일 · 류대성(2014), 『고전은 나의 힘(철학읽기)』〉

현대인들은 매우 바쁜 생활 속에서 인간에게 주어진 또 다른 삶의 일부인 죽음에 대해 현재의 일이 아니고 돌연사는 나의 경우가 아닐 거라는 안일한 생각 등으로 미루거나 망각하고 있다. 그러나 이러한 태도는 바람직하지 않다. 왜냐하면 죽음은 우리에게 언제 다가올지 모르는 현실 문제이기 때문이다. 따라서 우리는 죽음에 대해 다양하고 충분한 자료를 검토하면서 지금까지 미루었던 죽음을 진지하게 생각하고 고민해 봐야 한다. 이러한 생각과 시간은 우리에게 매우 유익하며 지금의 삶을 더욱 풍성하게 할 것이다.

생명윤리

생명은 인간이 살아서 숨을 쉬고 활동할 수 있는 힘으로 모든 생물에 공통적으로 존재하는 속성이다. 따라서 생명에 관한 윤리는 우리에게 매우 중요하다. 그럼 생명윤리는 무엇일까? 간단하게 정의하면 '생명에 관하여 사람으로서 마땅히 행하거나 지켜야 할 도리'를 말한다.

생명윤리에 대한 관심은 현대 사회에서 일어나고 있는 생명과학과 의료기술의 발전으로 인한 생명유지와 인간유전자 변화, 고령화 사회로 인한 노인문제, 자연스러운 죽음 외에 자살, 안락사, 임신중절, 낙태 등과 같은 복잡하고 다양한 문제 앞에서 더욱 커졌다. 나아가 생명윤리는 현실 속의 문제를 해결하고자 하는 일차적인 방안뿐만 아니라 인간의 존엄성과 인권을 지키려고 하는 진지한 노력으로 더욱 관심을 갖게 되었다.

우리는 생명윤리의 문제를 관계자들의 문제로만 바라보는 태도에서 벗어나 개인의 인권과 존엄성 그리고 사회의 문화와 질서에까지 큰 영향을 주는 중요한 과제로 파악해야 할 것이다. 더욱이 앞으로는 최첨단 의료장비를 갖춘 의료시대로서 공간과 시간의 장애를 덜 받게 되고 인간뿐만 아니라 인공지능을 갖춘 로봇의 의료가 시작될 것이다. 예측할 수 없는 미래의료시대에 더욱이 필요한 것은 흔들리지 않는 생명윤리 가치이다. 따라서 현재 우리 앞에 놓인 생명과 관련된 현실적인 문제들과 더불어 예측할 수 없는 미래의료시대에 벌어질 문제들까지 명쾌하게 해결할 수 있는 생명윤리에 더욱 관심을 갖고 보다 구체적인 법규범까지 체계적으로 세우며 발전시켜야겠다.

그럼 먼저 생명윤리에서 주된 관심을 갖고 있는 주제들을 알아보고 현재 그러한 문제들 앞에서 어떤 기준과 방향을 제시하고 있는지 살펴보자. 이러한 과정은 생명윤리에 대한 막연한 우리의 생각을 구체화시켜줄 뿐만 아니라 그 문제 속에서 어떤 생명윤리의 기준과 방향들이 필요한지 생각할 수 있게 해 줄 것이다.

생명윤리는 다음에 제시하는 주된 주제들 속에서 제기할 수 있다. 구체적으로 주제들을 보면 첫째 생명의 시작 단계로서 임신중절, 시험관아기, 태아치료, 기형이 심한 신생아에 대한 치료 등이 있다. 둘째 죽음에 관한 것으로써 의사조력자살, 안락사, 심폐소생술거부, 치료의 중단과 보류, 뇌사 등이 있다. 셋째 의료지원에 관한 것으로써 의료자원 예산분배, 최첨단치료와 시설사용, 지불능력에 따른 서비스 제공 등이 있다. 넷째 장기이식문제로서 장기공여자 권리보장과 수혜자 선정, 장기공급체계와 장기확보 등이 있다. 다섯째 유전자 복제와 배아연구, 유전자 조작, 착상 전 배아의 유전자 검사와 조작, 성인의 유전자검사 등과 같은 생명공학연구 자체와 생명과 관련된 연구방법론 등이 있다. 위와 같은 주제와 문제들 속에서 생명윤리의 구체적인 기준과 방향이 필요하다.

다음은 구체적인 생명윤리 문제 앞에서 우리가 지켜야 하는 생명윤리 원리들이다. 권복규·김현철(2009: 43-47)에서 제시하는 것을 참고하여 정리해 보면 다음과 같다.

1) 자율성 존중의 원리: 사람이 자신의 생각을 가지고 스스로 선택을 하며 개인적 가치와 신념을 가지고 행동할 권리를 말한다. 다시 말해 자율적 행위가 타인에 의해 억압되어서는 안 되며 개인은 수단으로 취급될 수 없으며 자유는 보호받아야 한다는 것이다.
2) 해악금지(악행금지)의 원리: 타인에게 피해를 주지 말라는 것이다. 그러나 피해(해악)에 대해 명확한 기준을 제시할 수 없기 때문에 구체적인 행동강령이나 행위지침의 제정이 필요하다.
3) 선행의 원리: 해악금지의 원칙을 넘어 적극적으로 도와주는 행동을 해야 하는 것을 말한다. 선행의 원리는 다른 사람의 이익을 적극적으로 증진시키는 것인데 환자의 자율성존중원리와 충돌하는 경우가 종종 있다. 따라서 여러 가지 상황들을 잘 고려해서 환자에게 이익은 최대화하고 해악은 최소화해야 한다.
4) 정의의 원리: 여기서는 주로 사회적 정의를 말하는데 한 사회에서 희소하게 존재하는 자원을 어떻게 배분하는 것이 타당한가의 문제를 다루는 것이다. 개개인들 간의 이익과 부담을 공정하게 분배할 때 실현되는 정의로 볼 수 있다.

현재 생명윤리에 관한 원리들이 관련된 문제들 앞에서 바람직한 큰 기준들을 마련해 주지만 여전히 우리 앞에 놓인 구체적인 문제들 예를 들면 스스로 선택을 할 수 없는 경우의 자율성, 의도하거나 의도하지 않은 결과로서의 악행, 타인의 권리 보호와 선행 범위 등의 문제 앞에서는 명확한 근거를 제시해주지 못하고 있다. 따라서 우리는 지속적으로 생명윤리 원리에 관심을 갖고 보다 명확한 기준과 근거로 제시해야 하며 구체적인 방안도 함께 공유하면서 모색해 나아가야 할 것이다.

생명윤리 원리는 한 문제에 한 가지 원리가 적용되는 것이 아니라 모두가 충족될 때 바람직하다고 볼 수 있다. 현실적으로 모두를 충족시키기 어렵더라도 최대한 모든 원리를 충족시킬 수 있도록 노력해야 하며 모든 결정에는 자의를 넘어서 양심적 결단이 최우선 되어야 할 것이다.

안락사

안락사는 '좋은 죽음'이라는 라틴어 'euthanasia'에서 유래하였다. 안락사의 어원은 우리가 맞이할 죽음에 대해 한 번 더 생각하게 해 주고 죽음을 어떻게 받아들이며 남은 생명과 삶을 어떻게 하는 것이 좋은 것인지 고민하게 해 준다.

안락사는 극심한 고통 속에 있는 환자를 그 고통에서 해방시켜서 몸과 마음이 편안하게 죽게 하는 것을 일반적으로 가리킨다. 안락사의 종류와 자살에 대한 정의를 보면 다음과 같다(토니호프 2011: 28).

1) 안락사: X가 Y를 위해 Y를 고의적으로 죽이거나 Y의 죽음을 방임하는 경우
2) 적극적 안락사: X가 어떤 조치를 취한 결과로 Y가 죽는 경우
3) 소극적 안락사: X가 Y를 죽도록 내버려두는 경우, X가 Y의 수명 연장 치료를 하지 못하게 말리거나 그만두게 하는 경우
4) 자발적 안락사: 사리분별력이 있는 Y가 스스로 죽음을 원하는 경우의 안락사
5) 의지 표현이 없는 안락사: 이를테면 심각한 장애를 가진 신생아처럼 죽음을 원한다고 자기 의사를 밝힐 수 없는 경우의 안락사

6) 비자발적 안락사: Y는 죽고 싶은 마음이 없는데도 X가 Y를 위해 Y가 죽도록
   내버려두거나 죽게 하는 경우
7) 자살: Y가 고의로 자신의 목숨을 끊는 경우
8) 조력자살: X가 Y의 자살을 고의로 돕는 경우
9) 의사조력자살: 의사가 Y의 자살을 고의로 돕는 경우

안락사 용어 정리를 통해 안락사가 벌어질 수 있는 여러 상황을 이해할 수
있고 그 이해를 통해 안락사 문제에 보다 가깝게 접근할 수 있다. 여기서 하나
더 살펴볼 용어는 '존엄사'이다. 안락사와 비슷한 의미로 사용되고 있지만 명확하
게 일치하는 단어는 아니다. 존엄사는 인간으로서 지녀야 할 최소한의 품위를
지키면서 죽을 수 있게 하는 행위를 가리키거나 또는 그런 견해를 말한다. 존엄사
는 소극적 안락사라고도 말할 수 있다.

안락사는 1994년 6월 네덜란드의 어떤 정신과 의사가 심한 우울증에 시달리던
한 여인에게 치사량의 수면제를 주어 자살을 방조한 혐의로 기소되면서 대법원이
의사에게 유죄를 인정하여 그 유래가 되었다. 네덜란드는 그 과정을 거쳐 2001년
4월에 안락사를 합법화하였다. 적극적 안락사의 시술을 합법화한 네덜란드 법률
요건에는 환자의 극심한 고통과 그것을 벗어날 수 없는 상황, 환자의 자발적이고
심사숙고한 과정, 환자와 의사 그리고 다른 의료전문가들의 소견을 충분히 확보
해야 하는 상황 등을 명시하고 있다.

안락사에 대한 용어 정의와 안락사 유래 사건을 통해 안락사 문제가 우리와
멀리 떨어져 있는 것이 아니라는 것을 새삼 깨닫는다. 안락사 문제는 환자 자신의
문제뿐만 아니라 그와 관련된 많은 사람들 나아가 우리 사회의 문화와 질서에
큰 영향을 끼치고 있음을 다시 한 번 확인할 수 있다.

다음에 제시하는 〈읽기 자료 2〉는 역사상 가장 유명한 의사이며 고대그리스를
대표하는 의학의 대명사인 히포크라테스(Hippocrates, B.C.460~B.C.377?)의 선
서문이다. 선서에는 의사와 의사, 의사와 환자의 관계 등에서 지켜야 할 도리들을

보여주고 있다. 다음 글을 읽으면서 의료인으로서의 진정한 책임과 의무가 무엇일까를 생각해보자.

<읽기 자료 2>

나는 의술의 신 아폴론과 아스클레피오스와 휘기에이아와 파나케이아를 비롯한 모든 남신과 여신들을 증언자들로 삼으며 이 신들께 맹세코 나는 나의 능력과 판단에 따라 다음 선서와 서약을 이행할 것이다.

내게 이 기술을 가르쳐 준 스승을 내 부모와 똑같이 여기고 삶을 함께 하며 그가 궁핍할 때 나의 것을 그와 나누고, 그의 자손들을 내 형제와 같이 생각하고 그들이 이 기술을 배우고자 하면 보수와 서약 없이 가르쳐줄 것이다. 의료지침과 강의 및 그 밖에 모든 가르침은 나의 아들과 나를 가르친 스승의 아들 및 의료 관습에 따라 서약하고 선서한 학생들 말고는 어느 누구에게도 전해주지 않을 것이다.

나는 나의 능력과 판단에 따라 환자를 이롭게 하기 위해 섭생법을 쓰는 반면, 환자가 해를 입거나 올바르지 못한 일을 겪게 하기 위해 그것을 쓰는 것은 금할 것이다.

나는 그 누가 요구해도 치명적인 약을 주지 않을 것이며, 그와 같은 조언을 해주지도 않을 것이다. 마찬가지로 나는 여성에게 임신중절용 페서리를 주지도 않을 것이다.

나는 나의 삶과 나의 의술을 순수하고 경건하게 유지할 것이다.

나는 절개를 하지 않을 것이고 결석환자라도 그렇게 하지 않을 것이고, 그러한 일에 종사하는 사람에게 맡길 것이다.

나는 어느 집을 방문하든 환자를 이롭게 하기 위해 방문할 것이지만, 고의적인 온갖 올바르지 못한 행위나 타락 행위를, 특히 자유인이든 노예이든 남자나 여자와의 성적 관계를 금할 것이다.

치료하는 중에는 물론이고 치료하지 않을 때조차도 사람들의 삶에 관해 내가 보거나 들은 것은 무엇이든 결코 발설해서는 안 되는 것으로서, 나는 그러한 것들을 성스러운 비밀이라고 여겨 누설하지 않을 것이다.

이 선서를 이행하고 어기지 않으면 내가 모든 사람에게서 좋은 평판을 받고 나의 삶과 기술을 향유할 수 있길 기원하고, 내가 선서를 어기고 거짓 맹세를 하는 것이라면 이와 반대되는 일이 있길 기원한다.

〈히포크라테스(2011), 『히포크라테스 선집』〉

히포크라테스 선서는 우리나라 의과대학 졸업식 행사에서 자주 사용하는 것으로 짧은 글이지만 이전 시대의 주술과 신비주의적 치료의 고정관념을 벗어난 것으로 의학의 이상과 인본주의 정신, 의료진의 윤리까지 포함한 치료 의학의 중요한 문서이다.

다음 〈읽기 자료 3〉는 임종환자들에 대한 인간적 배려에 대해 생각해 볼 수 있는 글이다. 안락사에 대한 찬반의견을 떠나 고통 속에 있는 환자들에게 무엇을 해 줄 수 있으며 무엇이 정말 소중하고 중요한 것인지 진지하게 생각해보는 시간을 가져보자.

〈읽기 자료 3〉

불치병 환자에게 마지막 순간까지 모든 인간적 관심을 기울이는 것이 얼마나 중요한 일인가는 아무리 강조해도 지나치지 않다. 의사와 간병인들의 인간적 배려는 병원의 치료비로는 환산되지 않지만 많은 비싼 약품들보다 더 값진 것이다. 최대의 간병, 최소의 치료! 이것이 오늘날 임종환자를 돌보는 표어가 되고 있다.

의료 기구를 많이 사용하는 현대의학은 임종을 앞둔 환자들을 외롭게 해서는 안 된다. 완벽한 시설을 갖춘 병원일지라도 치료 자체에만 전념하고 인간적 배려가 부족해서는 안 된다. 최근에는 점점 더 많은 의사, 간병인과 간호사들이 병원에서의 탈인간화 위험과 직면하여 도구와 약품의 지나친 남용보다는 인간적 배려에 신경을 쓰는 것은 반가운 일이다.

환자를 지향하는 의학은 포괄적인 육체적 · 정신적 간병만이 도움이 된다는 것, 또한 병원 내의 인간적 분위기와 특히 마지막까지 이루어지는 따뜻한 대화가 중요하다는 것을 알고 있다. 그 모든 치료요법상의 필연적인 냉철함과 전문적 엄격성에도 불구하고 언제나 따뜻한 감정이입의 능력과 환자를 보살피는 마음이 중요하다. 이럴 때에만 의사도 임종환자에게 병세가 어떤지 책임 있게 말할 수 있으며, 환자도 정신적으로 공황상태에 빠지지 않게 된다. 이럴 때 비로서 환자에게 죽음이 과중한 무게로 다가서지 않고 좀 더 가벼워진다.

〈토니호프(2011), 『안락사는 살인인가』〉

인간의 삶에서 죽음을 선택할 수 있는 권리까지 포함할 수 있는가에 대한 문제는 개인의 생명가치에 따라 달라질 수 있다. 그러나 우리는 개인적 생명가치를 뛰어넘어 인류가 따를 수 있는 생명윤리 가치가 필요하다. 왜냐하면 생명윤리는 사회의 질서에 큰 영향을 미치기 때문이다. 인간이 생명을 연장하느냐 죽음을 선택하느냐의 문제는 그리 간단한 문제가 아니다. 책임과 의무, 존재란 무엇인가, 행복이란 무엇인가 등의 여러 가지 중요한 문제들이 복합적으로 연관되어 있다.

생명윤리와 안락사를 논하다보면 히포크라테스 선서에 나오는 "나는 어떤 요청을 받아도 치명적인 약을 누구에게도 주지 않을 것이며, 그 효과에 대해서도 말하지 않을 것입니다."라는 구절과 프랑스의 수학자이자 철학자인 데카르트(Descartes, René, 1596~1650)의 "나는 생각한다. 고로 나는 존재한다"의 명제 구절을 인용하여 자신의 주장들을 펼친다. 책임과 의무의 관점에서 히포크라테스 선서를 곰곰이 생각해보고 존재의 참 의미에 대해서 데카르트의 철학을 깊이 고려하면서 생명에 대한 정의와 윤리 그리고 행복한 삶이란 무엇인가에 대해 다양한 생각들을 토론해 보고 바람직한 생명윤리에 필요한 원리들을 제시해보자.

〈책 보따리 – 주제를 이해하기 위한 참고문헌 찾아보기〉

권복규 · 김현철, 『생명 윤리와 법』, 이화여자대학교출판부, 2009.
문유일 · 류대성, 『고전은 나의 힘(철학읽기)』, 창비, 2014.
히포크라테스, 『히포크라테스 선집』 여인석 · 이기백 옮김, 나남, 2011.
에르빈 슈뢰딩거, 『생명이란 무엇인가』, 서인석 · 황상익 옮김, 한울, 2007.
원한스 큉 · 발터 옌스, 『안락사 논쟁의 새 지평』, 원당희 옮기, 세창미디어, 2010.
토니호프, 『안락사는 살인인가』, 김양중 옮김, 한겨레출판, 2011.

〈생각 보따리 – 논제를 찾기 위한 질문하기〉

1) 생명은 개인의 소유인가?

2) 죽음에 대한 권리는 사람에게 자율적으로 주어진 것인가?

3) 개인의 자율적인 결정이 공공의 건강을 해치는 경우는 없는가?

4) 자율성을 발휘할 수 없는 환자에게 누구의 의견이 우선일까?

5) 경제적 형편으로 인한 안락사의 요청은 과연 바람직한 것일까?

〈발표 보따리 – 토론을 위한 논제 세우기〉

1) 안락사를 법적으로 인정해야 한다. _____

2) 죽음에 대해 개인의 자율권이 가장 우선시 되어야 한다. _____

3) _____

4) _____

5) _____

<문 개요서>

논제			
배경 상황			
입장			
공유점			
입론		찬성 측	반대 측
	전제		
	핵심 개념		
	논점		
	논거		
	기대 효과		
교차조사	예상 질문		
	답변		
반론	예상 반론		
	대책		

<토론 정리표>

논제: _____   작성자_____

(1) 찬성 측 ① 입론	(2) 반대 측 ② 교차조사	(3) 반대 측 ① 입론	(4) 찬성 측 ② 교차조사
▶	▶	▶	
보완:	보완:	보완:	보완:

(5) 찬성 측 ② 입론	(6) 반대 측 ① 교차조사	(7) 반대 측 ② 입론	(8) 찬성 측 ② 교차조사
▶	▶	▶	
보완:	보완:	보완:	보완:

(9) 반대 측 ① 반론	(10) 찬성 측 ① 반론	(11) 반대 측 ② 반론	(12) 찬성 측 ② 반론
▶	▶	▶	
보완:	보완:	보완:	보완:

〈토론 평가표〉

	학과 학번: 이름:		
논제			
토론자	찬성 측:		
	반대 측:		
사회자			

	평가기준	찬성 측	반대 측
공통 항목	− 언어태도(목소리, 속도, 말투 등)의 적절성 − 토론의 예절과 규칙 준수 여부		
입론	− 주장과 근거를 잘 이해했는가? − 논점은 참신했는가? − 근거가 적절했는가? − 논거가 타당한가?	점수 1, 2, 3, 4, 5	점수 1, 2, 3, 4, 5
교차 조사	− 토론의 논점을 분명하게 파악하여 질문했나? − 상대방의 논리적 허점을 잘 짚었나?	점수 1, 2, 3, 4, 5	점수 1, 2, 3, 4, 5
반론	− 상대방의 문제점을 잘 지적했나? − 논제의 내용을 토대로 반론했는가? − 반론의 논거가 타당한가? − 반론거리를 모두 지적했는가?	점수 1, 2, 3, 4, 5	점수 1, 2, 3, 4, 5
	합계		
사회자	− 논제의 의의를 잘 부각시켰나? − 토론의 규칙과 시간을 잘 지키도록 했는가? − 토론의 내용을 잘 요약했는가?	점수 1, 2, 3, 4, 5	점수 1, 2, 3, 4, 5
총평			

자연환경

환경은 사람과 함께 공존하는 우리 주변의 모든 것을 말한다. 특히 자연은 사람이 살아가는데 필요한 것의 대부분을 제공해 주면서 직접·간접적으로 영향을 주고 있는 중요한 환경이다. 다시 말해 사람은 자연에서 먹을 것, 입을 것, 살 곳 등의 재료를 얻으면서 살아가고 있으며 자연은 그것을 아낌없이 제공해 주는 보배로운 창고와 같은 역할을 하고 있다.

자연환경을 좀 더 구체적으로 보면 대기(공기), 물, 토양 등을 살펴볼 수 있다. 공기는 지구를 둘러싼 기체로서 산소와 질소의 혼합된 성분이 주를 이루고 그 밖에 불활성 가스와 이산화탄소 성분들로 이루어진다. 인간은 호흡을 통해 대기에 있는 산소를 얻고 몸속에 있는 이산화탄소를 내보낸다. 호흡을 통해 인간은 생명을 유지하기 때문에 대기(공기)는 인간에게 중요한 환경이다. 물은 순순하게는 수소와 산소가 결합한 것이지만 현재 자연에서는 여러 가지 불순물을 함유하고 있다. 인간은 물을 마시고 배설하는 순환기능을 통해 생명을 유지할 뿐만 아니라 건강한 대사기능을 유지한다. 따라서 물 또한 인간에게 중요한 환경이다. 토양은 암석이 산소와 물 그리고 열작용을 받아 크고 작은 입자로 깨진 혼합물과 화학반응으로 생성된 물질과 유기물로 구성된다. 토양은 인간뿐만 아니라 동물과 식물에게 삶의 터전을 마련하고 음식물(영양분)을 제공해 주는 없어서는 안 될 매우 중요한 자연환경이다.

최근 북극권에 속하는 러시아 중북부 야말로네네츠 자치구에서 75년 만에 탄저병이 발생했다는 보도(BBC 2016.8.1.)가 있었다. 탄저병은 탄저균에 감염된 동물의 사체나 오염된 토양과 접촉하였을 때 발생하는 것으로 전염성이 매우 강하다. 이 지역에서 발생한 탄저병은 이상 고온 현상으로 영구동토층이 해동하여 그 속에 있던 사체나 오염 등이 원인이 되었다고 한다(조선일보 2016.8.3.A16면). 이 사건은 단순한 질병 발생의 기사가 아니라 인간에게 필수적인 자연환경인 대기, 물, 토양이 인간에게 치명적인 영향을 줄 수 있다는 것을 시사한다.

현재 지구온난화, 기후변화로 인한 기상이변, 해수면상승, 토양오염 등은 여러 가지 현상으로 인간의 일상적인 삶까지 위협하고 있다. 이러한 상황 속에서 우리는 인간에게 의식주 생활에 필수적인 것들을 제공해 주고 있는 자연환경에 대해 더욱 관심을 가질 필요가 있으며 환경을 오염시키는 문제들에 대해 적극적으로 의견을 나누고 그 해결책을 함께 만들며 실행해야 할 것이다.

음식

사람은 자연과 더불어 살아가면서 그 속에서 입을 것, 살 곳을 찾거나 얻고 있지만 그래도 사람에게 가장 기본적으로 필요한 것은 음식(먹거리)이다. 먹거리(음식)는 사람이 생명을 유지할 수 있도록 도울 뿐만 아니라 성장의 밑거름이 되며 질병을 치료해 줄 수 있는 매우 중요한 요소이기 때문이다.

자연은 인간에게 먹거리 즉 곡류, 채소류, 과일류, 수산물류, 육류 등의 식품 및 식품 자원을 공급해 주고 있다. 자연이 공급해 주는 음식은 기후와 지역적 특성에 맞게 각각의 지방마다 매우 다양하다.

예전 원시사회에서는 먹거리를 자연에서 직접 찾아 가공하지 않은 상태로 주로 먹었으며, 농경사회에서는 스스로 필요한 먹거리를 농사 지어 생산하고 직접 가공하여 먹었다. 이러한 원시사회와 농경사회에서는 먹거리 자체가 가지고 있는 자연적인 위험한 요소 즉 독성과 같은 문제 외에는 먹거리 자체에 대한 안전성을 크게 의심하지 않고 섭취하였다.

산업사회에서는 농경사회와 달리 먹거리를 생산할 수 있는 사람이 극소수가 되고 대부분 사람들은 먹거리를 제공 받는 소비자로 전환되었다. 따라서 소비자와 수요자들은 먹거리를 생산하는 극소수의 사람들에게 그 대가를 지불하면서 음식을 공급 받게 되었고, 더욱이 글로벌화한 현대 사회에서는 국가간 무역과 교역의 증가로 수입한 먹거리를 이전 사회보다 더 많이 그리고 쉽게 공급받게 되었다.

현대인들은 과학의 발달로 더욱 편리하게 가공, 저장된 다양한 음식을 공급받게 되었으며 예전 사람들과 달리 생명 및 건강 유지를 위한 음식뿐만 아니라 기호에 맞는 음식과 필요한 성분들을 조절할 수 있는 기능성 음식을 공급받게 되었다. 그러나 산업사회와 현대 사회에서는 이전 사회에서 고민하지 않아도 될 음식의 공급 과정과 경로에 대한 안전성을 고민하게 되었다.

자연환경과 음식

인간은 자연환경에서 음식 및 음식 재료를 얻고 그것을 먹으며 성장하다가 자연섭리에 따라 점점 퇴화하고 죽음에 이른다. 인간 및 동물과 식물의 사체는 토양과 해양 속에 묻히고 그 속에 살고 있는 미생물과 사체 속에 있는 화학성분들이 서로 섞이면서 다시 토양과 해양의 모습으로 자연환경이 된다. 이러한 생태적 연결 과정은 생명체들 사이에서 끊임없이 되풀이 되면서 공존해 가는 삶의 방식이다.

자연을 통해 음식을 공급받으며 자연의 생태적 연결고리 속에 다시 자연으로 돌아가는 인간에게 음식은 생명유지와 건강에 매우 중요한 역할을 할 뿐만 아니라 자연으로 돌아가는 인간의 모습을 건강하게 지켜주면서 자연환경을 오염시키지 않는 중요한 역할을 한다. 따라서 인간이 먹는 음식 요소가 건강하면 사람도 건강하고 나아가 자연도 지속적으로 건강할 수 있게 된다.

다음에 제시하는 〈읽기 자료 1〉, 〈읽기 자료 2〉는 건강한 음식 섭취의 중요성을 기술하면서 그것이 자연환경과도 서로 밀접한 관계에 놓여 있으며 사회적 환경에도 큰 영향을 줄 수 있음을 구체적으로 기술한 글이다. 읽기 자료를 통해 우리가 먹고 있는 음식이 한 사람의 생명과 건강뿐만 아니라 우리 모두가 살아가고 있는 환경에 어떤 영향을 주는지 생각해보자.

〈읽기 자료 1〉

음식이란 식물이나 동물 등 다른 생명체의 몸이다. 그들도 인간과 같이 소중한 생명체다. 따라서 음식은 바로 인간의 몸이 된다. 또한 인간 역시 죽으면 다른 작은 생명체인 수많은 미생물의 먹이가 되어 썩어 사라진다. 인간도 엄연히 먹이사슬의 일부다. 먹이사슬이 자연스럽고 건강하게 잘 돌아가야 인간의 몸도 건강할 수 있다.

옛날 시골집에는 외양간에 소를 키웠다. 볏짚을 작두로 잘게 썰고 방앗간에서 가져온 분겨와 콩을 조금 섞어 가마솥에 부은 뒤 불을 때서 펄펄 끓였고, 커다란 나무를 파서 작은 배처럼 만든 여물통에 부어주면 건강한 황소가 김이 무럭무럭 솟아오르는 여물을 즐겁게 먹는다. 당시에도 돼지에게는 집이나 식당에서 남은 음식물을 걷어다 먹였지만 소에게는 절대 먹이지 않았다. 옛날부터 소가 조금이라도 고기를 먹으면 미친다는 말이 전해 내려왔기 때문이다.

그런데 이러한 자연법칙을 어기고 영국에서 스크래피 병으로 죽은 양고기를 사료로 만들어 풀만 먹는 소에게 대량으로 먹인 일이 있다. 그 결과 소들이 광우병에 걸리고 전 세계로 광우병이 퍼졌다. 광우병은 동물 세포의 생체막 단백질 중 하나인 프리온의 물리적 구조가 변형되어 생기는 것으로, 자기의 기능을 잃은 프리온이 정상적인 프리온까지 변형시키면서 신경세포들을 망가뜨리고 결국은 죽게 만드는 무서운 병이다. 이러한 결과가 있었음에도 불구하고 미국은 아직도 소의 내장 등 버리는 부위로 만든 값싼 육골분을 다른 가축들에게 먹이는 것을 허락하고 있다. 프리온 단백질 전염병은 소만 걸리는 것이 아니라 대부분의 다른 동물도 걸릴 수 있다. 〈중간 생략〉

우리가 먹는 음식들은 대부분 동식물의 사체를 양분으로 삼은 식물이 태양빛을 이용해 공기 중의 이산화탄소를 흡수하고 결합시켜 만든 화합물로 이루어졌다. 음식은 흙에서 나온 영양소인 각종 미네랄을 함유하고 있으며, 우리 몸에서 소화되어

신진대사 과정을 통해 에너지 혹은 피와 살로 변하는 데 촉매처럼 사용된다. 따라서 갖가지 영양소로 균형 잡힌 자연 음식을 먹으면 대사가 잘 일어나 우리 몸이 건강해진다.

그러나 마트 식품코너에서 간편하게 구할 수 있는 가공식품들은 분리 정제 과정에서 미네랄이나 비타민, 효소 등이 제거되거나 파괴되어 영양의 균형이 깨지고, 유해 색소나 방부제가 첨가되어 대부분 우리 몸에 해로운 것들이다. 이런 음식을 습관적으로 먹으면 대사가 비정상적이 되고 몸에 유해 화학물질이 쌓이면서 세포에 이상을 일으켜 몸이 망가질 수밖에 없다. 좋은 음식을 섭취해야 몸과 마음이 동시에 건강한 삶을 살 수 있다.

〈이기영(2011), 『음식이 몸이다』〉

〈읽기 자료 1〉은 사람이 자연에서 자연적인 과정을 통해 좋은 음식을 섭취해야 몸이 건강해지고 건강한 몸으로 삶을 마감했을 때 자연의 먹이사슬이 선순환된다는 견해이다. 위 글의 지은이는 바른 먹거리의 중요성을 부각하는 동시에 음식과 환경 그리고 사람과의 밀접한 관계를 다시금 생각하게 해준다.

다음에 제시하는 〈읽기 자료 2〉는 자원의 무계획적 개발로 인한 사회의 변화와 글로벌화로 인한 먹거리 환경의 극단적인 변화를 보여주고 있는 글로서 자원의 개발과 사회 발전 그리고 글로벌화로 인한 먹거리 변화에 대해 시사하는 바가 크다. 특히 변화된 사회에서 소비자들이 수동적으로 편리성에 따라 간편한 먹거리를 선호하다 보면 건강 문제와 영양불균형문제, 식생활 문제 나아가 환경문제와 사회 구조적인 문제가 야기된다는 점을 부각하고 있다.

〈읽기 자료 2〉

남태평양의 섬나라 나우루는 자기들만의 언어를 갖고 있지만 사실상 영어를 공용어로 쓰고 있는 섬나라다. 인산염을 수출해 먹고 사는 이 나라는 19세기 말 잠시 독일의 통치를 받았고, 제1차 세계대전 때에는 호주의 식민지가 됐으며 제2차 세계대

전 때 또다시 일본에 점령을 당했다. 전쟁 후 유엔 신탁통치를 거쳐 독립 국가가 된 것은 1968년이다.

1999년 '세계에서 가장 작은 공화국'으로 유엔 회원국이 되었다. 적도 바로 아래에 위치한 나우루는 넓이 21제곱킬로미터에 해안선이 30킬로미터에 불과한 작은 섬이다. 호주 브리즈번에서 비행기로 4시간 30분 거리에 있다. 인구는 2014년 7월 기준으로 9500명이 조금 못 된다. 수도는 따로 없고 야렌 지역의 공항 활주로 앞 바닷가에 정부 청사와 의사당, 초등학교, 중학교, 경찰서, 소방서가 나란히 붙어 있다. 한때는 인산염 수출로 소득이 높았지만 지금은 쇠락해져서 재정의 상당 부분을 외부 원조에 의존하고 있다. 산업이라고는 비료의 원료인 인산염 채굴과 소규모 코코넛 농장 정도가 전부이다.

이 작은 섬나라를 돌아보게 된 출발점은 먹거리를 두고 걱정하는 우리들에게 극단적인 형태로 모든 것을 보여주고 있기 때문이다. 나우루 사람들은 대부분이 뚱뚱하다. 물론 뚱뚱한 것은 죄가 아니다. 신진 대사량이 많은 사람도 있고, 적은 사람도 있으니까. 그리고 먹을 것을 즐기는 사람과 단 것을 유독 좋아하는 사람도 있기 때문이다. 그러나 한 지역 주민의 90퍼센트가 한두 세대 만에 비만과 과체중이 되었다면 그것은 사회의 구조적인 문제가 된다.

나우루는 100년 가까이 인 광산을 파헤친 끝에 섬 전역이 황폐해졌고, 수산업은 외국에서 온 원양어선들에 넘어갔으며, 정부는 외국 배들에 조업 허가권을 팔아 수입을 얻고 있다. 소규모 농경과 채집·고기나 수산물을 잡거나 거두어들이는 일을 하던 이 섬은 어느 날부터 정크푸드 천국이 되었다. 독립한 뒤 인스턴트 식품들이 쏟아져 들어오면서 외국산 식품의 쓰나미 속에 전통 먹거리 생산은 몽땅 경쟁력을 잃었다. 섬이라는 지리 조건이 큰 영향을 미친 것은 분명하다. 섬이라는 지리 조건으로 주민들은 고립된 반면 경제와 생활은 세계화의 물결에 휩쓸렸다. 바다 건너 어마어마한 거리를 옮겨다니는 식재료들, 토착 먹거리의 붕괴, 비만과 당뇨병. 세계 식량 체제의 '미래'가 나우루라면 지구는 어떻게 될까.

인산염을 실어 나르는 파이프와 항구 시설이 이어진 바닷가를 따라 걷다보면 데니고모두에 있는 라나의 집이 나온다. 초콜릿으로 배를 채운 아이들은 저녁 무렵 쏟아진 빗속에서 뛰어놀고 있다. 라나의 가족들과 식사를 하고 싶었지만 '모두 함께 하는 저녁'은 없다고 하면서 식구들 각자 아무 때나 내키는 대로 먹는다고 하였다. 이유는 현대인의 식사 시간이 출퇴근과 등하교의 생활 리듬에 맞춰진 것에 비해 여기는 그럴 필요가 없었기 때문이다. 2004년 미 중앙정보국(CIA) 통계에 따르면 나우루의 실업률은 90퍼센트이다.

라나의 가족은 아침에 눈을 뜨면 원하는 만큼 호주산이나 미국산 비스킷을 집어먹는다. 이날 오후 라나는 초콜릿을 먹은 뒤 손바닥만 한 호주산 햄 두 조각과 비스킷으로 배고픔을 면할 정도만 먹고 만다. 라나는 스물여덟 살 된 딸 모키와 함께 집 1층의 작업실에서 재봉틀 두 대로 옷가지를 만들어 팔면서 산다. 이곳에선 꽤 잘사는 편이지만 그의 집에는 제대로 된 부엌이 없다. 요리는 거의 하지 않고, 햄·비스킷과 콜라를 먹거나 가까운 중국 식당에서 밥을 사다가 통조림과 함께 먹는다. 나우루 아이들은 인도네시아산 컵라면을 가장 좋아한다.

〈구정은 외(2016), 『지구의 밥상』〉

위의 〈읽기 자료 1〉, 〈읽기 자료 2〉는 변화된 사회와 먹거리에 대한 이야기로서 환경과 음식의 밀접한 관계를 다시 한 번 생각하게 하며 소비자들의 올바르고 바람직한 먹거리 선택을 촉구하는 동시에 먹거리를 생산, 유통하는 기업들에게도 그 윤리적 책임을 묻고 있다. 글로벌화한 시대에도 음식은 우리 몸을 건강하게 만드는데 매우 중요한 역할을 하며 나아가 자연적 사회적으로도 그 영향력이 매우 크다. 또한 음식은 사회, 경제, 정치의 모든 구조에도 연관이 있어 우리의 삶 속에 매우 중요한 요소로 자리 잡고 있다.

현대사회의 변화된 음식 생산과 소비문화 속에서 과연 우리는 예전과 같이 음식(먹거리)에 대한 안전성과 정보에 대해 무관심할 수 있을까? 그렇지 못할 것이다. 따라서 우리는 생산하고 또 소비하고 있는 음식에 대해 좀 더 관심을 가질 필요가 있으며 생산자, 소비자 그리고 사회적 제도에서의 바람직한 방향을 함께 고민해봐야 할 것이다.

　세계 인구는 18세기 중반 산업혁명 이후 급속하게 증가하였고, 의학과 농업의 발전으로 평균 수명이 늘어난 21세기 현재까지 지속적으로 증가하고 있는 추세이다. 1804년 세계 인구는 10억을 돌파하였고, 국제연합(UN)이 발표한 자료(2011년 10월 31일)에 의하면 2011년 세계 인구는 70억 명을 돌파했다고 한다. 각국의 인구증가율이 같지는 않지만 여전히 전 세계적 인구수는 증가하고 있음을 알 수 있다. 산업혁명이 시작된 영국을 비롯한 서유럽의 선진국들과 북아메리카, 오스트레일리아, 일본, 대한민국 등의 나라는 사망률과 출생률이 점차 낮아지고 저출산에 대한 극복을 최우선 과제로 설정하여 저출산 대책을 계획하고 있는 실정이지만, 전 세계적 총 인구수는 계속 증가하고 있으며 특히 아직 산업이 발달되지 않은 아시아와 아프리카의 많은 나라들은 여전히 높은 인구증가율을 보이고 있는 실정이다.

　전 세계적 인구 증가는 여러 가지 정치·경제·사회적 문제를 발생시킬 수 있지만 그중에 가장 시급하고 중대한 문제는 식량이다. 인구수 증가에 비례하여 식량 생산 증대도 필수적으로 이루어져야 하는데, 현재 식량을 공급할 수 있는 농지 면적과 농업 용수는 한정되어 있고, 나아가 산업발달로 인한 여러 가지 환경변화와 질병, 이상기후 등의 문제가 복합적으로 영향을 주어 식량 수확 증대에 어려움을 겪고 있다. 유엔식량농업기구(FAO)와 세계식량계획(WFP)이 발표한 '2014 세계 식량 불안 상황' 보고서에 따르면 2012년부터 2014년까지 전 세계 기아 인구는 8억530만 명인 것으로 집계되었다. 특히 아시아와 아프리카의 국가들에서 그 심각성은 매우 크며 이미 식량불안 경보가 내려진 나라들도 있다.

　지구촌 어딘가에서 벌어지고 있는 식량 부족 문제가 과연 어느 한 개인의 문제이며 한 나라의 과제일까? 아닐 것이다. 특히 글로벌화한 현대사회에서는 직접·간접적으로 서로에게 영향을 많이 주기 때문에 지구상에서 벌어지고 있는 모든 문제들은 한 사람, 한 나라의 문제가 아니라 우리 모두의 문제가 된다. 지구상에 함께 살아가는 사람이라면 지구에서 일어나고 있는 문제가 당장의 나의 문제가 아니더라도 우리 모두의 문제로 바라보고 생각해야 하며, 함께 고민하고 함께 풀어나가야 할 과제로 받아들여야 할 것이다.

　이러한 관점에서 과학계에서는 인구증가와 더불어 환경오염과 자연재앙 등으로 인한 세계의 먹거리 부족현상에 대해 적극적인 고민을 하면서, 식량증산의 문제와 식량자원의 품종개량 문제의 해답을 유전자변형(GM)기술에서 찾았다. 과학과 생명공학 등 과학기술의 발달이 이뤄지면서 식량 문제와 대체에너지원의 공급 증대를 해결할 수 있는 방안으로 유전자변형(GM)기술을 통한 유전자재조합생물체(GMO)의 활용을 제시한 것이다. 현재 우리 현실에서 논란이 되고 있는 환경과 먹거리 문제 중 뜨거운 이슈가 되고 있는 유전자재조합생명체(GMO)에 관하여 좀 더 구체적으로 살펴보면 다음과 같다.

　유전자재조합생명체(GMO)는 먹거리에 관련된 문제인 동시에 환경과 밀접하게 관련을 맺고 있다. 유전자변형 또는 유전자조작(GM: Genetic Modification)기술은 살아있는 세포 또는 생명체의 원하는 특성만을 골라서 다른 생명체에 이식하여 새로운 물질의 생산 또는 새로운 기능을 수행하도록 하는 현대의 생명공학기술이다. 유전자변형(GM)기술 방법으로 만든 생명체를 유전자재조합생물체(GMO: Genetically Modified Organism)라고 한다. 예를 들면, 병충해에 약해 수확량이 떨어지는 일반 옥수수 DNA에 병충해에 견디는 다른 생물체의 DNA를 재조합하는 기술을 유전자변형(GM)기술이라고 하고, 이러한 방법으로 재조합된 품종을 통해 수확한 옥수수는 유전자변형생물체(GMO)인 GM옥수수라고 한다. 유전자변형(GM) 기술은 생산성이 높고 병충해에 내성을 가진 품종 등을 개발하여 품질 좋은 작물을 대량으로 수확하면서 획기적으로 식량을 증대시킬 수 있었다. 1990년대에 GM농산물이 처음 나왔고 지금까지 상업화되면서 발달하고 있다.

유전자재조합생물체(GMO)는 유전자재조합식물(GM식물: 유전자재조합식품과 GM농산물 포함), 유전자재조합동물(GM동물), 유전자재조합미생물(GM미생물)로 나누어지며, 아직 국제적으로 통일된 용어와 정의는 없다. 우리나라에서도 식품의약품안전처에서는 GMO를 '유전자재조합식품'으로 사용하고 있으며, 농림축산식품부에서는 '유전자변형농산물'이란 용어로 사용하고 있다. 우리나라 식품의약품안전처에서 제공하는 'GMO교육홍보물(2011)'에 따르면, GM농산물을 재배한 국가는 GM농산물이 처음 상업화되었던 1996년 6개국에서 2003년 18개국, 2009년 25개국으로 점차 증가하고 있다고 한다. 또한 1996년 처음 상업화된 GM농산물은 콩, 옥수수, 면화, 유채를 중심으로 재배되고 있으며, 2009년까지 세계 GM농산물의 누적 재배 면적이 약 9억 헥타르(ha)에 이른다고 한다. 2009년 세계 25개국에서 1400만 농민이 1억 3,400만 헥타르의 농지에서 유전자재조합작물을 재배 중이며, 참고로 미국의 재배면적이 전체 47.8%를 점유하고 있으며, 브라질(16%), 아르헨티나(15.9%), 인도(6.3%), 캐나다(6.1%), 중국(2.8%), 파라과이(1.6%) 등 7개국이 전체 재배면적의 96.5%를 점유하고 있다고 한다.

우리나라와 같이 GM농산물을 재배하고 있지 않는 나라들도 GM농산물을 수입하고 있는 실정이며, 우리나라는 일본에 이어 세계에서 두 번째로 유전자변형생물체(GMO)를 많이 수입하는 나라이다. 농림축산식품부의 '2013 농림축산식품 주요통계'를 보면 우리나라의 곡물 자급률은 23.6%에 그치고 있으며, 4대 유전자변형작물에 속하는 대두(10.3%), 옥수수(0.9%)의 자급률은 더 떨어진다. 따라서 우리나라 수입 유전자변형생물체(GMO) 중 대부분은 옥수수, 콩 등과 같은 GM농산물이다. 우리나라에서 수입한 GM옥수수와 GM콩 가운데 콩은 식용유(콩기름)로, 옥수수는 감미료의 일종인 전분당의 주된 원료로 사용하고 있다. 수입하고 있는 유전자변형작물(GMO)의 대부분은 가공식품 형태로 유통되고 있다.

우리가 알고 있는 방울토마토와 씨 없는 수박은 원래 우리가 알고 있는 토마토와 수박과 비교하면 유전자가 변형된 것은 사실이지만 교배를 통한 육종으로 등장한 식품으로 GMO식품이 아니며 국내에서 개발된 슈퍼옥수수와 인공씨감자도 GMO가 아니다. 육종은 생물분류학에서 비슷한 종류 즉 같은 종(種, Species)이나 속(屬, Genus)에 속하는 식물끼리 인위적으로 교배하는 방법으로 유전자변형작물(GMO) 방법과는 다르다. 유전자변형작물 즉 GM 농산물은 육종으로 만들어진 식물과 차원이 다르며 종과 속을 뛰어넘어 생물분류학상으로 훨씬 멀리 떨어져 있는 종류의 유전자는 물론이고 동물과 미생물의 유전자도 인위적으로 삽입된 식물이 유전자재조합생물체(GMO)이다(김훈기 2013: 20-21).

　1996년에 처음 등장해 20년이 된 유전자재조합생물체(GMO)의 안전성과 여러 문제를 두고 찬성 측과 반대 측의 팽팽한 논란이 현재 계속되고 있다. 인류의 식량난을 해방시켜 줄 수 있는 방안으로 시작한 유전자변형(GM) 기술이 점차 발전되고 상품화와 상업화가 진행되고 있는 요즘 우리는 식탁 위에 오른 유전자재조합식품(GMO)에 대해 보다 적극적인 질문과 관심을 가져야 한다.

　다음에 제시하는 〈읽기 자료 3〉은 지은이의 입장을 고려하지 않고 유전자재조합생명체(GMO)에 대한 찬성과 반대 시각을 제시해 주고 있는 일부분을 발췌한 글이다. 이 글을 읽으면서 현실 속에서 GMO 식품을 어떻게 받아들이며 어떤 방향으로 발전시켜야 올바른 것인지를 생각해보자.

<읽기 자료 3>

　유전자재조합생물체(유전자변형생물체)는 인류의 기아문제를 해결할 수 있는 '제2의 녹색혁명'으로 환영하는 목소리가 있는 반면, 인간과 환경에 치명적인 악영향을 끼치는 '프랑켄푸드'(괴물음식)라는 비판적 목소리가 동시에 나오고 있다. 매일 식탁에서 다양한 형태로 GMO식품을 대면하고 있는 소비자들의 혼란은 둘째로 치더라도 전문가들조차도 GMO식품에 대한 명백한 시시비비를 가리지 못하고 있으며 찬반양론만 무성하게 득세하고 있다.

　GMO 찬성론자들의 목소리는 한결같다. 이들이 강조하는 것은 무엇보다 식량문제 해결을 통한 기아극복이다. 맬서스의 인구팽창이론을 들먹이지 않더라도 세계 인구는 기하급수적으로 늘고 있으며 극빈국의 절대다수는 단지 '먹을 것이 없어서' 죽어가고 있다. 경지면적의 확대나 화학비료 사용 등이 더 이상 효율적인 식량 증산 방법이 되지 못하는 상황에서 지속적으로 증가하고 있는 식량 수요를 충족시키려면 식물의 유전자를 변형하여 생산성을 획기적으로 늘려야 한다는 이들의 주장은 설득력을 지니기도 한다.

　GMO 찬성론자들은 이 식품들이 인체에 아무런 해가 없음을 주장하고 있다. 유전자가 변형된 농작물이나 이를 가공한 식품들은 기존의 식품들과 마찬가지로 안전하고, 오히려 사람들의 기호나 필요에 의해 새로운 영양소를 보충하는 등 기존 식물의 단점을 보완할 수 있다는 것이다. 무엇보다 GMO 식품이 상품화된 지 10여 년이 지났지만 아직 이들 식품 때문에 건강상 해를 입었다는 뚜렷한 사례가 나타나지 않고 있다는 것도 이들의 주장을 뒷받침한다.

　GMO 반대론자들의 반박도 만만치 않다. GMO 식품의 안전성에 대한 논쟁에서 반대론자들이 들고 나오는 것은 '잠재적 위험성'으로, 지금 당장 명백하게 드러난 위험성이 없다고 해서 언젠가 드러날지도 모를 위험성에 눈감을 수 없다는 것이다. 인류가 수천 년 간 먹으며 안전성을 검증해온 식품들과는 달리, 다른 종의 유전자를 도입한 전혀 새로운 식품의 안정성을 검증하기에는 10여 년의 시간이 너무 짧을 수도 있다. 종의 벽을 뛰어넘어 원래의 성질과는 다른 새로운 유전자를 주입받은 식물은 인간이 미처 예상하지 못한 새로운 독성을 만들어낼 수 있고 그 해악은 언제 폭발할지 모른다. 실제로 유전자 조작을 통해 식물에 주입된 항생제 내성 유전자가 식품의 형태로 섭취되었을 경우 인체의 항생제 내성을 키울지도 모른다는 주장도 제기되었으며, 동물실험에서는 이러한 문제가 이미 드러나 있기도 하다.

GMO 반대론자들은 GMO가 생태계를 교란하여 환경 파괴의 주범이 될 수 있다는 주장도 줄기차게 제기되고 있다. 해충이나 제초제에 대한 저항성을 가진 식물의 유전자가 생태계로 전이됐을 경우, 역으로 해충과 잡초들이 저항성 유전자를 품게 됨으로써 수퍼 해충이나 수퍼잡초가 탄생할 수 있다는 것이다. 또한 GMO 반대론자들은 GMO가 환경친화적인 유기농법 자체를 불가능하게 할 수도 있다며 그 악영향에 대한 우려를 감추지 않고 있다.

〈김수병(2005), 『사람을 위한 과학』〉

〈읽기 자료 3〉은 유전자재조합생명체(GMO)에 대한 찬성의견과 반대의견을 제시한 글로서 찬성 측은 과학기술의 발전으로 인한 유전자재조합생명체(GMO)의 식품이 무한한 가능성과 희망을 가진 식품이라는 낙관적인 시각을 갖고 있고 반대 측은 유전자를 조작한 유전자재조합생명체(GMO)가 인체에 어떤 영향을 미칠지 아직 모르며 예측하지 못한 위험성이 매우 많다고 보는 비관적인 시각을 갖고 있음을 기술하고 있다. 〈읽기 자료 3〉은 현재 많은 변화가 있는 음식(먹거리)과 그와 관련된 환경 문제에 대해 관심을 갖게 해준다.

오늘날 환경과 음식은 과학기술과 연관되어 우리에게 편리한 삶과 풍족한 삶을 제공하고 있다. 하지만 인간이 만들어 놓은 그 풍족함과 편리함 속에는 자연환경의 오염과 파괴 그리고 음식의 변화와 부정적 위험도 야기시켰다. 어떤 문제이든 해결 방안 속에는 장점과 단점이 있는데 그 장점과 단점을 어떻게 보완하며 조화를 이룰 것인지를 고민하면서 현재 야기되고 있는 환경과 음식에 관련된 문제들을 토론하여 보고 올바른 방향을 제시하여 보자.

구정은 외4,『지구의 밥상: 세계화는 전 세계의 식탁들을 어떻게 점령했는가』, 글항아리, 2016.

김수병,『사람을 위한 과학(첨단과학의 오해와 진실)』, 동아시아, 2005.

김훈기,『생명공학 소비시대–알 권리 선택할 권리』, 동아시아, 2013.

박광하,『환경과 건강』, 동화기술, 2015.

이기영,『음식이 몸이다』, 살림, 2011.

〈생각 보따리 – 논제를 찾기 위한 질문하기〉

1) 음식과 몸과 자연은 어떤 관계를 맺고 있다고 생각하는가?

2) 먹거리의 변화로 사회 관습이 바뀔 수 있다는 견해에 대해 어떻게 생각하는가?

3) 유전자재조합생명체(GMO)의 장점과 단점은 무엇인가?

4) GMO 식품의 생산과 소비 과정에서 과학자, 생산자, 소비자, 기업, 정부 등은 각각 어떤 역할을 해야 할까?

5) 과학기술을 통한 먹거리의 발전이 계속되면 어떤 일이 벌어질까?

6) 생존문제와 발전문제 무엇이 더 중요할까?

〈발표 보따리 – 토론을 위한 논제 세우기〉

1) 환경발전보다 환경보전에 더 관심을 가져야 한다.

2) GMO 식품을 생산하지 말아야 한다.

3) _____

4) _____

5) _____

〈토론 개요서〉

논제			
배경 상황			
입장			
공유점			

		찬성 측	반대 측
입론	전제		
	핵심 개념		
	논점		
	논거		
	기대 효과		
교차조사	예상 질문		
	답변		
반론	예상 반론		
	대책		

〈토론 정리표〉

논제: _____   작성자_____

(1) 찬성 측 ① 입론	(2) 반대 측 ② 교차조사	(3) 반대 측 ① 입론	(4) 찬성 측 ② 교차조사
▶	▶	▶	
보완:	보완:	보완:	보완:

(5) 찬성 측 ② 입론	(6) 반대 측 ① 교차조사	(7) 반대 측 ② 입론	(8) 찬성 측 ② 교차조사
▶	▶	▶	
보완:	보완:	보완:	보완:

(9) 반대 측 ① 반론	(10) 찬성 측 ① 반론	(11) 반대 측 ② 반론	(12) 찬성 측 ② 반론
▶	▶	▶	
보완:	보완:	보완:	보완:

〈토론 평가표〉

	학과　　　　　　　학번:　　　　　　　이름:		
논제			
토론자	찬성 측:		
	반대 측:		
사회자			

	평가기준	찬성 측	반대 측
공통 항목	− 언어태도(목소리, 속도, 말투 등)의 적절성 − 토론의 예절과 규칙 준수 여부		
입론	− 주장과 근거를 잘 이해했는가? − 논점은 참신했는가? − 근거가 적절했는가? − 논거가 타당한가?	점수 1, 2, 3, 4, 5	점수 1, 2, 3, 4, 5
교차 조사	− 토론의 논점을 분명하게 파악하여 질문했나? − 상대방의 논리적 허점을 잘 짚었나?	점수 1, 2, 3, 4, 5	점수 1, 2, 3, 4, 5
반론	− 상대방의 문제점을 잘 지적했나? − 논제의 내용을 토대로 반론했는가? − 반론의 논거가 타당한가? − 반론거리를 모두 지적했는가?	점수 1, 2, 3, 4, 5	점수 1, 2, 3, 4, 5
	합계		
사회자	− 논제의 의의를 잘 부각시켰나? − 토론의 규칙과 시간을 잘 지키도록 했는가? − 토론의 내용을 잘 요약했는가?	점수 1, 2, 3, 4, 5	점수 1, 2, 3, 4, 5
총평			

인문·사회 계열

• 복지

인간이 지닌 욕구

　인간은 살아가면서 자신에게 부족한 것이 있을 때 이를 충족시키려는 강한 마음을 가지고 있다. 가령, 식사를 한 지가 오래 되어서 배가 고플 때, 시장기를 채우려는 마음을 갖는다. 마찬가지로 보다 다양한 기능을 갖춘 휴대폰이 새롭게 출시되면 이를 소유하고 싶은 마음이 생긴다. 지금은 사람들에게 덜 알려져 있지만 가족이나 친구, 많은 사람들에게 더 많은 관심을 받고 싶은 마음도 있다. 또 스포츠에 관심을 갖기 시작하면 훌륭한 운동선수가 되고 싶은 마음도 생긴다. 새 학기 조별 과제가 주어지면 과제를 성공적으로 수행해서 좋은 평가를 받고 싶은 마음도 있다. 이처럼 현재는 결핍되어 있지만 인간에게 충족되어야 할 대상을 '욕구'라 할 수 있다.

　매슬로우(Maslow, 1908-1970)는 이러한 욕구를 생리적 욕구, 안전에 대한 욕구, 소속과 애정에 대한 욕구, 자아존중의 욕구, 자아실현의 욕구 등으로 구분하고 있다. 그리고 이들 욕구는 나열식이 아닌 상대적 위계로 조직되고 배열되어 있다. 이들 욕구들은 인간의 근본적인 욕구에 해당하며, 이들을 충족시키는 데에도 우선순위가 정해져 있다. 낮은 수준의 욕구가 우선적으로 충족되어야 하며, 이 욕구가 만족되었을 때는 그보다 높은 단계의 욕구가 충족대상이 된다. 그럼에도 이런 욕구의 순서는 항상 일정하지 않고 개인·정치·사회·문화적 환경 등 여러 가지 요인에 따라 달라질 수 있는 상대성도 지니고 있다.

　매슬로우는 여러 욕구 중에서 '생리적 욕구'가 가장 강력하다고 본다. 인간의 생존을 위해 필요한 음식, 물, 공기, 수면, 성 등에 관한 욕구가 이에 해당한다.

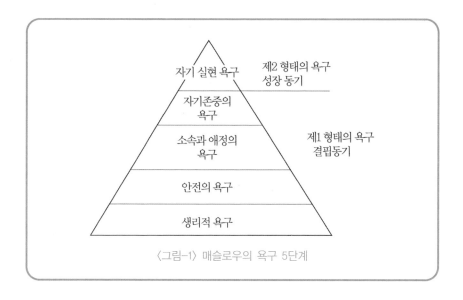

〈그림-1〉 매슬로우의 욕구 5단계

두 번째 수준의 욕구는 '안전에 대한 욕구'이다. 질서 있고, 안정적이며, 예언할 수 있는 세계에 대한 유기체의 욕구가 이에 해당한다. 평생 고용 보장이 가능한 직장의 선호, 다양한 종류의 보험 가입, 절대적 권력이나 강력한 시스템의 선호, 종교를 가지는 것이나 특정 과학과 철학을 추종하는 것 등도 안전 욕구가 표출된 경우에 해당한다. 사람들은 낯선 것보다 익숙한 것, 모르는 것보다 알려진 것을 더 좋아하게 되는데, 이러한 것도 안전에 대한 욕구가 작동한 것이라 할 수 있다. 이 욕구가 너무 강하면 개인적으로 새로운 것 또는 미지의 것에 대한 건강한 호기심이 결여될 수도 있고, 사회적으로는 독재나 군사 통치를 쉽게 수용하게 됨도 지적하고 있다.

세 번째 수준인 '소속과 애정에 대한 욕구'는 다른 사람과의 친밀한 관계, 특별한 친구 관계, 연인 관계를 맺고 싶어 하며, 특별한 집단에 소속되기를 바라는 욕구이다. 따라서 이 욕구가 새로운 중심으로 자리 잡으면 고독, 소외, 거부, 친구의 부재, 소속되어 있는 집단이나 조직이 없다는 사실이 크게 부각된다. 그런데 매슬로우는 과학기술이 발달된 현대사회에서 소속감 및 사랑에 대한 욕구가 충족되는 것은 점점 어려워진다고 하였다. 직장이나 학업으로 인한 잦은 이동, 휴대폰이나 컴퓨터 사용과 아파트 거주로 인해 주위 사람과 접촉할 수 있는 기회가 적어지거나, 가족의 해체, 지나친 경쟁사회 등은 이 욕구의 결핍을 증대시킬 수 있다고 하였다. 그리고 이 욕구에 속하는 '애정에 대한 욕구'는 다른 사람으로부터 받는 것만이 아니라 남에게 애정을 주는 것으로도 충족될 수 있다.

네 번째 상위 수준의 욕구인 '자아 존중의 욕구'는 자기 자신에 대한 존중과 다른 사람으로부터의 존중으로 나눌 수 있다. 자기 자신에 대한 존중에는 세상을 향한 자신감, 적절성, 능력 등이 있다. 다른 사람으로부터의 존중은 다른 사람으로부터의 명성, 존경, 인정, 감사 등이다. 매슬로우는 아첨이나 인기와 같은 근거가 취약한 다른 사람의 의견에 바탕을 둔 자아 존중보다는 순수한 의지, 결단력, 책임감, 타인의 진솔한 존경심 등에 바탕을 둔 건강한 자아 존중이 중요하다고 강조하였다.

다섯 번째는 '자아실현의 욕구'이다. 이는 가장 상위 수준의 욕구이며 자신의 모든 잠재력과 능력을 인식하고 충족시키는 것을 말한다. "이것은 자아 성취의 욕구, 즉 자신이 잠재적으로 될 수 있는 그 무엇을 실현하고자 함을 의미한다. 이것은 한 개인이 점점 더 자신의 특유함을 찾으려는 욕구, 자신이 될 수 있는 모든 것이 되려는 욕구"라고 하였다. 이 욕구는 다른 욕구와 특성상 많은 차이를 가지며 가장 중요한 욕구이지만 이를 실제로 실현하는 사람도 극소수(1% 미만)이라고 하였다. 이 욕구는 다른 욕구보다도 다양한 형태로 나타나며 그 강도에 있어서도 개인차가 가장 심하다고 하였다.

이와 함께 욕구라는 개념을 기본욕구와 사회욕구라는 개념으로 나누기도 한다. 기본욕구는 인간의 욕구 중에서 누구에게나 공통적이면서 필수적인 것들의 최저 수준에만 적용되는 욕구를 의미한다. 이는 모든 인간에게 공통적이라는 점, 인간성의 유지에 필수적이라는 점, 해결을 목적으로 하는 사회서비스의 양과 질에서 일정한 수준이 정해진다는 점 등 세 가지 특성을 가진다. 시드니 웹(Sydney webb, 1859-1947)은 '국민최저선' 개념을 도입하고 있는데, 이는 국민 모두가 생존 가능하고 빈곤이 제거되는 수준으로서, 이에 대해서는 국가가 충족시킬 책임이 있다고 하였다. 우리나라에서 사용하고 있는 최저임금, 최저생계비, 국민주택 최저기준, 의무교육 연한, 갑근세 면세점 등이 이 개념에서 연유한 것이다.

욕구 불만 상태의 개인은 먼저 자기 혼자 힘으로 욕구해결을 시도한다. 어떤 경우에나 개인이 혼자서 해결할 수 있다면, 문제는 거기에서 간단히 끝나게 된다. 그러나 현실세계는 그렇지 못하다. 욕구해결에 필요한 자원의 양이 항상 부족하기 때문이다. 그리하여 자원을 늘리려고 하나, 자원을 늘리는 것도 쉽지 않다. 그렇다고 욕구를 줄일 수 있는 것은 더더욱 아니다.

개인의 기본욕구 충족이 개인 차원에서 여의치 못할 때 집단적 원조체계인 사회복지가 등장하게 된다. 사회가 단순하고 엄격한 계급에 의해 질서 잡혀 있던 농업사회에서 복잡하고 다원화된 산업사회로 바뀌면 개인, 가족 또는 소규모 집단을 통한 상부상조형 기본욕구 충족방식은 부적절하게 된다. 즉, 현대인들은 옛날과 달리 더 많은 자율성을 갖게 되는 한편, 삶의 위기에 빠질 위험성이 더 높아지며 더욱더 상호의존적이 된다.

현대사회는 점점 복잡한 구조로 발전되어 왔기 때문에 새로운 사회적 위험들이 빈번하게 발생하고, 이 때문에 개인의 기본욕구를 충족시키지 못하는 사람들의 숫자도 늘어날 수밖에 없다. 그러한 기본욕구들은 이제 개인의 차원이 아닌 사회 전체의 문제가 된다. 그리고 이러한 문제들은 그 복잡성 때문에 그 원인을 찾기도 힘들다. 따라서 이러한 문제의 책임 소재를 밝히는 것은 더욱 어렵게 된다. 직장에서 열과 성을 다하여 근무해온 사람이라 해도 국가나 세계 경제의 위기 속에서 하루아침에 실직자가 되는 일은 허다하지만 이러한 문제를 야기한 원인을 찾아 해결한다는 것은 불가능하다.

이처럼 새로운 사회적 위험들 때문에 개인의 기본욕구를 충족시키지 못하는 사람들의 숫자가 많아지면, 이러한 기본욕구는 사회적 욕구가 된다. 즉 개인차원의 기본욕구들 중 사회문제로 인식되면 그것은 기본욕구인 동시에 사회적 욕구가 되는 것이다.

모든 사람은 욕구를 충족시키려고 하며, 이러한 욕구가 충족되었을 때, 행복감을 갖는다. 그러나 현실 상황에서 이러한 욕구를 항상 충족시키지는 못한다. 인간의 욕구는 무한한 반면에 그 욕구를 충족시키기 위한 사회적 자원은 부족하다. 따라서 자원 배분을 둘러싼 사회적 갈등이 항상 존재한다. 어떤 사람들은 스스로의 노력에 의해 다차원적인 욕구를 다양하게 충족하기도 하지만 어떤 사람들은 이를 제대로 해결하지 못하는 경우도 많다. 그리고 스스로 자신의 욕구를 충족시킬 수 없을 때, 이를 해결하기 위해 외부로부터 도움을 받기도 한다. 외부의 도움을 사회적으로 체계화, 제도화한 것이 사회복지이다.

사회복지는 사회(social)와 복지(welfare)의 합성어이다. 여기서 'social'은 개인의 효용 극대화를 위해 이기적으로 행동한다는 가정을 가진 'economic'과는 상대적이며 사람과 사람 사이의 관계성을 강조하는 의미다. 그리고 'welfare'는 편안하고 만족스러운 상태를 의미하고 있다. 따라서 사회복지는 '사회적으로 편안하고 만족스러운 상태'를 의미한다.

그러나 사회적으로 편안하고 만족스러운 상태가 어떤 상태를 말하는가 하는 것은 상당히 복잡한 문제이다. 사회복지를 규정하고 한 사회에서 그것을 실현해 나가기 위해서는, 그에 관한 사회적 합의를 도출하고 합의에 따라 제도를 형성하는 과정이 필요하다. 따라서 그것은 그 사회의 역사와 지배적인 이념에 따라 다양한 합의가 나타날 수밖에 없다.

통상 '사회적으로 편안하고 만족스러운 상태'로서 빈곤이나 질병이 없는 사회, 좀 더 구체적으로 사회구성원 전체에게 최소한 소득을 보장하고 무료로 의료서비스를 제공하는 사회를 표현하면서 한편으로는 그러한 사회를 구축하기 위한 실체적 활동을 가리킬 때도 있다.

여기서는 비교적 좁은 의미로 사용되는 의미와 넓은 의미로 사용되는 의미로 구분해 보기로 하겠다.

좁은 의미의 사회복지 개념은 사회복지와 관련된 개념인 사회보장, 사회서비스, 사회사업, 그리고 사회복지서비스 등의 개념을 토대로 형성되어 있다. 사회복지 대상범주를 빈곤계층, 아동, 노인, 장애인 등의 사회적 약자로 한정하여 경제적 지원과 교육, 훈련, 재활, 치료 등의 서비스를 제공하는 것을 의미한다. 현재의 사회보장제도에서는 주로 공공부조, 사회복지서비스 등의 좁은 의미의 사회복지로 이해되고 있다. 실제 사회복지사 전문직의 주된 활동영역이 이 영역이라고 할 수 있다.

넓은 의미의 사회복지 개념은 전체 사회구성원을 대상으로 전통적인 공공부조와 사회복지서비스 외에 소득, 건강, 주택, 교육, 고용 그리고 문화를 포함하여 생활의 다양한 측면에서 비복지를 해결하고 적극적으로 인간다운 삶의 질을 확보하려는 사회서비스들을 포괄한다. 현재 사용되는 좁은 의미의 사회복지 개념을 훨씬 뛰어넘는 것으로, 정부부처로 본다면 보건복지부, 여성가족부뿐만 아니라 고용노동부, 국토교통부, 해양수산부, 교육부, 문화체육관광부 등에 광범위하게 걸쳐 있다.

사회복지는 개인의 행복한 삶, 삶의 질을 높이기 위하여 무엇을 변화시킬 것인가 하는 질문을 제기하면서, 인간이 갖고 있는 많은 문제의 원인은 무엇이며, 이러한 문제에 대해 어떻게 해결할 것인가 등에 관해 관심을 가져왔다. 따라서 사회복지는 인간의 존재와 본질에 대해 어느 한 입장만을 취하기보다는 다양한 이론을 응용하여 각 개인들이 겪고 있는 문제 해결에 대처하고 있다. 이런 점에서 사회복지는 인간이 경험하는 각종 문제의 원인을 개인 또는 환경 중 어느 한 쪽의 결함으로 보기보다는 양자의 요소가 서로 어우러져서 나타난 결과로 보는 것이다. 왜냐하면 현실 사회에서 인간이 겪는 문제의 양상은 매우 복잡하여 어느 한 이론만으로 적용될 수 없는 성격을 가지고 있기 때문이다.

"복지과잉으로 가면 국민 나태"…김무성 '복지론' 시끌 ･････････････････････

증세와 복지 논쟁의 한복판에 서 있는 새누리당 김무성 대표가 오늘 과잉 복지에 대한 우려를 얘기했습니다. "복지가 과잉으로 가면 국민이 나태해진다, 그렇게 되면 부정부패가 따라온다"는 논리인데요. 현 정부가 출범하면서 내세운 복지 정책의 상당 부분을 스스로 부정하고 나선 셈입니다. 아직도 갈 길이 먼 우리 복지 현실을 크게 호도하는 것 아니냐는 비판도 따랐습니다.

김무성/새누리당 대표: 복지 논쟁, 지금보다 더 치열하게 피 터지는 논쟁의 싸움이 있어야만 (합니다.)

그러면서 과잉 복지에 대한 우려를 나타냈습니다.

김무성/새누리당 대표: 복지 과잉으로 가면 국민이 나태해집니다. 애들이 학교에서 공짜로 주는 밥 안 먹는다는 것 아닙니까.

이어 나태해지면 필연적으로 부정부패가 만연된다고 말했습니다. 그리스가 과잉 복지로 재정적자에 허덕이고 있다는 점을 사례로 들기도 했습니다. 복지 구조조정과 선별적 복지의 필요성을 거듭 내세운 겁니다. 복지를 위해 법인세 인상도 성역이 될 수 없다는 유승민 원내대표와의 입장 차이도 또다시 노출했습니다.

야당은 김 대표의 발언이 우리 복지 현실을 크게 호도하는 것이라고 비판했습니다. 국민의 나태를 우려해 꼼수 증세를 한 것이냐고 따지기도 했습니다.

김 대표의 발언은 특히 현 정부가 출범하면서 내세운 복지 정책의 상당 부분을 스스로 부정하고 나선 셈이어서 또 다른 논란을 예고하고 있습니다.

〈안태훈기자, JTBC 2015.02.05.〉

* 〈읽기 자료 1〉은 국가에서 시행하는 복지지원이 어느 선에서 이루어져야 하는가에 대한 시각차를 보여주는 기사이다.

<읽기 자료 2>

어제 오전 일본 가나가와현의 장애인 시설에 침입해 최소 19명을 살해한 뒤 자수한 용의자는 26살 남성이었습니다. 이 남성은 지난 2012년 12월 이곳에 비정규직으로 취직해 올해 2월까지 근무한 것으로 드러났습니다.

동료 직원에 따르면 2월 중순쯤 "중증 장애인은 살아도 별수 없다. 안락사시키는 것이 좋다"는 발언을 해 경찰에 신고되기도 했습니다. 이 남성은 경찰 조사를 거쳐 병원에 강제 입원 됐고, 소변 검사에서는 대마초 양성 반응이 나왔습니다.

문제는 남성이 입원을 앞두고 공관에 두 차례 찾아가 범행을 예고했다는 점입니다. 자신의 이름과 주소까지 명시한 봉투 안에 "일본을 위해 장애인 470명을 말살하거나 안락사할 수 있는 세계를 바란다"는 편지를 보낸 겁니다.

경시청은 남성의 신상 정보를 지역 경찰서에 통보했지만 범행을 막지 못했고, 병원은 입원 12일 만에 상태가 호전됐다며 남성을 퇴원시켰습니다.

현지 언론들은 이번 사고를 전후 최악의 살인사건으로 분석하는 한편, 장애인 혐오 범죄 가능성이 높은 것으로 보고 있습니다.

〈손광균기자, JTBC 2016.07.27.〉

* 〈읽기 자료 2〉는 중증 장애인 시설에서 근무하던 사람이 장애인은 이 사회에서 보호 가치가 없다는 시각에서 살인 행위를 저지른 장애인 증오 범죄 사건 기사이다.

　인간이 인간다움을 유지하며 존재하기 위해서는 기본적으로 인간의 기본적 욕구가 충족되어야 한다. 여기에는 기본적 생존 욕구와 인간으로서의 자율성을 갖는 욕구 등으로 이루어진다. 이러한 욕구를 충족하기 위한 제도와 실천이 바로 사회복지이며, 이러한 욕구의 충족을 규범적으로 표현하는 것이 곧 인권이다.

　역사적으로 인권이 보편적 사회적 요구와 현실로 받아들여진 것은 르네상스 시기에서부터였다. 그리고 20세기에 이르러 모든 인간은 일정한 기본적 권리를 부여받았다는 일반적 합의에 기초해 국제적 인권선언들이 마련되었다.

　사회복지와 인권의 관계는 모든 사람은 인간다운 생활을 영위할 권리를 갖고 있다는 전제에서 출발한다. UN이 채택한 세계인권선언(1948)도 인권을 인류 사회 모든 구성원의 타고난 존엄성 및 평등하고도 양도할 수 없는 권리로 표현한다. 따라서 국가와 사회는 이러한 권리를 보장할 의무가 있고, 국민은 이러한 권리를 국가와 사회에 당당히 요구할 수 있다.

　그러나 사회복지를 인권론적 방법으로 접근하는 것에 대한 비판도 만만치 않다. 이들은 사회복지의 인권론적 접근 자체에 대해 반대할 뿐만 아니라 복지권을 인권으로 보지 않으려고 한다. 그 주장을 들어보기로 한다(김상균 외 2001: 370).

　첫째, 복지권은 실천성의 기준을 갖추고 있지 못하다. 이 비판은 복지권이 보편적 권리로 인정받으려면 그 권리를 충족시키는 의무가 동반되어야 한다. 의무를 수행하는 실체가 있어야 하고, 또한 그 실체가 의무를 수행할 수 있는 능력을 갖추어야 하는데, 복지대상자들은 그렇게 할 수가 없다.

　둘째, 특정한 권리가 인권이 되기 위해서는, 그 권리가 인간성을 유지하는 데 굉장히 중요해야 한다는 기준을 가져야 한다. 그런데 복지권은 보편적 권리로 인정될 수 없다.

　셋째, 인권은 사회구성원 누구에게나 보편타당해야 한다. 그러나 복지권은 특정 개인이나 집단에게만 해당되는 경우가 많기 때문에 인권으로 인정받기 어렵다.

이 밖에도 사회가 가난한 사람들을 도우려고 하는 이유를 여러 관점에서 해석하고 있다.

하나는 인본주의적(humanitarian) 관점이다. 이것은 사람들이 가난한 사람들을 도우려고 하는 이유를 종교적인 이유에서든 아니든 동료 인간에 대한 동정심에서 비롯된 자선 때문이라고 본다. 사실 어떤 시대의 어떤 사회에서나 가난한 사람들에 대한 최소한의 도움은 이러한 동기에서 나왔다고 볼 수 있다.

다른 하나는 경제적 효율성의 관점으로, 가난한 사람들을 도와주는 것은 인적 자원을 향상시켜 생산성을 높이게 되고, 그로 인해 국가 경제에 기여할 수 있다는 관점이다. 이것은 또한 빈곤 문제의 해결에 국가가 적극적으로 개입해야 하는 중요한 논리를 제공하는데, 빈곤 문제를 민간 부문의 자선 행위에만 맡겨두면 공공재, 외부효과 등의 시장실패로 인해 충분히 해결될 수 없다는 점을 강조한다. 이것은 오늘날 복지국가가 크게 확대될 수밖에 없는 이유를 설명하는 중요한 관점이기도 하다.

마지막으로 사회 통제(socialcontrol)의 관점이다. 국가가 빈곤 문제를 해결하려고 하는 이유는 본질적으로 자본주의 사회의 질서 유지와 노동 규범을 강요하기 위함이라고 본다. 19세기 말 유럽에서 복지국가가 등장하기까지 오랫동안 실시되었던 국가 차원의 빈민 구제나, 오늘날 발전된 복지국가가 아닌 대부분 국가에서 수행하는 빈민 구제는 모두 이러한 차원에서 이루어지는 경우가 많다.

사회복지의 기본 가치는 다음 네 가지 원리에 근거하고 있다.

1) 개인존중의 원리: 모든 사람은 인간으로서 가치, 품위, 존엄을 가진다는 것이다. 이러한 원리는 사회복지의 철학이고 가장 중요한 기본 가치이다. 민주주의의 이념체계가 존립하는 한, 인간의 존엄성에 대한 문제는 국민의 기본 권리로 보장되어야 한다. 즉, 개인은 그 이용가치와는 상관없이 존중되어야 하며, 나아가 개인의 존엄성에 대한 신념은 사회복지의 기본적 원리가 되어야 한다.
2) 자발성 존중의 원리: 개인이 무엇을 요구하며 그것을 어떻게 충족할 것인가를 자기 스스로 결정할 권리를 가진다는 것이다.
3) 기회균등의 원리: 모든 인간에 대해 균등한 기회가 주어져야 한다는 것이다. 인간사회에서는 여러 계층으로 분류되기도 하는데 사회복지에 있어서는 어떠한 차별도 없어야 한다는 것이다.
4) 사회연대의 원리: 사회적 책임의 원리, 상호부조의 원리라고도 한다. 즉, 인간은 자기 자신과 가족 및 사회에 대하여 책임을 진다는 것이다. 현대사회에서 인간이 겪는 고통과 괴로움은 한 개인의 책임으로만 돌릴 수 없는 것으로 이에 대해 연대적인 책임, 공동의 과제가 되어야 한다.

사회복지는 사회(social)와 복지(welfare)의 합성어로 '사회적으로 편안하고 만족스러운 상태'를 의미한다. 그러나 사회적으로 편안하고 만족스러운 상태가 어떤 상태를 말하는가 하는 것은 상당히 복잡한 문제이다. 통상 '사회적으로 편안하고 만족스러운 상태'로서 빈곤이나 질병이 없는 사회, 좀 더 구체적으로 사회구성원 전체에게 최소한 소득을 보장하고 무료로 의료서비스를 제공하는 사회를 표현하면서 한편으로는 그러한 사회를 구축하기 위한 실체적 활동을 가리킬 때도 있다.

좁은 의미의 사회복지 개념은 사회복지와 관련된 개념인 사회보장, 사회서비스, 사회사업, 그리고 사회복지서비스 등의 개념을 토대로 형성되어 있다. 사회복지 대상범주를 빈곤계층, 아동, 노인, 장애인 등의 사회적 약자로 한정하여 경제적 지원과 교육, 훈련, 재활, 치료 등의 서비스를 제공하는 것을 의미한다. 현재의 사회보장제도에서는 주로 공공부조, 사회복지서비스 등의 좁은 의미의 사회복지로 이해되고 있다.

넓은 의미의 사회복지 개념은 전체 사회구성원을 대상으로 전통적인 공공부조와 사회복지서비스 외에 소득, 건강, 주택, 교육, 고용 그리고 문화를 포함하여 생활의 다양한 측면에서 비복지를 해결하고 적극적으로 인간다운 삶의 질을 확보하려는 사회서비스들을 총칭한다. 이는 현재 사용되는 좁은 의미의 사회복지 개념을 훨씬 뛰어넘는 것으로, 정부부처로 본다면 보건복지부, 여성가족부뿐만 아니라 고용노동부, 국토교통부, 해양수산부, 교육부, 문화체육관광부 등에 광범위하게 걸쳐 있다.

지금은 복지과잉의 시대?

복지국가 태동기에 나타난 가장 획기적인 제도적 변화는 사회보장제도의 수립이었다. 영국에서는 1900년대 초 근로자보상법 확대, 아동급식확대, 노령연금법 시행, 의료보험과 실업보험을 내용으로 하는 국민보험법이 제정되기도 하였다. 1948년에는 사회보장법이 제정되었는데 '요람에서 무덤까지'로 일컬어지는 포괄적인 사회보장체제가 이루어졌다.

그러나 1970년대 두 차례의 오일쇼크와 세계경제의 환경변화로 전 세계는 불황기에 접어들기도 했다. 이에 따라 1970년대 후반에는 지금까지 지속적으로 추구되어 왔던 '복지국가'에 심각한 의문이 제기되었다. 아울러 복지국가의 위기는 경제효율성을 심각하게 저해하는 국가개입에 의해 일어났다고 주장하는 신자유주의가 대두되었다. 1980년대 후반에 들어서는 복지국가가 당면한 문제를 다른 관점에서 보고자 하는 여러 견해도 대두되기 시작하였다.

(1) 세계화론

국제사회의 통합과 세계시장에서의 격심한 경제전쟁으로 인해서 복지국가의 재정적 위기가 발생하며 이러한 상황은 결국 복지국가의 종말로 이어질 것이라는 주장이다. 따라서 세계화는 다음과 같은 경로를 통해서 복지국가의 쇠퇴가 촉진된다고 보았다.

첫째, 금융 세계화는 국내 및 외국 자본에 대한 국가의 의존도를 강화시킨다. 이에 따라 국가는 자율성을 잃게 되고 자본의 이익에 반하는 복지정책을 실행하기 어렵게 된다. 둘째, 세계화로 인해서 자본이동의 가능성이 높아졌고, 자본이탈에 대한 우려로 인해서 각국 정부들은 많은 기업부담을 요구하는 복지확대정책을 유지할 수 없게 된다. 나아가서 국제자본을 유치하기 위한 국가 간 경쟁이 치열해지면서 사회적 덤핑이 발생한다. 셋째, 금융통합은 국민국가가 실업을 완화하기 위해 확대경제정책을 추구할 가능성을 감소시키고 긴축재정을 추구하도록 이끈다. 특히 유럽통합으로 인해서 모든 가입 국가들은 사회보장비 지출을 일정 한도로 제약받게 된다.

이러한 과정에서 각국 정부는 경제정책 및 사회정책의 결정에서 자율성을 상실하게 되며, 국제경쟁의 요구에 순응하여 재분배정책 혹은 시장에 대한 국가의 개입을 줄일 수밖에 없게 된다. 따라서 모든 복지국가들은 똑같이 쇠퇴의 길을 밟고 있으며 궁극적으로는 가장 낮은 수준의 복지국가로 수렴하게 될 것이라 보았다.

(2) 신자유주의

복지국가의 쇠퇴는 세계화와 같은 외부적 충격에 의해서가 아니라 경제효율성을 훼손하는 복지국가 자체의 문제로부터 연유하는 것이다. 그 근거는 다음과 같다.

첫째, 복지국가는 세금 및 사회보장 기여금에 대한 시민들과 기업들의 부담을 크게 증가시킨다. 이로 인해 기업의 고용의욕과 기업가의 투자의욕, 그리고 일반 시민의 근로의욕이 훼손되며, 그 결과 경제성장에 커다란 문제를 불러일으킨다. 둘째, 일반적으로 가처분소득이 많은 고소득층은 저축을 많이 하는 반면에 저소득층은 소비에 주력하기 때문에 빈곤층에 대한 보다 많은 소득재분배는 사회적으로 보다 많은 소비와 보다 적은 저축을 초래하며, 이런 점에서 복지정책의 확대는 저축률과 투자수준의 하락을 가져온다. 셋째, 복지급여의 제공자(정치인 및 복지관료)나 수급자는 복지재정의 부담을 지지 않기 때문에 복지지출의 증가에 쉽게 동의하며, 이로 인해서 복지예산의 낭비와 정부의 재정부담 증가가 초래된다.

이상과 같은 요인들이 복합적으로 작용함으로써 경제성장이 둔화되고, 높은 인플레이션과 높은 실업률이 발생하며, 이에 따라 경제불황의 악순환이 반복된다고 본다. 결국 복지국가는 시장의 자유로운 작동을 방해하고 사회 전체적으로 효율성을 떨어뜨림으로써 '부를 창조하는 힘들'을 손상시키며 이를 통해서 스스로 멸망의 구덩이를 파고든다고 하였다.

(3) 포스트포드주의론

포스트포드주의란 소품종 대량생산을 내용으로 하는 포드주의 생산방식과는 달리 급변하는 소비자들의 다양한 기호를 충족시키기 위해 다품종 소량생산을 내용으로 하며, 그 주요수단은 자동화된 기계설비 및 유연화된 노동이다. 이러한 생산방식은 같은 노동계급이라 할지라도 임금수준과 고용조건이 달라지기 때문에 이들 간의 연대성이 무너질 수 있고, 이들 간의 집단적 협상력도 약화된다. 곧 복지국가의 전통적 지지기반이었던 코포라티즘(사회적 조합주의)의 붕괴를 촉진시키게 된다. 포스트포드주의의 확대는 복지국가를 최저한의 생활만을 보장하는 공공부조 프로그램 중심의 것으로 재편하며, 시민생활의 보장에 대한 복지국가의 역할을 크게 감소시킨다.

(4) 탈물질주의 및 포스트모더니즘

1970년대 들어서 서구국가들이 경제적으로 풍요로워지고 복지국가의 성공으로 인해서 빈곤과 불평등문제가 어느 정도 해결되었으며, 이로 인해서 시민들은 경제생활에 대한 관심보다는 탈물질주의의 가치관에 속하는 것으로는 환경문제와 같은 미학적 가치, 사고의 자유나 언론의 자유와 같은 지적 가치, 정부 및 직장에 대한 발언권 증대나 인간적인 사회의 건설과 같은 소속 및 자기존엄의 가치에 더 관심을 갖게 된다.

이로 인해 다음과 같은 변화가 생긴다. 첫째, 시민들은 기존의 복지국가가 제공하는 복지급여로서는 충족될 수 없는 새로운 욕구를 갖게 되며, 이로 인해서 복지국가는 점점 낡은 것이 되어 간다. 둘째, 기존의 복지국가는 사회연대성, 특히 중산층의 동의를 기반으로 하고 있는데, 탈물질주의는 중산층 이상의 시민들로 하여금 산업사회의 윤리에 기초한 복지국가에 대해 비판적인 입장에 서게 하며, 이로 인해 복지국가의 존속에 대한 사회적 합의가 깨지게 된다.

<책 보따리 – 주제를 이해하기 위한 참고문헌 찾아보기>

고명석 외 2인,『사회복지개론』, 동문사, 2010

김상균 외 8인,『사회복지개론』, 나남출판사, 2008.

옌스 푀르스터,『소유와 포기의 심리학』, 박민숙 옮김, 은행나무, 2016.

조영훈,『변화하는 세계, 변화하는 복지국가』, 집문당, 2004.

조흥식 외 4인,『사회복지학개론』, 창지사, 2013.

<생각 보따리 – 논제를 찾기 위한 질문하기>

1) 인간의 욕구는 어떤 것이 있으며 어떤 방법으로 충족될 수 있는가?

2) 인간의 욕구와 사회복지는 어떤 관련성을 갖는가?

3) 개인의 노력과 능력에 따라 부가 분배되는 사회에서 가난한 사람을 도울 필요가 있는가?

4) 복지국가가 쇠퇴한다고 보는 입장에 대하여 정리해보고 그 특징을 이야기해 본다.

5) 현재 한국에서의 사회복지 제도에는 어떤 것이 있는지 알아본다.

<발표 보따리 – 토론을 위한 논제 세우기>

1) 국가가 과도하게 복지비용을 지불하다 보면 경제효율성이 떨어져서 경제발전이 퇴보하게 되고 경제 불황의 악순환이 이어진다는 주장은 타당하다고 보는가?

2) 향후 한국의 복지정책은 어떤 방향으로 가야 한다고 보는가?

3) _____

4) _____

5) _____

<저론 개요서>

논제			
배경 상황			
입장			
공유점			
입론		찬성 측	반대 측
	전제		
	핵심 개념		
	논점		
	논거		
	기대 효과		
교차조사	예상 질문		
	답변		
반론	예상 반론		
	대책		

〈토론 정리표〉

논제: _____   작성자_____

(1) 찬성 측 ① 입론	(2) 반대 측 ② 교차조사	(3) 반대 측 ① 입론	(4) 찬성 측 ② 교차조사
▶	▶	▶	
보완:	보완:	보완:	보완:

(5) 찬성 측 ② 입론	(6) 반대 측 ① 교차조사	(7) 반대 측 ② 입론	(8) 찬성 측 ② 교차조사
▶	▶	▶	
보완:	보완:	보완:	보완:

(9) 반대 측 ① 반론	(10) 찬성 측 ① 반론	(11) 반대 측 ② 반론	(12) 찬성 측 ② 반론
▶	▶	▶	
보완:	보완:	보완:	보완:

〈토론 평가표〉

	학과 학번: 이름:
논제	
토론자	찬성 측:
	반대 측:
사회자	

	평가기준	찬성 측	반대 측
공통 항목	– 언어태도(목소리, 속도, 말투 등)의 적절성 – 토론의 예절과 규칙 준수 여부		
입론	– 주장과 근거를 잘 이해했는가? – 논점은 참신했는가? – 근거가 적절했는가? – 논거가 타당한가?	점수 1, 2, 3, 4, 5	점수 1, 2, 3, 4, 5
교차 조사	– 토론의 논점을 분명하게 파악하여 질문했나? – 상대방의 논리적 허점을 잘 짚었나?	점수 1, 2, 3, 4, 5	점수 1, 2, 3, 4, 5
반론	– 상대방의 문제점을 잘 지적했나? – 논제의 내용을 토대로 반론했는가? – 반론의 논거가 타당한가? – 반론거리를 모두 지적했는가?	점수 1, 2, 3, 4, 5	점수 1, 2, 3, 4, 5
	합계		
사회자	– 논제의 의의를 잘 부각시켰나? – 토론의 규칙과 시간을 잘 지키도록 했는가? – 토론의 내용을 잘 요약했는가?	점수 1, 2, 3, 4, 5	점수 1, 2, 3, 4, 5
총평			

• 소유와 분배

　철학자 에리히 프롬(Erich Fromm)은 현대 사회가 직면한 여러 문제점들을 소유적 관점과 존재적 관점에서 설명한 바 있다. 즉 물질적 소유, 힘, 지배에 초점을 맞추고 있는 소유적 관점과 사랑, 공유, 창조적 생산성에 초점을 맞추고 있는 존재 양식에는 극명한 차이가 있으며 이에 따라 개인은 물론이고 사회 전체에도 큰 차이를 가져올 수 있다고 보았다. 여기서는 그의 저서 『소유냐 존재냐』를 바탕으로 이 두 가지 관점과 현대 사회의 특징을 살펴보기로 하겠다.

　우리는 살기 위해서 사물을 소유한다. 그리고 그 사물을 잘 활용하고 즐기면서 만족감과 행복을 느끼기도 하고 이를 통해 인간의 존재의의를 깨닫기도 한다. 오히려 존재의 본질이 바로 소유하는 것에 있으며 아무것도 소유하지 못한 사람은 존재의 이유도 없는 것처럼 여겨지기도 한다. 그러나 두 가지는 근본적으로 다른 삶의 방식과 구조이다. 그리고 그 중에서 어느 쪽을 따르느냐에 따라 한 인간의 사고, 감정, 행동이 결정되기도 한다.

　에리히 프롬은 소유적 양식을 가진 사람을 이렇게 말한다. "나는 나를 위한 모든 것을 가지고 싶다. 공유가 아닌 점유만이 내게 즐거움을 준다. 소유가 나의 목표이므로 많이 소유하면 할수록 그만큼 나의 존재가 커지기 때문에, 점점 탐욕스러워져야 한다. 나는 모든 타인에 대해서 적대감을 가지고 있다. 나의 고객들에 대해서 속임수를 쓰고 나의 경쟁자들을 파멸시키고자 하며, 내가 고용한 노동자들을 착취하고 싶어 한다. 나의 욕망은 끝이 없기 때문에 나는 결코 만족할 수가 없다. 나는 나보다 더 많이 소유한 사람을 시기하지 않을 수 없고, 나보다 더 적게 소유한 사람들을 두려워하지 않을 수 없다."

　소유에 집착하면 소유하는 것으로 끝나지 않는다. 내가 원하는 물질을 소유하면, 더 좋은 물질을 소유하고자 하는 욕망으로 발전한다. 처음에는 작은 집 한 채로도 만족하지만 나중에는 더 좋은 집과 자동차, 옷, 음식, 심지어 미술품, 도자기 등으로 그 대상이 바뀔 뿐이다. 이러한 현상은 물질에만 국한하는 것은 아니다. 명예, 권력, 대외적 관계에서의 인정 등을 소유하려는 마음으로 확대 재생산된다.

소유적 양식에 젖어 있는 학생들은 "학습한 것"을 기억 속에 새기거나 기록을 정리하여 보관하는 것이 주요 관심사이다. 여기에 자신의 의견을 덧붙이거나 새로운 사실을 보탠다는 것은 생각할 필요도 없다. 사실상 "소유형" 인간은 자신의 주제에 관한 새로운 사상이나 관념에 맞닥뜨리면 불안해한다. 새로운 것은 그가 이미 소유하고 있는 기존 정보들과 다르다. 따라서 이를 다스릴 수 없는 것으로 보기 때문에 소유의 대상이 아니라 두려움의 대상이 될 뿐이다.

에리히 프롬에게서 '존재하다'는 '생동적이다. 세계와 실체적 관계에 있다.', '겉보기와 반대되는 한 인격에 내재한 참 실재이다.'라는 의미이다. '존재적 양식'이란 삶 자체를 즐기고 자기의 재능을 생산적으로 사용하며 세계와 하나가 되게 하며, 모든 관계를 살아있는 것으로 파악하는 생활양식이다. 나의 중심은 내 안에 있고, 존재에 대한 나의 본질적 힘을 나타내는 것은 전적으로 나에게 있다.

따라서 존재 양식은 겉모양을 말하는 것이 아니다. 겉으로는 착해 보이고 희생하려는 사람처럼 보이지만 실제로는 남에게 잘 보이려는 것이거나 이를 이용하여 다른 어떤 목적을 이루려는 사람이 있다면 참된 존재적 생활양식을 따르는 사람이 아니다. 이런 경우의 외관, 즉 나의 외적 태도는 나를 움직이는 실재의 힘과는 다르다. 나의 성격구조, 즉 내가 드러내는 태도 이면의 진정한 동기가 나의 참 존재이다.

존재양식으로 세계와 관계를 맺고 있는 학생들은 학습과정에서도 적극적인 자세를 갖는다. 그들은 그 강의가 다루는 주제를 미리 고찰하고 특정한 문제와 의문에 대해서 골몰한다. 그들은 강의주제를 놓고 이미 씨름한 바가 있어 그것에 흥미를 느낀다. 그저 수동적으로 낱말과 사상을 받아 적고, 경청하는 것이 아니라 능동적이고 생산적으로 수용하고 대응한다. 그들은 그들이 들은 것을 바탕으로 새로운 의문을 제기하고 새로운 관념과 관점을 제기하기도 한다. "경청행위는 그 자체로 살아 있는 과정이다. 학생은 선생이 말하는 어휘들을 수용하고 그것에 대응하면서 생기를 얻게 된다. 그가 습득한 것은 단순히 집으로 들고 가서 암기할 수 있는 그런 지식에 그치지 않는다. 모든 학생은 나름대로 충격을 받고 변화한다. 강의를 들은 후에는 그 이전과는 다른 사람이 된다."

프롬은 교육에 대해서도 두 가지 관점이 명백히 다르다고 하였다.

프롬은 "존재양식의 목표는 보다 깊이 아는 것인 반면, 소유양식의 목표는 보다 많이 아는 것이다."라고 하였다. 일반적으로 우리의 교육제도는 학생들에게 소유물로서의 지식을 공급해주려고 애쓰고 있고, 그 지식은 그들이 훗날 살아가면서 확보하게 될 재산이나 사회적 특권에 해당한다. 그들이 획득한 최소한의 지식은 장차 그들이 일을 원활히 하는 데에 필요한 양만큼의 정보인 것이다. 거기에다가 모든 학생은 각기 자신이 지닌 값에 대한 느낌을 높여줄, 그리고 앞으로 그가 누릴 사회적 특권과 상응하게 될, 지식꾸러미를 받게 된다. 학교란 학생들에게 인간정신이 쌓아온 최고의 업적들을 전달해주는 기관이라고 일반적으로 주장하기는 하지만, 아무래도 그것은 이런 지식의 꾸러미들을 생산하는 공장에 불과한 것이다.

'사랑'에 대한 두 가지 관점도 서로 다르다. 그는 "사랑의 행위 역시 소유양식으로 말해지는가, 존재양식으로 말해지는가에 따라서 다르다."고 하였다. 사랑을 소유할 수 있는가? 그럴 수 있다면 사랑은 아마도 하나의 사물, 획득하고 소유할 수 있는 어떤 실체일 것이다. 그러나 실제로 "사랑"이라는 사물은 없다. 실제로 존재하는 것은 사랑의 행위뿐이다. 사랑한다는 것은 생산적인 활동이다. 사랑이란 누군가를 배려하고 알고자 하며, 그에게 몰입하고 그 존재를 입증하며 그를 보고 즐거워하는 모든 것을 내포한다. 그것은 그를 소생시키며 그의 생동감을 증대시킨다.

그러나 소유양식으로 체험되는 사랑은 "사랑하는" 대상을 구속하고 가두며 지배함을 의미한다. 구애를 하는 기간에는 그 어느 편이나 상대방에 대해서 자신감이 없다. 연인들은 서로 상대방의 마음을 사려고 부심한다. 그들은 생기에 넘치고 매력적이며 관심을 돋우고, 아름답기까지 하다. 아직은 어느 쪽도 상대방을 소유하지 않았기 때문이다. 상대방에게 무엇이든 베풀고, 상대방의 마음을 움직이려는 데에 온 힘을 기울인다. 결혼과 더불어 이러한 상황이 근본적으로 변하는 경우가 많다. 결혼의 약속은 쌍방에게 상대방의 육체, 감정, 관심을 독점할 권리를 부여한다. 이미 얻고자 하는 것을 소유한 셈이다. 이제부터는 그 어느 편도 상대방의 마음을 사려고 애쓰지 않는다. 이제 사랑은 소유하고 있는 무엇, 하나의 재산이 된 것이다.

〈읽기 자료 1〉

사실, 이 세상에 처음 태어날 때 나는 아무 것도 갖고 오지 않았었다. 살 만큼 살다가 이 지상의 적(籍)에서 사라져 갈 때에도 빈손으로 갈 것이다. 그런데 살다 보니 이것저것 내 몫이 생기게 되었다. 물론 일상에 소용되는 물건들이라고 할 수도 있다. 그러나 없어서는 안 될 정도로 꼭 요긴한 것들만일까? 살펴볼수록 좋을 만한 것들이 적지 않다.

우리들이 필요에 의해서 물건을 갖게 되지만, 때로는 그 물건 때문에 적잖이 마음이 쓰이게 된다. 그러니까 무엇을 갖는다는 것은 다른 한편 무엇인가에 얽매인다는 뜻이다. 필요에 따라 가졌던 것이 도리어 우리를 부자유하게 얽어맨다고 할 때 주객이 전도되어 우리는 가짐을 당하게 된다. 그러므로 많이 갖고 있다는 것은 흔히 자랑거리로 되어 있지만, 그만큼 많이 얽혀 있다는 측면도 동시에 지니고 있다.

나는 지난해 여름까지 난초 두 분을 정성스레, 정말 정성을 다해 길렀었다. 3년 전 거처를 지금의 다래헌으로 옮겨 왔을 때 어떤 스님이 우리 방으로 보내 준 것이다. 혼자 사는 거처라 살아 있는 생물이라고는 나하고 그 애들뿐이었다. 그 애들을 위해 관계 서적을 구해다 읽었고, 그 애들의 건강을 위해 하이포넥스인가 하는 비료를 구해 오기도 했었다. 여름철이면 서늘한 그늘을 찾아 자리를 옮겨 주어야 했고, 겨울에는 그 애들을 위해 실내 온도를 내리곤 했다.

이런 정성을 일찍이 부모에게 바쳤더라면 아마 효자 소리를 듣고도 남았을 것이다. 이렇듯 애지중지 가꾼 보람으로 이른 봄이면 은은한 향기와 함께 연둣빛 꽃을 피워 나를 설레게 했고, 잎은 초승달처럼 항시 청정했었다. 우리 다래헌을 찾아온 사람마다 싱싱한 난초를 보고 한결같이 좋아라 했다.

지난해 여름 장마가 갠 어느 날 봉선사로 운허노사를 뵈러 간 일이 있었다. 한낮이 되자 장마에 갇혔던 햇볕이 눈부시게 쏟아져 내리고 앞 개울물 소리에 어울려 숲속에서는 매미들이 있는 대로 목청을 돋구었다.

아차! 이때서야 문득 생각이 난 것이다. 난초를 뜰에 내놓은 채 온 것이다. 모처럼 보인 찬란한 햇볕이 돌연 원망스러워졌다. 뜨거운 햇볕에 늘어져 있을 난초잎이 눈에 아른거려 더 지체할 수가 없었다. 허둥지둥 그 길로 돌아왔다. 아니나 다를까, 잎은 축 늘어져 있었다. 안타까워하며 샘물을 길어다 축여 주고 했더니 겨우 고개를 들었다. 하지만 어딘지 생생한 기운이 빠져나간 것 같았다.

나는 이때 온몸으로 그리고 마음속으로 절절히 느끼게 되었다. 집착이 괴로움인 것을. 그렇다. 나는 난초에게 너무 집념한 것이다. 이 집착에서 벗어나야겠다고 결심했다.

〈법정(1976), 『무소유』〉

* 〈읽기 자료 1〉은 법정 스님이 난을 키우게 되는 과정에서 자신도 모르는 사이에 대상에 집착하고 일상에서 부자유하게 되는 과정을 담담하게 표현하고 있다.

소유 양식에 익숙한 현대인

'나는 무엇을 가지고 있다.'라는 말은 '나 자신이 아니라 내가 가지고 있는 그것이 나를 존재하게 하는 주체이다.'라는 의미를 지닌다. 나의 소유물이 나와 나의 실체의 근거가 된다는 의미이다. 나는 지금 값비싼 스위스제 시계를 차고 있다. 그리고 이 시계가 나의 부나 명성을 높여 주어서 지금의 나를 존재하게 한다. 내가 만약 값비싼 스위스제 시계를 소유하지 않았다면 지금처럼 나를 높이지 않았을 것이다. 따라서 나의 존재를 유지하기 위해서 지금의 시계가 그 어떤 것보다 소중하다. 내게 이 시계는 없어서는 안 될 존재이다. 그런데 이러한 상황은 '나'와 '시계'의 관계를 바꿀 수 있다. 곧, '시계'가 '나'의 주체가 되고 '내'가 '시계'의 객체(소유)가 되는 것이다. "내가 나 자신임을 확신하는 느낌이나 나의 심리적 건강이 "그것"과 가능한 한 많은 사물을 소유하는 데에 의존하는 경우에는 이것이 나를 소유하게 되는 것이다."

우리가 살고 있는 산업사회의 경우, 그 규범은 재산을 취득하고 그것을 지키며 확장하는 것, 즉 이윤을 얻으려는 욕망으로 특징지어져 있다. 그렇다 해도 대다수의 사람들은 많은 것을 갖고 있지 못하거나 아예 갖지 못한 사람들이다. 이러한 사람들이 과연 자신의 것을 소유하려는 열망과 집착을 보일 필요가 있겠느냐는 의문이 든다.

그러나 이 문제도 그렇게 고민할 필요가 없다. 수십 년 동안 걸인이 되어 모은 돈을 잃어버릴까봐 집에도, 은행에도 맡기지 못하고 베개 밑에 깔고 자는 사람들이 있다. 실제 많은 것을 가지지 못한 사람이라도 자기가 애착을 가지고 소유하려는 대상은 늘 있다. 그래서 그들 역시 부자가 자기 재산을 잃어버리지 않으려고 밤낮 애를 쓰는 거와 같이 자신의 소유물에 집착하게 된다. 그리고 그들은 자기네 재산을 지키며 아무리 하찮은 액수라도 이를 늘리려는 욕망에 사로잡혀 있다.

프롬은 선진 산업국가의 평균 시민들조차도 자신의 소유를 축적, 유지, 증식하고 싶은 열정이 있으며 이를 예전과는 다르게 해결한다고 하였다. 곧, 친구, 애인, 건강, 여행, 예술품을 비롯하여 신, 그리고 자아에 이르기까지 소유의 욕망을 확장해 간다고 하였다.

시대가 바뀌고 사회가 바뀜에 따라 소유 형태가 바뀔 수는 있지만 소유 양식의 관점에서 보면 변하지 않는다. 옛 사람들은 이미 소유한 물건을 소중히 아끼며 가능한 한 활용했다. 그리고 간직하기 위해서 사들였다. 그 당시의 구호는 "오래된 것이 아름답다."였다. 그러나 현대인은 버리기 위해 사들인다. 보존이 아닌 소비가 소유의 양식이 되어 버렸다. 집, 자동차, 휴대폰, TV 광고 등은 소비를 더욱 자극하며 소비자에게 '소비가 미덕'이라는 암시를 계속해서 전달한다. 어떤 것이 새로운 기능을 추가한 제품이고, 어떤 것이 사람들에게 인기가 있는 것인지를 지속적으로 알려주고 이를 새로 구입하도록 자극한다.

자동차를 사면서 그들은 새로운 부분적 자아를 취득했다. 그렇다면 새롭게 산 제품을 더 빨리 버리고 다른 제품으로 대치했다면 취득한 자아를 버리는 꼴이니 소유의 삶과 거리가 있지 않으냐고 반문할 수 있다. 그러나 프롬은 그렇지 않다고 말한다. "취득에서 오는 기쁨은 그만큼 배가된다. 자동차의 잦은 교환은 바로 현대인의 마음 깊이 뿌리박혀 있는 소망, 즉 유리한 이득을 취할 기회를 그만큼 자주 제공한다는 점에서 소유욕을 더 자극시켜 준다."고 하였다. 따라서 이러한 삶은 존재적 생활양식이 아닌 소유적 생활양식의 전형이 된다.

이처럼 소유욕에 근거한 소비주의는 인간행복의 이상을 물질과 완전히 일치시킨다. 그리하여 생활의 모든 국면을 물질화시킨다. 사람은 어느 시기에나 세계가 제공하는 물질의 기반 위에서 생존을 유지해 왔다. 그러나 소비주의와 상업주의가 지배하는 사회에서는 물질과 사람과의 관계를 바꿔버리기도 한다. 즉, 주체였던 '사람'이 객체가 되고, 객체였던 '물질'이 주체가 되어 버린다. 그리고 이러한 상황에서 인간은 시장에서 어떠한 상품적 가치를 소유하고 있느냐에 매달리게 된다. 사람들은 땅에다 집을 짓고 살아간다. 여기서 땅은 불안정한 인간이 정착하기 위한 근거지가 된다. 그러나 집은 어느 사이에 '집'이 아니고 팔기 위한 '부동산'이 되었다. 땅도 삶의 근거가 아니라 주로 매매의 대상, 투기의 대상으로 되고 만다.

경제성장은 모든 이의 소망을 충족시키는가

현대 사회는 소유 양식에 근거한 소비주의와 상업주의가 팽배하게 되었고 이러한 과정에서 급속한 경제 성장 정책이 전 세계적으로 광범위하게 펼쳐졌다.

이러한 경제 성장 과정에서 일어나는 결과와 이로 인해 파생되는 문제는 개인과 개인의 관계에 크게 영향을 미치는 동시에 사회 전반을 바꿔버리는 결과를 가져오기도 한다. 여기서는 이러한 결과와 문제점을 데이비드 C. 코튼이 지은 『경제가 성장하면 우리는 정말로 행복해질까(2014)』를 참고하여 기술하기로 하겠다.

경제 성장이 빈곤의 완화와 환경 보호를 포함해 인간의 가장 중요한 욕구들을 충족시키는 열쇠라는 신념은 현대의 정치 문화에 깊이 뿌리 박혀있다. 그리고 성장에는 한계가 있다고 말하는 사람은 호된 비난을 각오해야만 한다. 지난 몇 세기 동안 현실적이고 중대한 인류의 진보가 이루어졌으며, 기술적인 진전과 그에 따른 생산성 향상이 인류 복지에 실질적인 이득을 가져다주었다는 의견에 이의를 제기할 사람은 아무도 없을 것이다. 그러나 경제가 성장하면 복지가 자동적으로 향상된다는 주장에는 아무런 근거가 없다.

실제로 경제 성장 정책이 주가 되지 않던 영국의 경우를 살펴보기로 한다. 경제학자들은 1750년부터 1950년까지 영국의 1인당 국민소득이 2배로 증가했으나 대다수 사람들의 삶의 질은 꾸준히 하락했다고 평가한다. 1750년 이전까지, 영국의 시골 지역을 여행했던 사람들은 빈곤의 증거들을 거의 찾아볼 수 없었다고 보고했다. 대부분의 사람들이 적절한 수준의 의식주를 누리고 살았고, 시골 풍경도 여유로웠다. 농업은 대개 개방 경작 방식으로 이루어졌으며, 가구마다 기다란 모양으로 구획된 소규모 경지를 경작할 권리가 있었다. 더러 경작권이 없는 사람들조차도 공동 토지에서 생계 수단을 제공받을 수 있었고, 공동 토지는 또한 가축, 식용 토끼, 땔감용 나무를 키우고 기를 수 있는 풀을 제공해 주었다고 한다.

미국에서도 상대적 공평과 번영을 함께 공유하는 경제 구조가 1970년대까지는 크게 훼손되지 않고 유지되었다. 그 무렵 노동 불안, 인플레이션, 반항적인 청년 문화, 그리고 동아시아에서의 경쟁적인 번영이 한데 결합되면서 이것이 보수 세력을 자극하도록 만들었다. 결국 1970년대와 1980년대에 임금이 빈곤선 아래로 떨어진 미국인 근로자의 비율은 급격히 증가했고, 사회는 고용 기회와 소득 면에서 가진 자와 못 가진 자로 점차 양극화되었다.

1973년부터 1998년까지 미국의 생산성은 33퍼센트 향상되었지만 중산층 근로자의 임금은 오히려 감소했다. 보통의 가정에서는 생활비를 벌기 위해 더 긴 시간을 일해야 했고, 가족 중에 누군가가 더 일을 하러 나가야 했으며, 그럼에도 부채는 점점 늘어갔다. 1999년 미국의 총 가계 부채는 6조 5천억 달러에 달했으며, 이는 연간 가처분 소득의 98퍼센트에 해당한다.

생산성 향상의 모든 혜택은 그 혜택이 전혀 필요하지 않은, 가장 부유한 10퍼센트의 사람들에게 주로 돌아갔다. 그들은 회사 자산의 90퍼센트, 채권의 88.5퍼센트, 주식의 89.3퍼센트를 갖고 있었다. 1999년에 미국 기업의 CEO들이 받은 총 보수는 1,240만 달러로 제조업 근로자 평균 수입의 475배에 달했는데, 이는 1995년의 141배에 비해 놀라울 정도로 늘어난 비율이었다. 1998년에 미국 근로자의 29퍼센트는 빈곤 수준의 임금을 받으며 일했다. 1995년에 소득이 10만 달러였던 가정은 1998년까지 소득이 22퍼센트 증가했지만, 1만 달러에서 2만 5천 달러를 버는 가정의 소득은 오히려 20퍼센트 감소해 그들은 부채의 수렁 속으로 더 깊이 들어가게 되었다.

신발류 제조 회사 나이키는 각각의 독립적인 하청 업체에 소속된 약 7만 5천 명의 근로자들에게 제품제작을 맡겨 놓았다. 나이키 제품의 생산은 아웃소싱을 통해 인도네시아에서 주로 이루어지는데, 인도네시아에서는 미국이나 유럽에서 75달러에서 135달러에 팔리는 나이키 운동화 한 켤레가 대략 5.60달러의 원가에 시간당 고작 15센트의 임금을 받고 고용된 소녀들과 젊은 여성들에 의해 만들어진다. 농구 스타 마이클 조던이 나이키 운동화 광고 모델로 활동하는 대가로 1992년에 공식적으로 지불받은 2천만 달러는 그 신발이 만들어지는 인도네시아 공장 근로자들의 연간 임금액을 합한 것보다 많은 금액이다.

1993년 한 해 동안 기업의 최고 경영자로서 급여, 인센티브, 복지혜택을 통틀어 최고의 보수를 받아 쥔 승자는 월트 디즈니 사의 마이클 아이스너가 손꼽힌다.

마이클 아이스너는 환상의 세계를 창조하기 위해 전력투구하는 회사 월트 디즈니사의 총 수익 2억 9,980만 달러 중 무려 68퍼센트에 달하는 2억 310만 달러의 보수를 받았다. 이는 그가 개인적으로 자신만의 환상의 세계를 몇 개쯤 만들고도 남아돌 정도로 충분한 돈이다.

소득의 증가와 동시에 재분배가 이루어지지 않는다면, 경제 성장으로 파이를 키우는 것은 빈곤층보다는 이미 많은 것을 가진 부유층에 훨씬 더 큰 혜택을 가져다주고, 빈부 간의 절대적 격차를 더욱 크게 벌리며, 나아가서 빈곤층에 대한 부유층의 권력 특혜를 증강시킨다. 또한 이 특혜는 자원이 부족한 세상에서는 생사를 결정하는 문제가 된다. 부유층과 빈곤층은 점차 고갈되어 가는 자원을 놓고 꼼짝없이 목숨을 건 사투를 벌여야 하는 것이다. 빈곤에 대한 해결책으로 성장을 촉진해야 한다는 환상에 젖은 예언자들이 진정으로 빈곤층이 처한 곤경을 염려한다면 부자들을 위한 감세에 신경 쓰는 대신, 빈곤층이 인간의 기본 욕구를 충족시킬 수 있는 능력을 향상시키는 정책들을 지지해야 할 것이다.

분명 국민의 기본 욕구를 충족시키기 위해서는 국가의 경제 생산량이 최소 일정 수준 이상은 되어야 할 것이며, 이 수준은 아마도 세계 최빈국들의 현재 경제 생산량보다는 훨씬 높을 것이다. 하지만 대부분의 세계 시민들은 자신들의 기본적 욕구의 충족이 1인당 국민소득의 절대적인 규모보다는 오히려 경제 생산량이 분배되는 방식에 달려 있지 않나 하는 의문을 갖고 있다. 만약 사람들에게 양질의 식량과 주거 조건, 의류, 깨끗한 물, 의료 제도, 기본적인 교통수단, 교육, 그밖에 양질의 삶에 필요한 조건들을 제공하는데 우선순위를 둔다면 인간의 기본 욕구 충족은 대부분 국가의 소득 수준 내에서 이루어질 것이고, 기존의 생산량 수준에서도 인간의 빈곤은 완화될 수 있을 것이다.

데이비드 C.코튼은 이러한 문제를 해결하고 건강한 사회가 되기 위해서는 아래와 같은 원칙이 지켜져야 한다고 하였다.

- 지속 가능한 환경을 위한 원칙
- 경제정의의 원칙
- 생물학적, 문화적 다양성의 원칙
- 국민 주권의 원칙
- 비용 책임의 원칙
- 공동 유산의 원칙

왜 노블레스 오블리주를 말해야 하는가

사회적으로 존재 중심의 삶이 아니라 소유 중심의 삶이 더 가치 있게 여겨지고 있다. 나 자신과 인간 본연의 참된 삶이 중심이 아니라 무엇을, 얼마나 소유하고 있느냐에 따라 나의 가치가 매겨진다. 자신이 어떤 존재인가에 대한 진지한 물음보다는 다른 사람에게 어떻게 비쳐지느냐에 더욱 관심을 쏟는 사회가 된다. 이런 사회에서는 모든 인간이 소외의 대상이 된다. 왜냐하면 모든 사람들이 자신의 소유와 자신의 외양에만 관심을 갖기 때문이다. 다른 사람에 대한 관심은 단지 자기 자신과의 비교나 그들을 통해 자신의 이익을 극대화하기 위함일 뿐이다. 이러한 사회에서는 모두가 고독한 존재가 된다.

글로벌 경제 중심, 성장 중심의 세계가 도래하면서 인류가 전보다는 물질적 풍요를 누리고 비이성적이고 비합리적인 제도와 규범에서 벗어날 수 있는 기회도 많아졌다. 그러나 이와 함께 국가는 물론이고 전 세계적으로 부의 불평등이 심각한 문제로 대두되기도 한다. 나라마다 차이가 있지만 전체 인구의 10%가 국민 전체 수익의 대부분을 차지하는 현 상태에서는 그 누구보다도 부자들의 윤리적 실천이 중요하다.

사람에게는 얼마만큼의 땅이 필요한가 ●

이때 난로 옆에 누워 있던 동생의 남편 바흠은 이 자매들의 대화를 엿듣고 있었다.
"그렇지. 우리 농부들은 어릴 때부터 바쁘게 일하느라 유혹에 빠질 일이 없어.
단 한 가지 문제점은 땅이 많지 않다는 거야. 하지만 내게 땅만 많다면 악마 따위도
두렵지 않아." 〈중간 생략〉

마침내 바흠은 자신의 땅을 소유하게 된 것이다. 그는 씨를 빌려 자신의 땅에
뿌렸다. 풍작을 거두게 된 것이다. 풍작을 거두게 된 그는 동서의 빚을 일 년 만에
청산했다. 이제 지주가 된 바흠은 자신의 땅에서 경작을 하고, 씨를 뿌리고, 건초를
만들고, 나무를 베고, 가축에게 목초를 먹일 수도 있었다. 밭을 갈기 위해서나 곡식과
목초가 잘 자라는지 몰고 나올 때면 그는 기쁨에 가슴이 벅차올랐다. 그의 눈에는
자신의 땅에서 자라는 풀과 꽃이 다른 곳의 풀과 꽃과는 다르게 보였다. 이전에는
다를 바 없던 것들이 이제는 매우 특별해 보였던 것이다. 〈중간 생략〉

바슈키르 사람들은 말과 마차에 나눠 타고 떠날 준비를 했다. 바흠은 가래를
챙겨 하인과 함께 자신의 마차에 올라탔다. 초원에 도착하자 날이 밝아오고 있었다.
그들은 사이항이라 불리는 작은 언덕에 올랐다. 이윽고 족장이 바흠에게 다가와
평원을 가리키며 말했다.

"저기 보이는 것이 전부 우리 땅이오. 원하는 부분은 얼마든지 가지시오."

바흠은 욕심에 눈이 빛났다. 땅은 온통 처녀지에, 평평했으며, 기름진 검은색에
움푹 들어간 곳에는 풀이 풍성하게 자라고 있었다. 족장은 여우 털모자를 벗어서
바닥에 내려놓고는 말했다.

"이 모자로 표시를 해 두겠소. 여기서 출발하여 *(해가 지기 전에) 다시 여기로
돌아오시오. 그러면 당신이 돌아온 땅은 전부 당신 것이오."

바흠은 돈을 꺼내서 모자 위에 올려놓았다. 그리곤 외투를 벗고는 조끼만 걸친
채로 허리띠를 조이고는 빵 주머니를 조끼 안에 넣었다. 또한 휴대용 물병도 허리띠
에 매달고, 장화를 끌어당겼으며 하인에게 가래를 받고는 만반의 준비를 갖추었다.
어느 쪽으로 가야할지 생각해 보아도 어느 곳이든 끌리긴 마찬가지였다. 〈중간
생략〉

해를 올려다보자 이미 지평선에 닿아 있었다. 그는 쓰러지지 않게 발을 빠르게

떼면서 있는 힘껏 달렸다. 언덕에 거의 도착했을 무렵엔 날이 갑자기 어두워지고 있었다. 이미 해는 사라지고 없었다. 그는 모든 노력이 허사가 되었다는 생각에 소리를 질렀다. 그가 체념하며 걸음을 멈추려고 할 때 바슈키르 사람들이 외치는 소리가 들렸다. 그러자 언덕 아래에서는 아직 해가 보일지도 모른다는 생각이 들었다. 그는 숨을 크게 들이마시며 언덕으로 올라갔다. 아직도 밝은 언덕에 족장의 모자가 보였다. 족장은 모자 앞에서 배를 잡고 웃고 있었다. 바흠은 다시금 꿈을 떠올리며 소리를 질렀다. 그는 다리가 꺾여 앞으로 넘어지면서도 손을 뻗어 모자를 잡았다.

"과연 대단한 친구로군. 많은 땅을 차지하셨어!"

족장이 크게 말했다.

바흠의 하인이 달려와 그를 일으켜 세우려 하자 그의 입에서 피가 쏟아지듯 흘러나왔다. 결국 그는 목숨을 잃고 말았다. 바슈카르 사람들은 혀를 차며 안타까워했다.

바흠의 하인은 가래를 들어 그가 들어갈 수 있는 크기의 무덤을 파고는 그를 묻었다. 그가 묻힌 6피트의 공간이 그에게 필요한 땅의 전부였다.

톨스토이(2006), 『톨스토이 단편 25선』

* ( ) 부분은 이해를 돕기 위해 원전에 없는 내용을 추가한 것임

* 〈읽기 자료 2〉는 러시아의 문호 톨스토이가 쓴 단편소설이다. 인간의 과도한 욕망을 경계하고 있다.

노블레스 오블리주는 프랑스어로 높은 사회적 신분에 상응하는 도덕적 의무를 뜻하는 말이다. 귀족의 신분으로 여러 가지 특권을 누릴수록 그에 상응하는 도덕적 임무를 다해야 한다는 뜻이다.

예종석(2006: 24)에서 사회학자들은 세상이 앞으로 80:20의 사회로 재편될 것이라고 예언한다. 20%의 가진 자들이 80%의 못 가진 자들을 지배한다는 것이다. 이런 양극화의 조짐은 사회 곳곳에서 발견되고 있다. 사회에서 부의 양극화 현상이 깊어지면 갈등과 분열이 일어나 공동체의 유지가 어려워진다. 이렇게 되면

갈등과 분열을 통합하는 데 드는 비용이 이윤 창출에 드는 비용보다 많아져 사회의 존립까지도 어려워진다. 자선적 기부는 이러한 부의 불평등 문제를 바로 잡고, 지속 가능한 발전을 할 수 있는 안전판 역할을 한다. 그러기에 어느 때보다도 부자의 사회적 책무가 중요한 시기가 되었다.

우리나라의 노블레스 오블리주를 논하는 데 있어서 빼놓을 수 없는 가문이 경주 최부자 집안이다. 경주 최부자집은 무려 300년 동안 만석의 재산을 유지했으며 많은 선행과 독립운동의 후원자 역할을 통하여 부자로서는 드물게 존경과 칭송을 받았다. 이 최부자집에서 대대로 내려오는 구체적 행동지침은 다음과 같았다. 1) 과거를 보되 진사 이상은 하지 마라. 양반으로서의 신분은 유지하되 권력과는 일정한 거리를 유지하라는 말이다. 이는 부와 권력을 동시에 가지지 말라는 의미이기도 하다. 2) 재산은 만석 이상을 모으지 마라. 부의 상한선을 정해 놓아 과도한 욕심을 갖지 못하게 한 것이다. 그 결과, 농사를 통해 남은 이익금이 있으면 자연스레 소작료를 낮추거나 어려운 이웃에게 나누어 주어 부의 분배가 이루어지게 하였다. 3) 과객을 후히 대접하라. 손님을 후하게 대접하면서 덕을 쌓고 인심을 얻을 수 있게 하라는 것이다. 최부자집에서는 1년 소작수입의 3분의 1인 쌀 1천 석을 과객을 위해 썼다는 말도 전한다. 4) 흉년기에는 재산을 늘리지 마라. 남의 불행을 기회로 부를 늘리려는 행태를 경계한 말이다. 5) 사방 백 리 안에 굶어 죽는 사람이 없게 하라. 최부자집은 춘궁기나 보릿고개가 되면 한 달에 약 100석 정도의 쌀을 이웃에 나누어 주었고, 흉년이 심할 때에는 약 800석이 들어가는 창고가 바닥이 날 정도로 지역 사람에게 베풀기를 아까워하지 않았다. 6) 최씨 가문의 며느리들은 시집 온 후 3년간 무명옷을 입도록 했다. 부자라 할지라도 근검절약하는 생활습관을 가지도록 경계한 것이다.

앤드류 카네기는 미국의 대표적인 기부자이다. 그는 "인간의 일생은 두 시기로 나누어야 한다. 전반부는 부를 획득하는 시기이고, 후반부는 부를 나누는 시기여야 한다."라는 신념을 가졌다. 그리고 "부자인 채 죽는 것은 정말 부끄러운 일"이라며 자신이 일구어 놓았던 부를 사회에 환원하는데 일생을 바쳤다. 그는 미국과 영국에 총 3,000개의 도서관을 지었으며, 미국의 과학 발전을 위해 카네기 과학연구원과 기술원을 설립하였고, 각종 문화 예술 분야에 거액을 기부했다. 공연장으로 유명한 카네기홀, 카네기 도서관, 카네기 박물관, 카네기 장학재단 등 각종 공익 재단을 설립하여 사후인 지금까지도 운영해 오고 있다.

〈책 보따리 – 주제를 이해하기 위한 참고문헌 찾아보기〉

데이비드 C.코튼,『경제가 성장하면 우리는 정말로 행복해질까』, 김경숙 옮김, 사이, 2014.

법정,『무소유』, 1976, 범우사.

에리히 프롬,『소유냐 존재냐』, 차경아 옮김, 까치 1996.

예종석,『노블레스 오블리주: 세상을 비추는 기부의 역사』, 살림, 2006.

톨스토이,『톨스토이 단편 25선』, 2006, 보성출판사.

〈생각 보따리 – 논제를 찾기 위한 질문하기〉

1) 나에게도 법정 스님의 '난'처럼 나를 과도하게 집착하도록 하는 것이 있는가?

2) 에리히 프롬이 말하는 '소유 양식'과 '존재 양식'을 정리하고 예를 들어본다.

3) 인간 삶의 양식을 프롬이 말한 것과는 다른 방식으로 설명할 수 있는가?

4) 소유를 중시하는 양식이 현대 사회에서 피할 수 없는 것이라면 이를 보완할 수 있는 방법은 무엇이라고 생각하는가?

5) 오늘날 경제 성장의 달콤한 과실을 더 많은 사람에게 돌아갈 수 있게 하는 방법은 어떤 것들이 있다고 보는가?

6) 국내외 노블레스 오블리주를 실천한 사례를 알아보고 미래 자신의 모습과 대비해 본다.

〈발표 보따리 – 토론을 위한 논제 세우기〉

1) 톨스토이 단편 소설의 주인공 '바흠'이 죽음에 이르게 된 원인은 무엇이고 이를 해결할 수 있는 방법은 무엇인가?

2) 한국사회 또는 국가 간 부의 불균형 문제는 개인적 책임 차원에서 다루어야 하는가 아니면 국가나 전 세계 차원에서 다루어야 할 문제인가?

3) _____

4) _____

5) _____

〈토론 개요서〉

		찬성 측	반대 측
논제			
배경 상황			
입장			
공유점			
입론	전제		
	핵심 개념		
	논점		
	논거		
	기대 효과		
교차조사	예상 질문		
	답변		
반론	예상 반론		
	대책		

〈토론 정리표〉

논제: _____ 　　작성자_____

(1) 찬성 측 ① 입론	▶	(2) 반대 측 ② 교차조사	▶	(3) 반대 측 ① 입론	▶	(4) 찬성 측 ② 교차조사
보완:		보완:		보완:		보완:

(5) 찬성 측 ② 입론	▶	(6) 반대 측 ① 교차조사	▶	(7) 반대 측 ② 입론	▶	(8) 찬성 측 ② 교차조사
보완:		보완:		보완:		보완:

(9) 반대 측 ① 반론	▶	(10) 찬성 측 ① 반론	▶	(11) 반대 측 ② 반론	▶	(12) 찬성 측 ② 반론
보완:		보완:		보완:		보완:

〈토론 평가표〉

	학과	학번:	이름:
논제			
토론자	찬성 측:		
	반대 측:		
사회자			

	평가기준	찬성 측	반대 측
공통 항목	− 언어태도(목소리, 속도, 말투 등)의 적절성 − 토론의 예절과 규칙 준수 여부		
입론	− 주장과 근거를 잘 이해했는가? − 논점은 참신했는가? − 근거가 적절했는가? − 논거가 타당한가?	점수 1, 2, 3, 4, 5	점수 1, 2, 3, 4, 5
교차 조사	− 토론의 논점을 분명하게 파악하여 질문했나? − 상대방의 논리적 허점을 잘 짚었나?	점수 1, 2, 3, 4, 5	점수 1, 2, 3, 4, 5
반론	− 상대방의 문제점을 잘 지적했나? − 논제의 내용을 토대로 반론했는가? − 반론의 논거가 타당한가? − 반론거리를 모두 지적했는가?	점수 1, 2, 3, 4, 5	점수 1, 2, 3, 4, 5
	합계		
사회자	− 논제의 의의를 잘 부각시켰나? − 토론의 규칙과 시간을 잘 지키도록 했는가? − 토론의 내용을 잘 요약했는가?	점수 1, 2, 3, 4, 5	점수 1, 2, 3, 4, 5
총평			

자연 · 공학 계열

• 인공지능

인류는 여러 가지 분야에서 발달을 해왔지만 특히 과학기술의 발전은 인류 발달의 최고 분야이다. 과학의 한 단계 한 단계의 발전은 물질적 풍요와 생활의 편리함 그리고 즐거움까지 안겨주면서 희망이 되어 왔다.

우리가 꿈꾸던 미래가 현실이 된 요즘 더 먼 미래에는 어떤 일들이 벌어질까? 예전에는 상상의 힘을 빌려 미래를 그려보았지만 최근에는 빅데이터의 분석으로 인해 구체적이고 정확한 미래 예측이 가능해졌다. 박영숙 · 제롬글렌의 『유엔미래보고서 2050』의 내용을 참고하여 미래 사회에 펼쳐질 몇몇 상황들을 기술해 보면 다음과 같다.

일단 미래사회에서는 개인소유의 자동차가 많이 줄어들 것으로 예측하고 있다. 현재에 실행되고 있는 우버(Uber: 모바일 차량서비스)의 성장 속도와 무인자동차의 실현을 보면 앞으로 개인소유의 자동차가 아닌 언제 어디서든 전화하면 바로 내 앞에 대기하고 있는 차들이 많아질 것이다. 또한 도로 위를 활주하고 있는 차들은 운전자가 없는 무인자동차이다. 실제로 미국의 네 개 주가 무인자동차의 운행을 승인한 상태이고 2018년부터 무인자동차는 일상생활 속에서 그 모습을 드러낼 것이라 한다.

화석연료(석탄) 에너지는 점차 사라지고 태양광 에너지로 전환될 것이다. 각각의 집 지붕에 태양광 패널을 설치하고 에너지 저장장치(전장고)를 가정 내의 냉장고 옆에 두면서 스스로 에너지 생산자가 된다. 태양광 발전은 자원 측면보다 기술 측면이 더 우세하게 발전한다. 2030년에는 세계의 거의 모든 에너지가 태양광 발전이 된다고 전망하고 있다. 태양광 발전이 다른 모든 에너지를 제치고 독주하게 되는 이유는 저렴한 가격 때문이다. 다른 모든 에너지는 송전비용이 있지만 태양광은 지붕 위에서 집으로 끌어오기 때문에 송전비용이 없다는 장점이 있다. 2020년이 되면 태양광 에너지 생산비용이 송전비용보다 낮아져서 다른 에너지 생산가가 만약 0이 된다고 하더라도 송전비용 때문에 태양광 발전보다는 비쌀 수밖에 없다고 한다.

현재 영화산업은 예전에 비해 매우 발전한 상태이다. 그러나 미래사회에서는 현재보다 더 새롭게 바뀔 것으로 내다보고 있다. 현재 상영관에서 보는 스크린 상영 영화가 아닌 새로운 방식의 영화가 등장할 것이다. 특히 관객이 제작자가 되어 스토리텔링을 직접 만드는 경험을 할 수 있도록 새로운 기술이 제공될 것이며 관객이 움직일 때마다 가상현실(Virtual Reality, VR)기기가 관객에게 맞춰 움직이며 제일 잘 보일 수 있도록 돕고 다양한 기능을 할 것이다.

이상으로 미래사회를 살펴보았는데 기분이 어떠한가? 아마도 새로운 사회에 대한 기대와 설렘이 느껴질 것이다. 경험해 보지 못 한 새로운 세상이라 두려운 마음도 있겠지만 지금보다 더 편리한 세상이 올 것은 틀림없는 일이기 때문에 즐겁게 상상할 수 있다. 그러나 과학의 발전은 긍정적인 부분만 있는 것은 아니다. 아마도 신체적, 환경적 부정적 피해들이 나타날 것이다.

인공지능

인공지능은 컴퓨터가 인간의 지적 능력과 같은 수준을 갖고 사람이 하는 일을 컴퓨터 스스로도 할 수 있게 해주는 과학이다. 컴퓨터가 스스로 주어진 일을 수행하기 위해 무엇인가를 배우고 소화하여 자기의 것으로 만들 수 있는 지능 이것을 인공지능이라고 한다. 최근 인공지능은 딥러닝(Deep Learning) 기술을 통해 학습하고 있다. 딥러닝은 많은 데이터를 컴퓨터에 입력하고 비슷한 것끼리 분류하도록 하는 데 사용하는 기술로서 인공지능(컴퓨터)이 사람과 비슷한 수준의 지적 능력을 가질 수 있도록 돕는다.

초기의 인공지능은 인간의 물리적인 힘을 늘리기 위해 개발되고 사용되었지만 이제는 정신적인 능력까지 확대하여 사용되고 있다. 2016년 3월 프로바둑기사 이세돌(1983~) 9단과 바둑대결을 펼친 알파고(AlphaGo)는 빠르게 진화된 인공지능의 진면목을 보여주었다. 인공지능이 앞으로 어떠한 방식으로 발전하게 될지, 인간과 같은 모습으로 발전하게 될지는 아직 명확하게 알 수 없지만 현재 진행되는 인공지능의 기하급수적인 향상으로 보아, 머지않아 인공지능이 인간의 일상생활 속으로 깊이 들어올 것은 자명하다.

예를 들면 인공지능은 온라인에 있는 데이터와 문장들을 가지고 기사를 작성하고 전쟁터와 같은 위험한 곳에 들어가서 주변을 카메라로 촬영해 주며 운동경기 중계를 이미 저장되어 있는 데이터를 사용하여 시청자들에게 더욱 실감나게 전달해 줄 수 있을 것이다. 인공지능 발전은 현재의 상업을 크게 개선시킬 것이며 더욱이 인공지능(로봇)이 보편화되면 벤처기업들은 인공지능(컴퓨터)을 이용하여 다양한 서비스를 개발할 것이다. 이렇게 되면 우리 사회에는 인공지능이 인간의 지능을 대체하는 일이 더욱 많아질 것이다. 이러한 현상은 긍정적으로 볼 수도 있지만 부정적인 측면도 있다. 인공지능의 발달로 인해 인간이 하고 있는 일(직업)을 못 할 수 있는 환경에 놓일 수 있기 때문이다.

인공지능이 인간보다 현재 더 잘 하고 있는 분야는 인식 분야이다. 사람인식과 물체인식을 인간보다 우세하게 하고 있다. 하지만 인공지능이 아직 잘 못하고 있는 부분도 있다. 새로운 데이터 창조이다. 다시 말해 인공지능의 딥러닝은 스토리텔링을 못 한다. 인간은 뇌에 있는 경험을 가지고 재해석하여 이야기를 만들 수 있지만 딥러닝 기반의 인공지능은 그것을 잘 해내지 못한다. 다시 말해 수집된 데이터 속의 자료들을 다양하게 활용하여 글을 쓸 수는 있지만 사람처럼 이전에 없던 창의적 글쓰기는 할 수 없다. 하지만 인공지능(컴퓨터)이 딥러닝의 학습방법을 통해 우리가 상상할 수 없는 미래를 예측하고 있을지 모른다.

인공지능에는 약한 인공지능과 강한 인공지능 단계가 있다. 약한 인공지능은 사람과 비슷한 수준으로 수행하는 로봇(컴퓨터) 단계이고 강한 인공지능은 약한 인공지능의 기능과 더불어 독립성, 자아, 정신, 자유의지가 있는 로봇(컴퓨터)이다. 몇몇 사람들은 강한 인공지능의 컴퓨터(로봇)는 실현 가능성이 없다고 하지만 현재 인공지능의 발달 속도를 보면 아주 불가능한 현실은 아닐 것으로 보인다.

인공지능(로봇)과 인간

인공지능로봇(기계ㆍ컴퓨터)이 인간보다 뛰어나서 사람은 앞으로 인공지능로봇에게 밀려날 것이라는 공포감을 갖는 이야기는 영화나 소설에 자주 등장한다. 21세기 후반 호모 사피엔스(지혜를 가진 인류)와 로보 사피엔스(지혜를 가진 로봇)가 맺게 될 사회적 관계를 로봇 공학자 한스 모라벡(Hans Moravec, 1948~)이 쓴 『마음의 아이들』에서는 세 가지 가능성으로 제시하고 있다. 첫째 로봇이 사람보다 영리해져서 인간을 지배할 가능성, 둘째 로봇이 오늘날처럼 인간의 충직한 심부름꾼 노릇을 하는 주종관계의 가능성 셋째 사람과 로봇이 공생 관계를 형성하여 서로 돕고 사는 가능성이다. 두 번째, 세 번째 관계는 우리에게 큰 위협이 되지 않지만 첫 번째 관계는 진지하게 생각해봐야 할 과제이다.

위의 책에서 첫 번째 관계의 문제를 해결하기 위해 보다 적극적인 제안을 한 경우를 제시하고 있다. 인용해 보면 먼저 인간보다 영리한 로봇이 사람을 해치거나 노예로 삼는 상황을 미연에 방지하는 방법으로 로봇의 뇌 안에 살인욕망을 스스로 제어하는 소프트웨어를 넣어주자는 아이디어와 로봇을 설계할 때 처음부터 천성이 착하게끔 만들자는 의견이 제기되었다고 한다. 이와 같은 우호 이론에 따르면 인류를 로봇으로부터 보호하기 위해 인공지능기계가 인간에게 우호적인 감정을 가도록 설계되어야 한다는 것이다. 이것은 인간의 피조물인 로봇이 미래에도 오늘날 산업현장의 로봇처럼 사람 대신에 온갖 힘든 일을 도맡아 처리해 주어야한다는 주장이다. 그 밖에 로봇에게 인간 사회의 일원으로 행동하게끔 설계하자는 사회로봇공학(social robotics)도 출현했다고 한다.

지금까지 로봇의 중요한 기능 가운데 하나가 인간이 작업하기 힘든 상황에서 대신 작업하는 것이었다. 예를 들면 재난 재해로 인한 위험한 지역의 구조 활동, 원전 사고처럼 인간이 직접 처리하기에는 힘든 여러 위험이 도사리고 있는 곳에서 인간 대신 작업을 하는 것이다. 그러나 현재 딥러닝 기반의 인공지능은 인간의 생존 자체를 불안하게 하고 위협할 수 있는 단계까지 와 있다. 과학기술의 순수한 동기로 인한 발전에서 지배와 착취의 수단으로 이용되는 경우 인공지능의 새로운 위험은 더욱 커질 것이다. 또한 과학기술이 인간의 삶을 인공지능에 종속시켜 지구에서의 인간소외 현상을 빚을 수도 있다.

이러한 시점에서 우리는 인공지능의 발전이 누구를 위한 것인지 다시 한 번 되돌아 보고 고민해야 한다. 다음에 제시하는 〈읽기 자료〉는 제러미 벤담(Jeremy Bentham, 1748~1832)의 『도덕과 입법의 원칙에 대한 서론』 중 공동체의 이익을 논한 부분이다. 〈읽기자료〉를 읽어보면서 인공지능 발전이 개인과 사회에 어떤 유익과 행복을 가져다 줄 수 있는지 생각해 보자.

〈읽기 자료〉

공리의 원칙이란 무엇인가

공리의 원칙은 이 책의 기본 바탕이다. 그러나 처음부터 공리의 원칙이 무엇을 뜻하는지 분명하고도 확실하게 설명해야겠다. 공리의 원칙은, 이해 당사자의 행복을 늘리거나 줄이는 듯 보이는 경향에 따라서 행동 하나하나를 괜찮다고 승인하거나 탐탁지 않다고 불승인하는 원칙이다. 나는 일체의 모든 행동에 대해서 말하는 것이다. 그러므로 한 개인의 모든 행동만이 아니라 정부의 모든 정책에 대해서까지도 말하는 것이다.

공리란 무엇인가?

공리란 이해 당사자에게 이익, 이득, 쾌락, 좋음, 행복을 (지금 이것들은 모두 동일한 것을 가리킨다) 만들어 내거나 (역시 모두 동일한 것을 가리키는) 해악, 고통, 악함, 불행이 생기지 못하게끔 하는 어떤 대상의 속성을 뜻한다. 이해 당사자가 공동체 전체라면, 공리란 그 공동체의 행복을 의미한다. 이해 당사자가 특정 개인이라면, 그 개인의 행복을 의미한다.

공동체의 이익이란 무엇인가

공동체의 이익은 도덕 용어에서 나올 수 있는 가장 일반적인 표현에 속한다. 이 용어가 종종 의미에서 벗어나는 것은 전혀 놀랄 일이 아니다. 그것에 어떤 의미가 있다면, 그 의미는 이렇다. 공동체는 말하자면 가상의 조직체로서 그 구성원으로 여겨지는 개인들로 이루어진다. 그렇다면 공동체의 이익이란 무엇인가? 그 구성원들 여럿이 이익을 모두 합친 것이다.

개인의 이익이 무엇인지 모른 채 공동체의 이익을 말해 봐야 헛수고다. 어떤 것이 한 개인의 쾌락을 모두 합친 것을 증가시키는 경향이 있다면, 혹은 같은 말로 그의 고통을 모두 합친 것을 감소시키는 경향이 있다면 그것은 그의 이익을 증진한다거나 그의 이익을 이롭게 하거나 돕는다고 말한다.

〈문유일 · 류대성(2014), 『고전은 나의 힘(철학읽기)』〉

인간이 인간의 지능을 넘어서는 인공지능(로봇)과 공생한다면 그들을 인간과 마찬가지로 받아들여야 하는지, 인공지능의 윤리적이고 양심적인 부분이 어떻게 발현될 것인지 등의 질문들을 떠올릴 수 있다. 인간과 인공지능 사이에 벌어질 예측할 수 없는 미래 사회에 대해 적극적인 관심을 갖고 지혜로운 답들을 찾아보자.

인간은 인공지능이 잘 해내지 못하는 새로움에 대한 창의력을 갖고 있기 때문에 우리 앞에 놓인 문제들을 지혜롭게 헤쳐 나갈 수 있을 것이다.

〈책 보따리 – 주제를 이해하기 위한 참고문헌 찾아보기〉

김대식, 『인간 vs 기계』, 동아시아, 2016.

웬델 월러치·콜린 알렌, 『왜 로봇의 도덕인가』, 노태복 옮김, 메디치, 2014.

문우일·류대성 엮고 씀, 『고전은 나의 힘(철학읽기)』, 창비, 2014.

박영숙·제롬 글렌, 『유엔미래보고서 2050』, 교보문고, 2016.

한스 모라벡 지음, 『마음의 아이들』, 이인식 해제·박우석 옮김, 김영사, 2011.

〈생각 보따리 – 논제를 찾기 위한 질문하기〉

1) 과학의 발달로 내가 지금 혜택 받고 있는 부분은 무엇인가?

2) 인공지능로봇으로 인해 앞으로 없어지게 될 직업은 어떤 것이 있을까?

3) 강한 인공지능로봇은 인간에게 어떤 피해를 줄까?

4) 해킹의 위험에서 벗어날 수 있는 방법에는 무엇이 있을까?

5) 인간과 인공지능로봇이 공존하는 미래 사회에서 과연 인간은 무엇을 하며 어떻게 살아야 행복할까?

6) 인간만이 할 수 있는 일은 무엇일까?

〈발표 보따리 – 토론을 위한 논제 세우기〉

1) 범국가적 협력으로 인공지능개발을 막아야 한다.

2) 인공지능로봇에 관련된 윤리적 법률 제정이 필요하다.

3) _____

4) _____

5) _____

<의견 개요서>

논제	
배경 상황	
입장	
공유점	

		찬성 측	반대 측
입론	전제		
	핵심 개념		
	논점		
	논거		
	기대 효과		
교차조사	예상 질문		
	답변		
반론	예상 반론		
	대책		

〈토론 정리표〉

논제: _____   작성자_____

(1) 찬성 측 ① 입론	▶	(2) 반대 측 ② 교차조사	▶	(3) 반대 측 ① 입론	▶	(4) 찬성 측 ② 교차조사
보완:		보완:		보완:		보완:

(5) 찬성 측 ② 입론	▶	(6) 반대 측 ① 교차조사	▶	(7) 반대 측 ② 입론	▶	(8) 찬성 측 ② 교차조사
보완:		보완:		보완:		보완:

(9) 반대 측 ① 반론	▶	(10) 찬성 측 ① 반론	▶	(11) 반대 측 ② 반론	▶	(12) 찬성 측 ② 반론
보완:		보완:		보완:		보완:

〈토론 평가표〉

	학과　　　　　학번:　　　　　이름:		
논제			
토론자	찬성 측:		
	반대 측:		
사회자			

	평가기준	찬성 측	반대 측
공통 항목	− 언어태도(목소리, 속도, 말투 등)의 적절성 − 토론의 예절과 규칙 준수 여부		
입론	− 주장과 근거를 잘 이해했는가? − 논점은 참신했는가? − 근거가 적절했는가? − 논거가 타당한가?	점수 1, 2, 3, 4, 5	점수 1, 2, 3, 4, 5
교차 조사	− 토론의 논점을 분명하게 파악하여 질문했나? − 상대방의 논리적 허점을 잘 짚었나?	점수 1, 2, 3, 4, 5	점수 1, 2, 3, 4, 5
반론	− 상대방의 문제점을 잘 지적했나? − 논제의 내용을 토대로 반론했는가? − 반론의 논거가 타당한가? − 반론거리를 모두 지적했는가?	점수 1, 2, 3, 4, 5	점수 1, 2, 3, 4, 5
	합계		
사회자	− 논제의 의의를 잘 부각시켰나? − 토론의 규칙과 시간을 잘 지키도록 했는가? − 토론의 내용을 잘 요약했는가?	점수 1, 2, 3, 4, 5	점수 1, 2, 3, 4, 5
총평			

부록

경동대학교
추천 도서
100선

부록: 〈경동대학교 추천 도서 100선〉

번호	대분류	책 제목	저자/번역자	출판사
1	문학	고도를 기다리며	사뮈엘 베케트	문예출판사
2	문학	광장	최인훈	문학과지성사
3	문학	구운몽	김만중/송성욱	민음사
4	문학	그리스인 조르바	니코스 카잔차키스/김종철	청목사
5	문학	나르치스와 골드문트 (자와사랑)	헤르만 헤세/임홍배	민음사
6	문학	나무를 심은 사람	장 지오노/햇살과나무꾼	두레아이들
7	문학	난장이가 쏘아올린 작은 공	조세희	이성과힘
8	문학	내 영혼이 따뜻했던 날들	포리스터 카터/조경숙	아름드리 미디어
9	문학	돈키호테	세르반테스	누멘
10	문학	만약 고교야구 여자 매니저가 피터드러커를 읽는다면	이와사키나쓰미/권일영	동아일보사
11	문학	백년 동안의 고독	가브리엘 가르시아 마르케스/안정효	문학사상
12	문학	사랑의 돌봄은 기적을 만든다	김수지	비전과 리더십
13	문학	삼대	염상섭	(주)문학사상사
14	문학	양철북1, 2	귄터 그라스/장희창	민음사
15	문학	오래된 미래: 라다크로부터 배운다	헬레나 노르베리 호지/ 김종철	녹색평론사

번호	대분류	책 제목	저자/번역자	출판사
16	문학	월든	헨리 데이비드 소로/강승영	은행나무
17	문학	위대한 유산	찰스 디킨스/북트랜스	북로드
18	문학	인간의 조건	앙드레 말로/박종학	홍신문화사
19	문학	일리아스/ 오디세이아	알베르토 망구엘/김헌	세종서적
20	문학	정본 백석 시집	백석/고형진	문학동네
21	문학	죄와 벌(전2권)	도스토예프스키/홍대화	열린책들
22	문학	주홍글씨	나다니엘 호손/조승국	문예출판사
23	문학	지도 밖으로 행군하라	한비야	푸른숲
24	문학	참을 수 없는 존재의 가벼움	밀란 쿤데라/이재룡	민음사
25	문학	채식주의자	한강	창비
26	문학	천변풍경	박태원	문학과지성사
27	문학	춘향전	작자미상	민음사
28	문학	카라마조프가의 형제들	도스토예프스키/김연경	민음사
29	문학	카인의 후예	황순원	문학과지성사
30	문학	탁류	채만식	애플북스
31	문학	토지(전20권)	박경리	마로니에북스
32	문학	파우스트	요한 볼프강 폰 괴테/ 장희창	을유문화사
33	문학	호밀밭의 파수꾼	제롬 데이비드 샐린저/ 김욱동	현암사

번호	대분류	책 제목	저자/번역자	출판사
34	문학	혼불(전10권)	최명희	한길사
35	문학	1984	조지오웰/김병익	문예출판사
36	역사	굿바이 E. H. 카	데이비드 캐너다인	푸른역사
37	역사	나의 문화유산 답사기(전6권)	유홍준	창비
38	역사	뜻으로 본 한국역사	함석헌	한길사
39	역사	로마인 이야기(전14권)	시오노 나나미/김석희	한길사
40	역사	사기본기	사마천/김원중	민음사
41	역사	삼국유사	일연	민음사
42	역사	슬픈 열대	클로드 레비 스트로스/박옥줄	한길사
43	역사	오리엔탈리즘	에드워드 사이드	교보문고
44	역사	프리덤 서머, 1964	브루스 왓슨/이수영	삼천리
45	예술	무량수전 배흘림 기둥에 기대서서	최순우	학고재
46	예술	문학과 예술의 사회사(전4권)	아르놀트 하우저/백낙청 외	창비
47	예술	미학 오디세이	진중권	휴머니스트
48	예술	서양미술사	E .H. 곰브리치/백승길, 이종숭	예경
49	예술	신화 그림으로 읽기	이주헌	학고재
50	예술	음악의 이해	이강숙	민음사

번호	대분류	책 제목	저자/번역자	출판사
51	종교	고백록	아우구스티누스	동서문화사
52	종교	그리스, 로마 신화	토마스 불핀치	혜원출판사
53	종교	도덕적 인간과 비도덕적 사회	라인홀드 니버/이한우	문예출판사
54	종교	무소유	법정	범우사
55	종교	서양문명을 읽는 코드 신	김용규	휴머니스트
56	철학	꿈의 해석	S. 프로이트	선영사
57	철학	논어 맹자 대학 · 중용 (전3권)	공자/김학주	서울대학교 출판부
58	철학	니코마코스 윤리학	아리스토텔레스	창
59	철학	목민심서 (정선 목민심서)	정약용	창비
60	철학	방법서설	르네 데카르트	다락원
61	철학	생각의 탄생	로버트 루트번스타인, 미셸루트번스타인/박종성	에코의서재
62	철학	소크라테스의 변명	플라톤/황문수	문예출판사
63	철학	실천이성 비판	임마누엘 칸트/백종현	아카넷
64	철학	예란 무엇인가	김근	서강대학교 출판부
65	철학	인간 불평등 기원론	장 자크 루소/주경북 외	책세상
66	철학	장자	오강남	현암사
67	철학	죽음의 수용소에서	빅터 프랭클/이시형	청아출판사

번호	대분류	책 제목	저자/번역자	출판사
68	철학	짜라투스투라는 이렇게 말했다	프리드리히 니체/정동호	책세상
69	총류	여덟 단어	박웅현	북하우스
70	기술과학	현대 의학의 위기	멜빈 코너/소의영	사이언스북스
71	사회과학	간디자서전	간디	동서문화사
72	사회과학	감시와 처벌	미셸 푸코	다락원
73	사회과학	경주 최 부잣집 300년 부의 비밀	전진문	황금가지
74	사회과학	국가론	플라톤	(주)박영사
75	사회과학	국부론	애덤 스미스	동서문화사
76	사회과학	군주론	니콜로 마키아벨리	서울대학교 출판문화원
77	사회과학	근대의 역습	오창섭	홍시
78	사회과학	리바이어던	토머스 홉스	동서문화사
79	사회과학	미국의 민주주의	A 토크빌/임효선	한길사
80	사회과학	미디어의 이해	마셜 매클루언	커뮤니케이션 북스
81	사회과학	백범일지	김구/도진순	돌베개
82	사회과학	법의 정신	몽테스키외	동서문화
83	사회과학	상상의 공동체: 민족주의의 기원과 전파에 대한 성찰	베네딕트 앤더슨/윤형숙	나남

번호	대분류	책 제목	저자/번역자	출판사
84	사회과학	소유냐 존재냐	에리히 프롬/차경아	까치
85	사회과학	에밀	장 자크 루소	미네르바
86	사회과학	엔트로피	리프킨, 제레미	세종연구원
87	사회과학	열린 사회와 그 적들	칼 포퍼/이한구	민음사
88	사회과학	왜 세계의 절반은 굶주리는가	장 지글러/유영미	갈라파고스
89	사회과학	자본론 상·하	칼 마르크스	비봉출판사
90	사회과학	자유론	존 스튜어트 밀/서병훈	책세상
91	자연과학	객관성의 칼날	찰스 길리스피/이필렬	새물결
92	자연과학	과학 혁명의 구조	토마스 쿤/김명자	까치글방
93	자연과학	그림으로 보는 시간의 역사	스티븐 호킹/김동광	까치
94	자연과학	기후의 역습	모집 라티프/이혜경	현암사
95	자연과학	눈먼 시계공	리처드 도킨스/이용철	사이언스북스
96	자연과학	부분과 전체	하이젠베르크	(주)지식산업사
97	자연과학	생명이란 무엇인가	에르빈 슈뢰딩거/서인석 외	한울
98	자연과학	이기적 유전자	리처드 도킨스/홍영남 외	을유문화사
99	자연과학	카오스	제임스 글릭/박배식	누림
100	자연과학	현대 물리학과 동양사상	프리초프 카프라/김용정 외	범양사